太极拳典藏

妙谛传心

道

【太极拳经秘谱汇宗】

何欣委 编著

人民体育出版社

一代宗师张三丰先生自画像

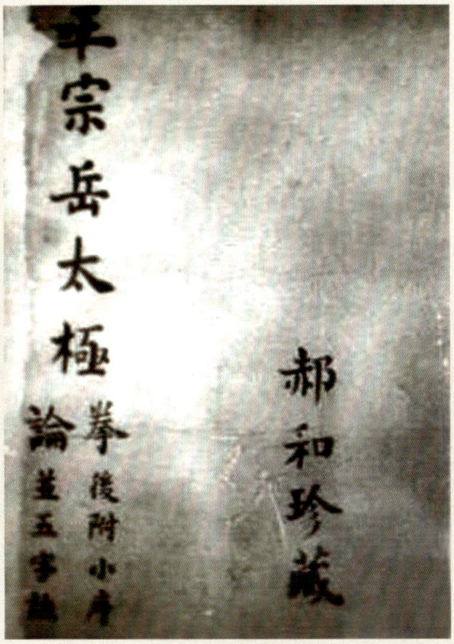
宗岳太極拳論　並五字訣　後附小序
郝和珍藏

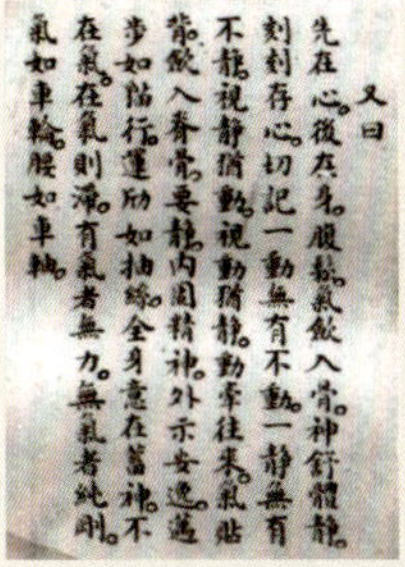
又曰
先在心，後在身。腹鬆，氣斂入骨。神舒體靜，刻刻存心。切記一動無有不動，一靜無有不靜。視靜猶動，視動猶靜。動牽往來，氣貼背，斂入脊骨。要靜內固精神，外示安逸。邁步如貓行，運勁如抽絲。全身意在蓄神，不在氣，在氣則滯。有氣者無力，無氣者純剛。氣如車輪，腰如車軸。

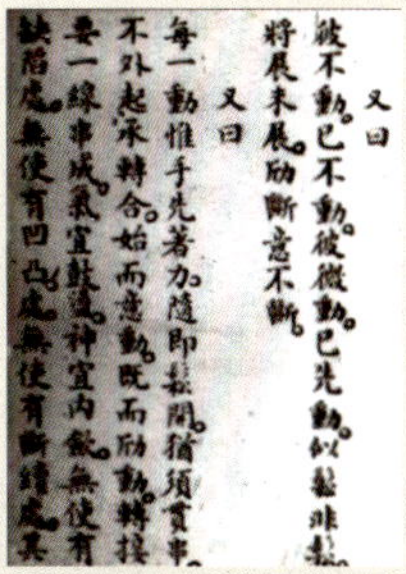
又曰
彼不動，已不動；彼微動，已先動。似鬆非鬆，將展未展，勁斷意不斷。
又曰
每一動，惟手先著力，隨即鬆開。猶須貫串，不外起承轉合。始而意動，既而勁動，轉接要一線串成。氣宜鼓盪，神宜內斂，無使有缺陷處，無使有凹凸處，無使有斷續處。

郝和珍藏本
老三本

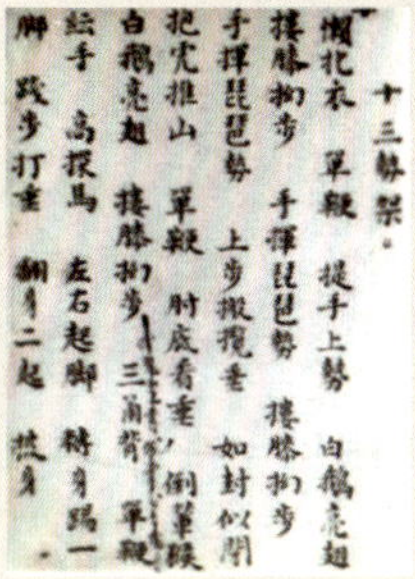
十三勢架。
攬扎衣　單鞭　提手上勢　白鵝亮翅
摟膝拗步　手揮琵琶勢　摟膝拗步
手揮琵琶勢　上步搬攬垂　如封似閉
抱虎推山　單鞭　肘底看垂　倒輦猴
白鵝亮翅　摟膝拗步　三甬背　單鞭
紜手　高探馬　左右起脚　轉身踢一
脚　踐步打垂　翻身二起　披身

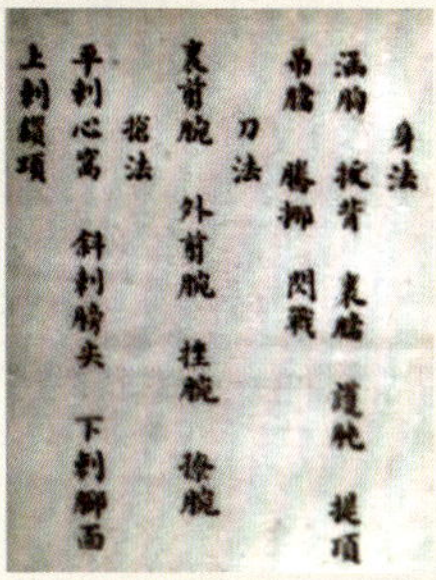
身法
涵胸　拔背　裹襠　護肫　提頂
吊襠　騰挪　閃戰
刀法
裹前腕　外前腕　挂腕　撩腕
槍法
平刺心窩　斜刺膀尖　下刺脚面
上刺鎖項

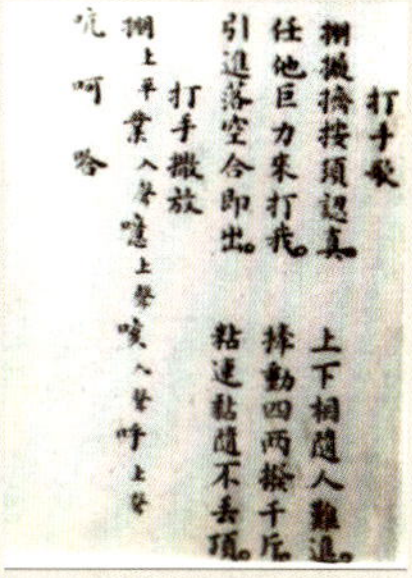
打手歌
掤攦擠按須認真，上下相隨人難進。
任他巨力來打我，牽動四兩撥千斤。
引進落空合即出，粘連黏隨不丟頂。
打手撒放
掤上平　業入聲　噫上聲　咳入聲　呼上聲
吭　呵　哈

《郝氏太极拳谱》

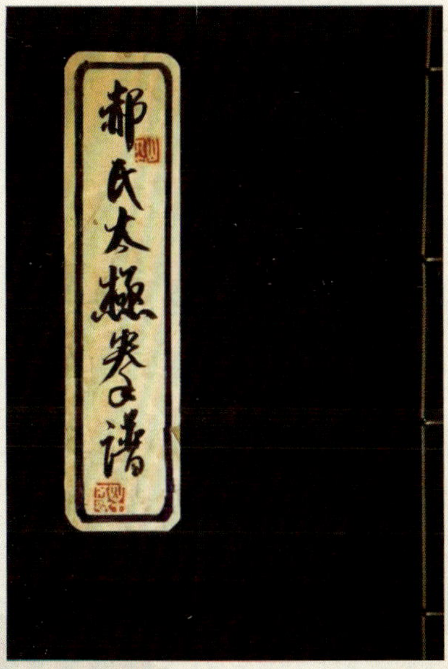
郝氏太極拳譜

丙子年四月

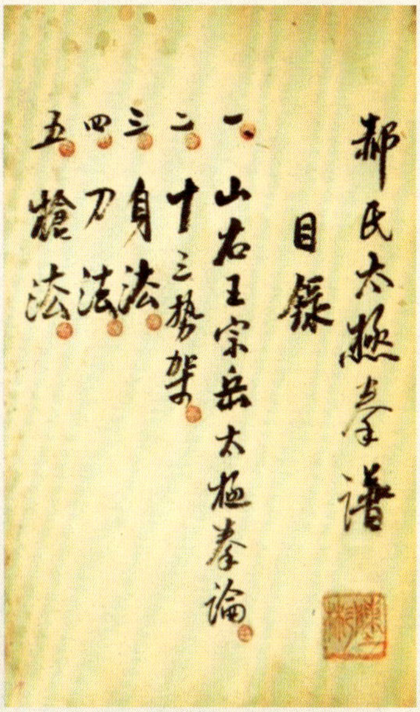
郝氏太極拳譜
目錄
一、山右王宗岳太極拳論
二、十三勢架
三、身法
四、刀法
五、槍法

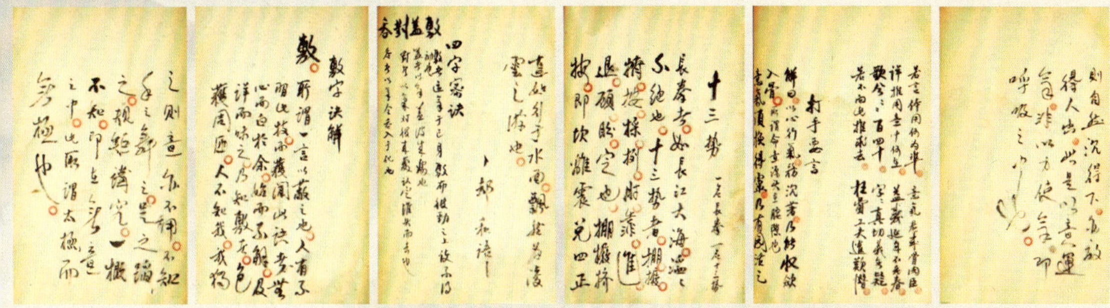
十三勢
數字訣解
四字密訣
打手要言

《永年太极拳谱》

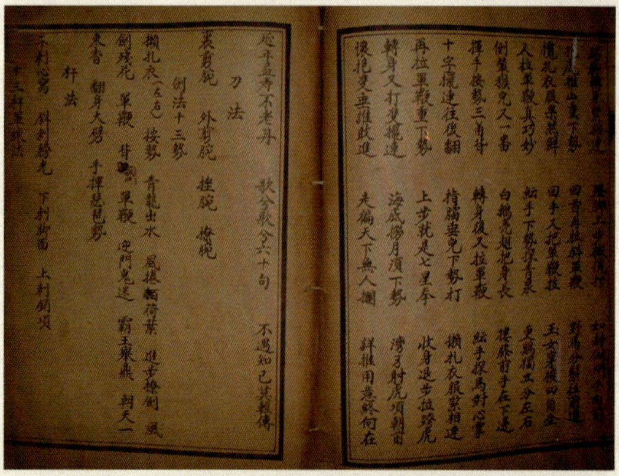

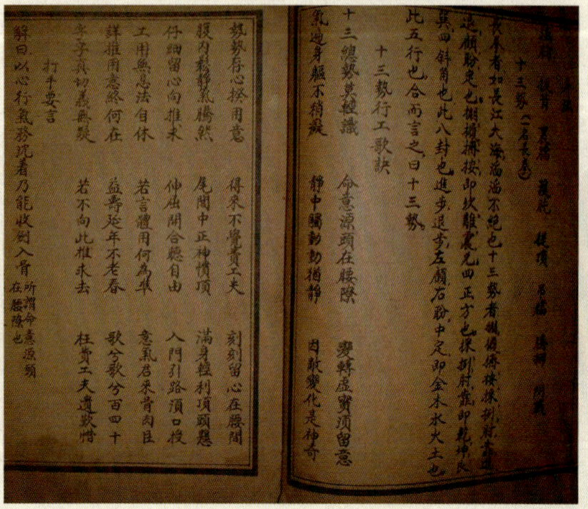

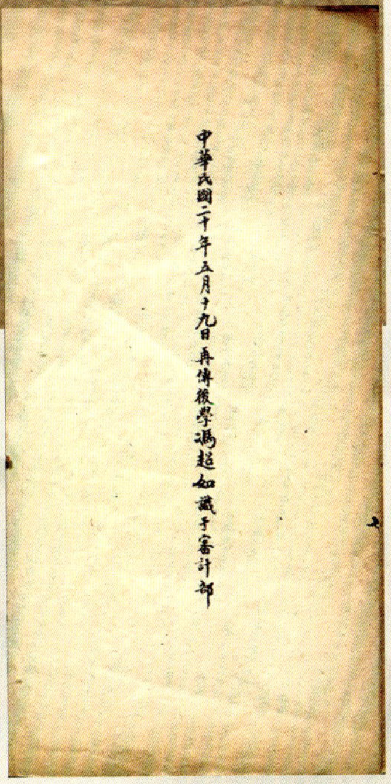

冯超如手抄李亦畬老三本拳谱

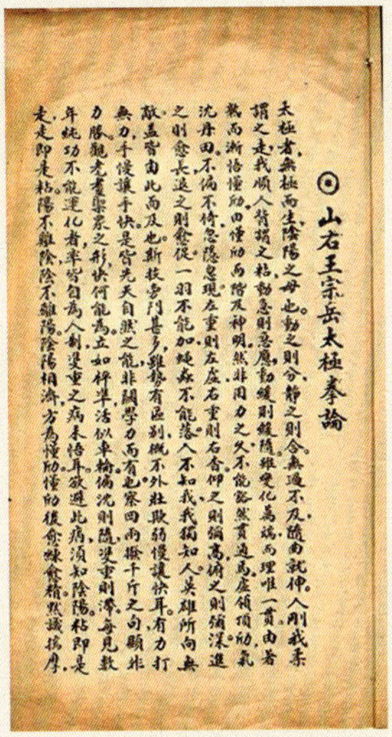

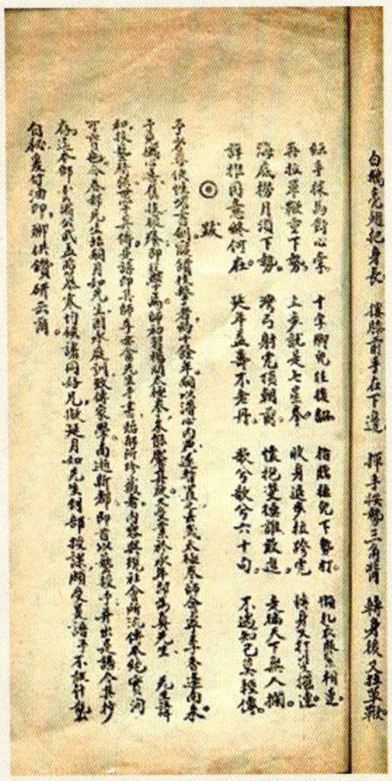

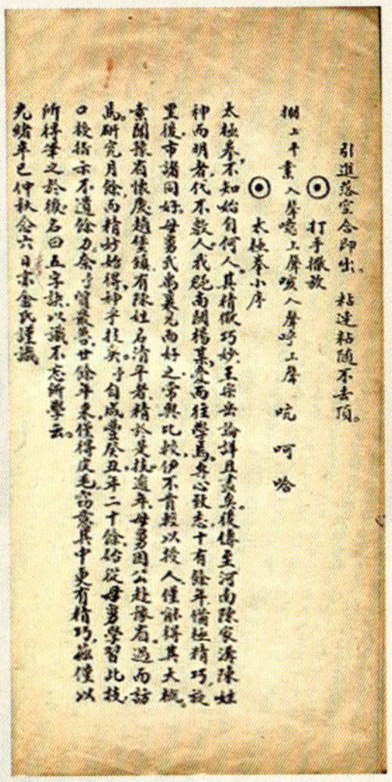

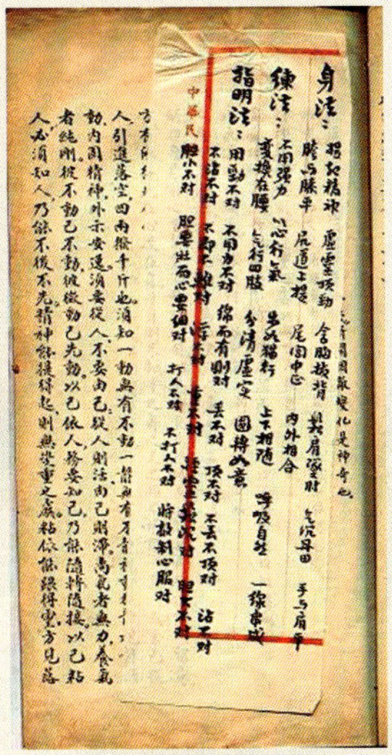

手抄拳谱《太极拳述要》

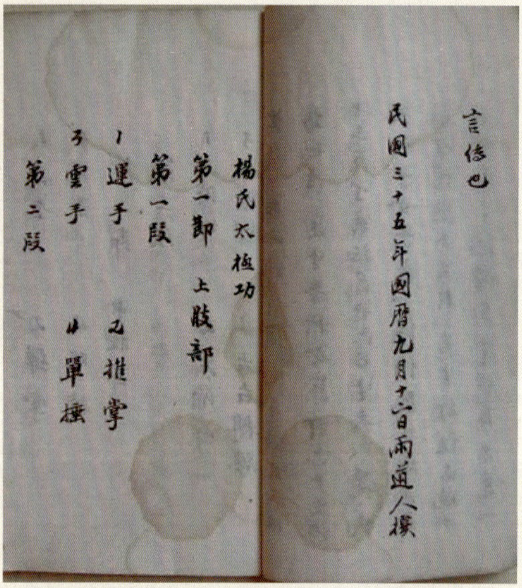
言傳也
民國三十五年國曆九月十日雨道人撰
楊氏太極功
第一節 上肢部
第一段
〡運手 〢推掌
〣雲手 〤單擺
第二段

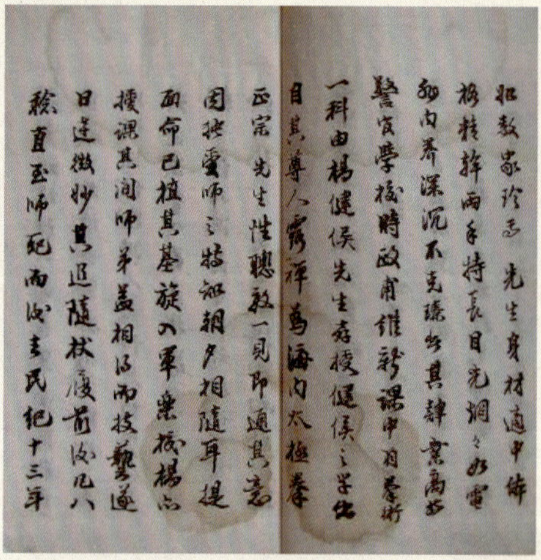
祖敎家珍忘 先生身材適中偉
梧精幹兩手特長目光炯炯如電
知內養深沉不衰據其肆業高等
警官學校時政府推行課中有拳術
一科由楊健侯先生教授健侯之學生
自其尊人露禪為海內太極拳
正宗 先生性聰敏一見即通其意
因被靈師之特知朝夕相隨耳提
面命已植其基旋入軍樂校楊氏
授課其間師弟益相得而技藝遂
日進微妙其退隨狀前後凡八
稔直至師死而後去民紀十三年

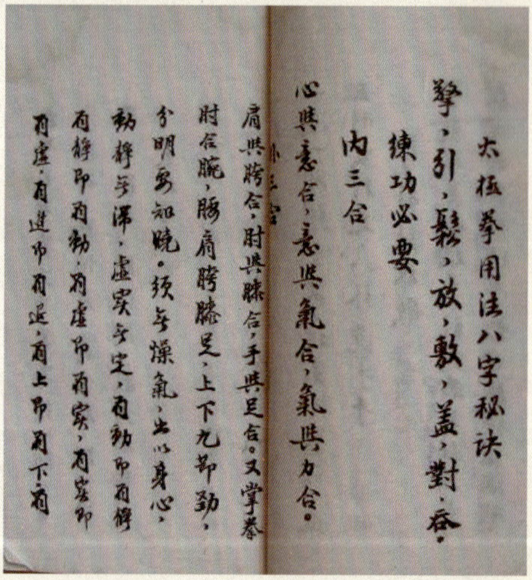
太極拳用法八字秘訣
擎、引、鬆、放、斂、蓋、對、吞。
練功必要
內三合
心與意合、意與氣合、氣與力合。
外三合
肩與胯合，肘與膝合，手與足合。又掌拳肘合腕，胯肩胯膝足，上下九節勁，分明要知曉。頸要擦氣，出以身心，動靜要渾，虛實要定，有動即有靜，有靜即有動，有虛即有實，有實即有虛，有進即有退，有上即有下，有

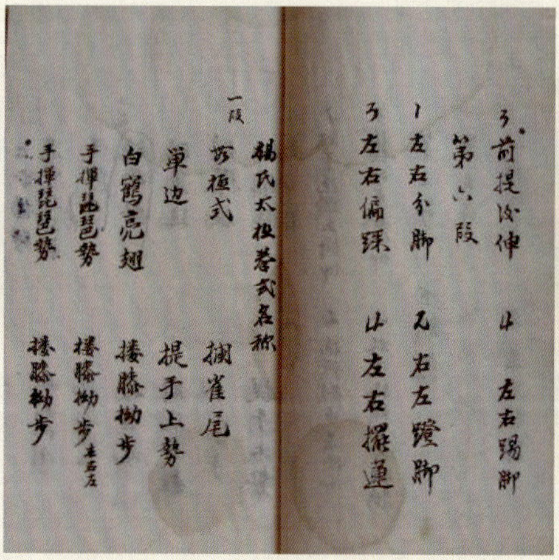
〣前提後伸 〤左右踢脚
第六段
〡左右分脚 〢右左蹬脚
〣左右偏踩 〤左右擺蓮
楊氏太極拳式名稱
一段
太極式
單边 攬雀尾
提手上勢
白鶴亮翅 摟膝拗步
手揮琵琶勢 摟膝拗步 左右
手揮琵琶勢 摟膝拗步

武汇川版《太极拳谱》

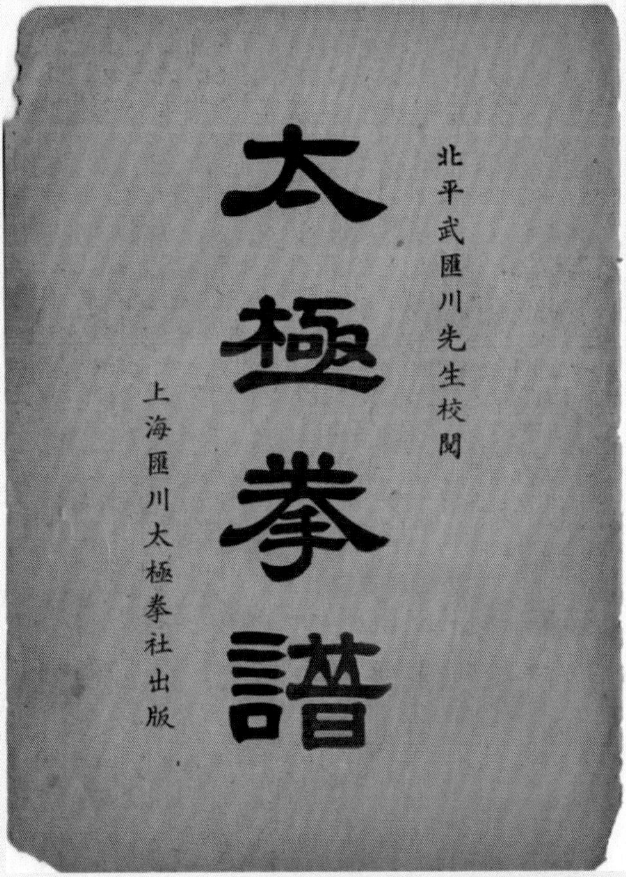

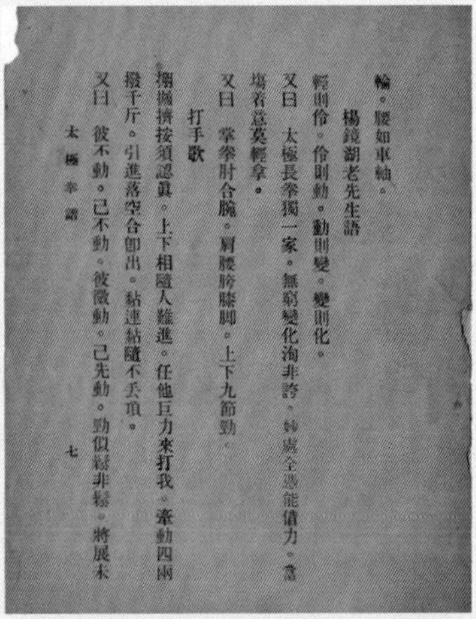
輪。腰如車軸。

楊鏡湖老先生語

輕則伶。伶則動。動則變。變則化。

又曰 太極長拳獨一家。無窮變化洵非誇。妙處全憑能借力。當塲着意莫輕拿。

又曰 掌拳肘合腕。肩腰胯膝脚。上下九節勁。

打手歌

掤攦擠按須認眞。上下相隨人難進。任他巨力來打我。牽動四兩撥千斤。引進落空合卽出。粘連粘隨不丢頂。

又曰 彼不動。己不動。彼微動。己先動。勁似鬆非鬆。將展未

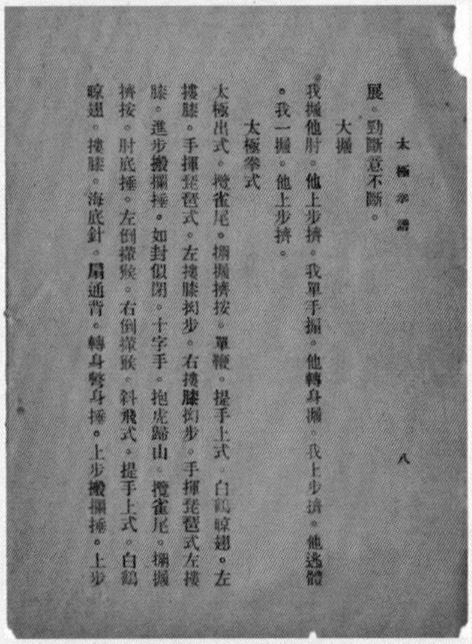

展。勁斷意不斷。

大攦

我攦他肘。他上步擠。我單手攦。他轉身攦。我上步擠。他逃體。我一攦。他上步擠。

太極拳式

太極出式。攬雀尾。掤攦擠按。單鞭。提手上式。白鶴晾翅。左摟膝。手揮琵琶式。左摟膝拗步。右摟膝拗步。手揮琵琶式左摟膝。進步搬攔捶。如封似閉。十字手。抱虎歸山。攬雀尾。掤攦擠按。肘底捶。左倒攆猴。右倒攆猴。斜飛式。提手上式。白鶴晾翅。摟膝。海底針。扇通背。轉身撇身捶。上步搬攔捶。上步

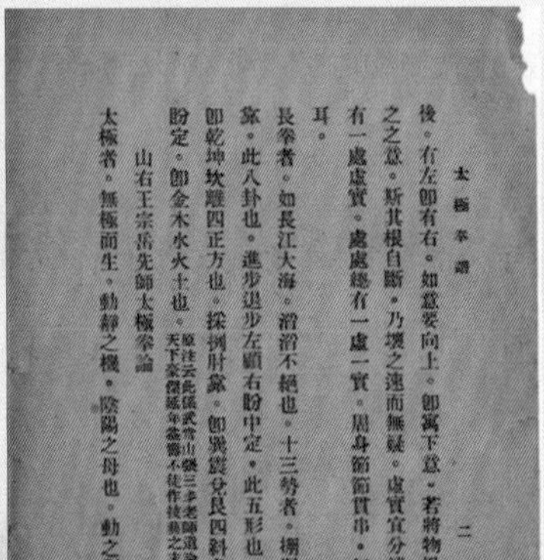

後。有左卽有右。如意要向上。卽寓下意。若將物掀起而加以挫之之意。斯其根自斷。乃壞之速而無疑。虛實宜分淸楚。一處自有一處虛實。處處總有一虛一實。周身節節貫串。無令絲毫間斷耳。

長拳者。如長江大海。滔滔不絕也。十三勢者。掤攦擠按採挒肘靠。此八卦也。進步退步左顧右盼中定。此五形也。掤攦擠按。卽乾坤坎離四正方也。採挒肘靠。卽巽震兌艮四斜角也。進退顧盼定。卽金木水火土也。原注云此係武當山張三丰老師遺論欲天下豪傑延年益壽不徒作技藝之末也

山右王宗岳先師太極拳論

太極者。無極而生。動靜之機。陰陽之母也。動之則分。靜之則

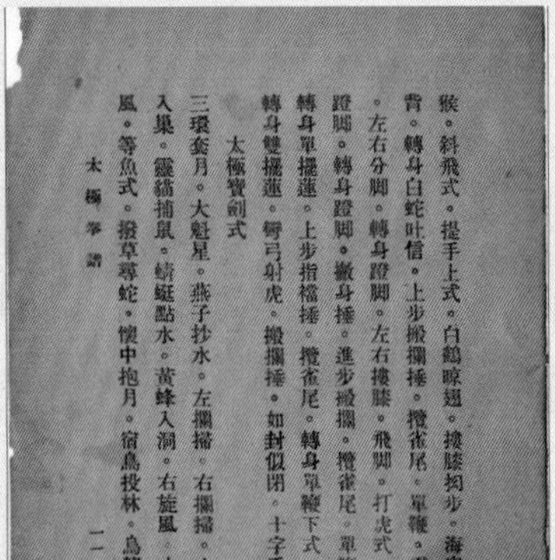
猴。斜飛式。提手上式。白鶴晾翅。摟膝拗步。海底珍珠。扇通背。轉身白蛇吐信。上步搬攔捶。攬雀尾。單鞭。雲手。高探馬。左右分脚。轉身蹬脚。左右摟膝。飛脚。打虎式。雙風貫耳。蹬脚。轉身蹬脚。撇身捶。進步搬攔。攬雀尾。單鞭。高探馬。轉身單擺蓮。上步指襠捶。攬雀尾。轉身單鞭下式。七星跨虎。轉身雙擺蓮。彎弓射虎。搬攔捶。如封似閉。十字手。合太極。

太極寶劍式

三環套月。大魁星。燕子抄水。左攔掃。右攔掃。小魁星。燕子入巢。靈貓捕鼠。蜻蜓點水。黃蜂入洞。右旋風。小魁星。左旋風。等魚式。撥草尋蛇。懷中抱月。宿鳥投林。烏龍擺尾。風捲

《李氏太极拳谱》

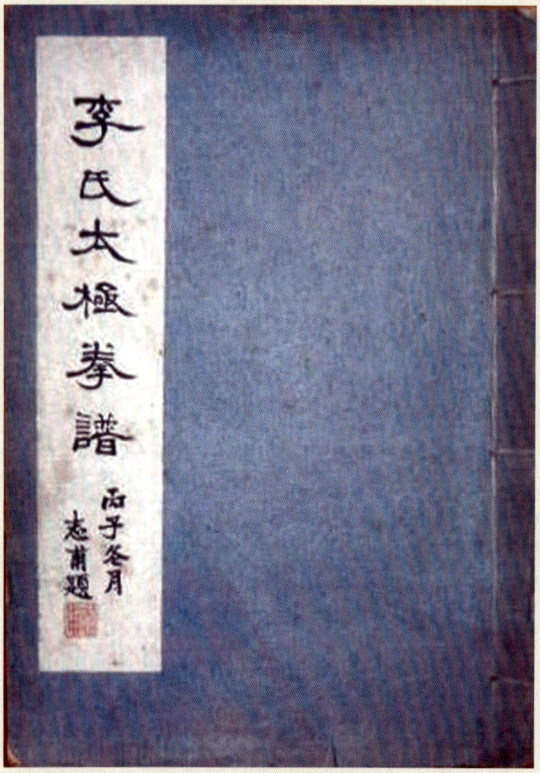

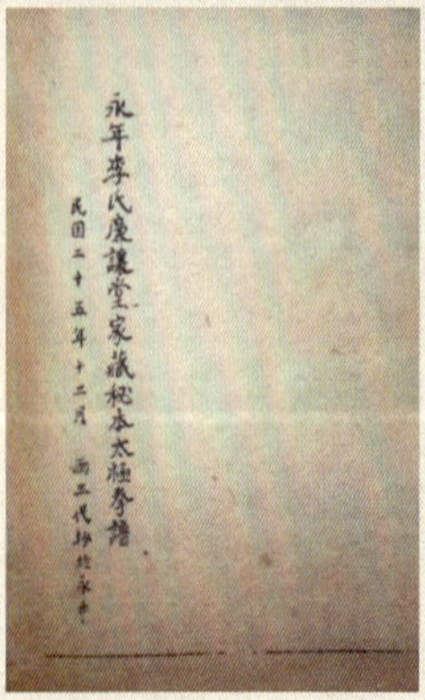

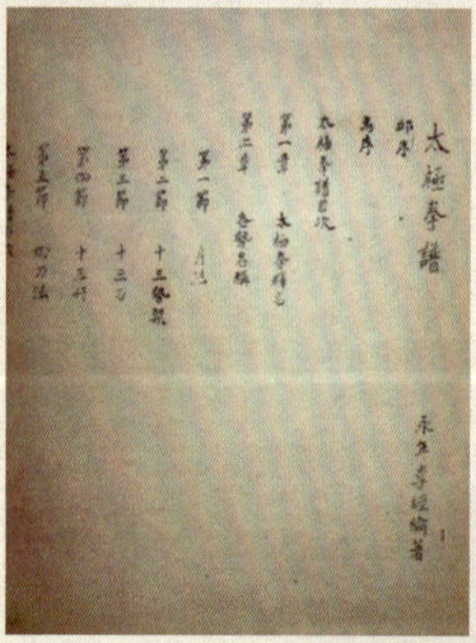

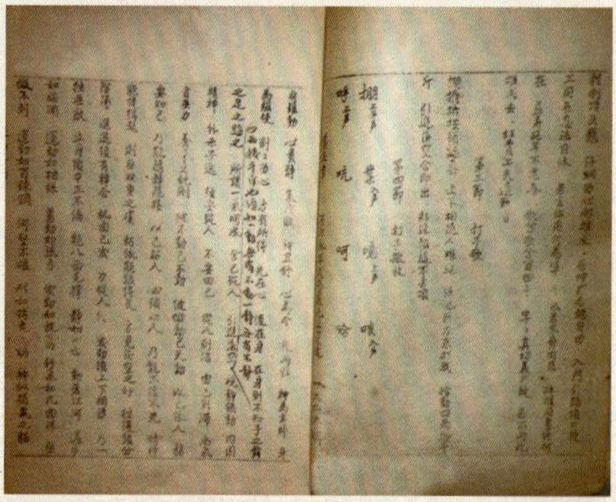

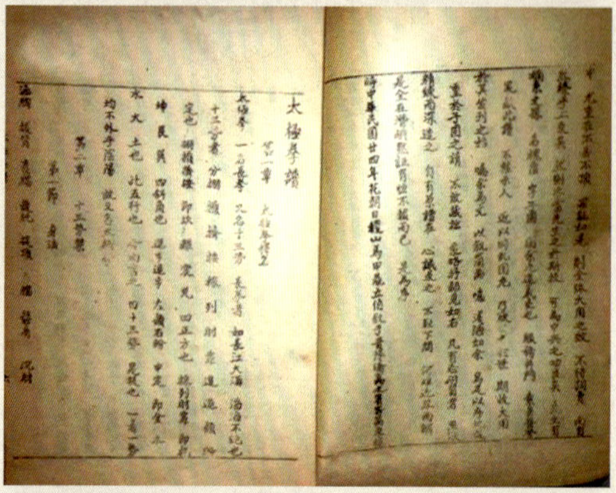

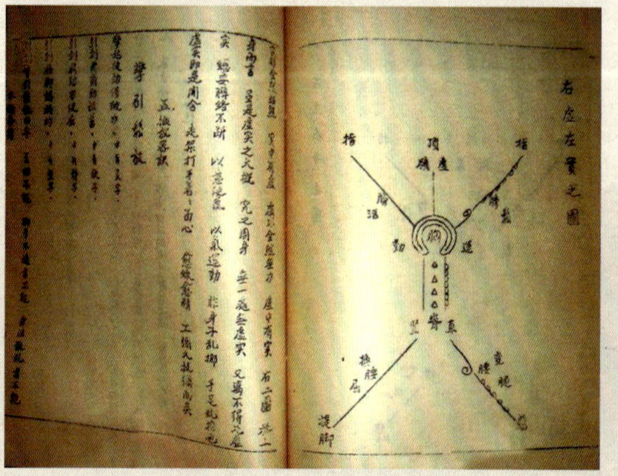

太极拳典藏

妙谛传心

太极拳经秘谱汇宗

何欣委 编著

人民体育出版社

序

太极拳为我国最为著名的内家拳之一，具有极好的养生与技击效果。其既是拳术，又是道功，历来为武术爱好者、文人、乃至道门中人所喜爱，时至今日，更成为大众养生健身之法宝。

太极拳源自太上玄门，肇始于三丰祖师，流于陈家沟，后经杨露禅宗师弘扬于京师，始广为世人所知。其后再经武禹襄、李亦畬二位宗师发明理法，可谓圆满无暇。

太极拳传承至今，已有数百年之历史。在漫长的传承、发展过程中，形成了陈、杨、武、吴、孙、赵堡等众多流派，其派别、架势虽然众多，但莫不遵循“以柔克刚、运柔成刚”之理，这其中太极拳论的导向作用是显而易见的。

试观各派太极，从其渊源流别上可以看出太极拳的形成、演化过程。陈式太极是较为古老的一个流派，依然保存着大量少林和长拳的影子，比如震脚、跌叉、蹿蹦跳跃等，体现了中国武术由外家向内家的过渡状态。这是太极拳形成和发展的第一个里程碑。

杨式太极拳，源于陈式太极，经过三代人的传承、定架，形成了注重松沉、舒展、绵柔的特点，其行功平缓、匀速，劲力如绵里裹铁，且剔除了跳跃、震脚等外形较为刚猛的动作，改大枪架为虚实相间的虚步与弓步，迈步如猫行，可谓太极拳发展的第二个里程碑。

武式太极拳，则素以法度严谨，架势小巧，转换灵活，外小内大著称，较之各家太极，更注重理论之参究，例如传世之《十三式行功要解》《太极拳解》《十三势行功心解》《五字诀》《撒放秘诀》等，皆出自武、李之手。武式太极对于太极拳理法之完备，可谓厥功甚伟，是太极拳发展的第三个里程碑。

其后，再由杨式太极演化出偏于柔化的吴式太极拳，由武式太极拳演化出融太极、八卦、形意为一体的孙式太极拳，太极大家庭可谓百花齐放，百家争鸣。

在太极拳数百年的演变中，各派历代宗师留下了丰富的拳理拳论著作，其文约、其义深，且多为经验之谈，可谓研习太极之宝贵教程。然各家拳论历来散见于各类书籍而少见汇集，实不便太极修行者查阅、研修。今有武式太极拳葛顺成一脉之门人何君欣委，匠心独具，以大愿力，历经数载，收集太极各派之拳理拳论善本、古本，复历数月之善巧汇集、严谨校对，修正其中舛误，始成今日之《太极拳经秘谱汇宗》《太极拳论秘谱汇宗》和《太极拳解秘谱汇宗》三部曲。此三部曲，可谓将民国以前之各派拳论著作收罗殆尽，堪为太极拳之百科辞典。

何君欣委，治学严谨，其于道学、佛学乃至易筋洗髓经皆有较深研究，此次汇总之《太极拳经、论、解秘谱汇宗》，则更显其修为。此三部曲，既可作为太极爱好者练习之理论依据，又可成为太极研究者收藏研究之宝贵资料。是书之出，或可成为太极爱好者人手一本之必备参考书。

最后，希望此三部鸿篇巨著能为广大太极爱好者带来帮助，为太极拳界添一异彩。是为序。

武式太极第六代传人
程式八卦掌第七代传人　杨光（理赜）
全真伍柳仙宗传人

2013年5月13日

自序一

术可传乎，必得之于明师，身教言传，庶几可得其真意。艺可成乎，必勤于苦练，方可如春起之苗，未见其增，日有所长。道可证乎，必印之于先贤，按图索骥，理法方可通融无碍，不至于趋入旁径。

太极拳者，体阴阳，运五行，察八卦，顺乎自然之理，合乎虚无之妙，后天逆运，返乎先天之神技也。历来皆口授身教，罕有文字问世。窃察其因，则有二端：其一，历来习武者少能通文，是以虽心中默识，下笔则难以成文，故无法言其精微，此其一也；另古人保守，惜艺如金，拳论乃先贤毕生之心得，非遇载道之器则不轻易示人，知音者稀，自然传之不广，此其二也。如是者，斯技拳论历来皆罕有传播者，及至武派太极开山祖师武禹襄先生将得之舞阳盐店之王宗岳拳论公之于世，方是太极拳有系统文字之始，亦造就了太极拳别开生面之春。

考武禹襄宗师乃学富五车之饱学之士，喜文更好武，先得赵堡陈清萍授以真诀，同时又参以王宗岳拳论遗文，潜心默识，孜孜以求，精研斯技，融而化之，功夫遂臻入化境，终成一代太极宗师。是以效仿先贤，将一生精研之心得撰以成文，流传后世，可谓厥功至伟也。后习太极者，不论门派，均将其拳论奉为圭旨，研而习之，宝而珍之。宗师后传之李亦畬、李启轩诸公则接续其道脉，进一步对拳论扩而充之，增演妙谛，以广流传。而其他各流派宗师亦多有拳论传世，殚精竭虑，阐述斯技之精微，各有得力，功莫大焉。

拳论乃前辈先贤一生体悟之结晶，历代宗师结集时无不精益求精，字字珠玑，点滴均从身体力行中感悟而来，可谓慎重至极，无一浮词，是以一字不可妄加，一字不可妄改。吾遍观坊间诸谱，亥豕鲁鱼，错讹百出者有之，次第颠倒者有之，胡乱篡改者有之，是以碎金珠玉难成牟尼宝珠一串。殊不知，技艺之精微妙义，差之虽毫厘，失之已千里，可不谨而慎乎？

无奈年代久远，原传谱文在历代传抄授受中均有散失，欲求其正，何其难也。但若顺其自然，长此下去，历代先贤凝聚心血之精论，必将愈传愈歧，最终会流散于无，诚可惜也。

有鉴于此，愚不惧资质鲁钝，广搜各派秘谱，并参以坊间流传之较精版本，相互比对参照，改其错讹，厘其次第，经数月精校，终至雅而可观，特结集成册，出版印行，以永流传。得斯谱加以勤学善悟，则如有祖师亲授，按图索骥，潜心默识，理法并举，日久功深则必臻大成，斯不负历代宗师之拳拳苦心于万一。是为序。

武式太极拳第六代传人
达摩易筋洗髓经内功传人 何欣委

2011 年 10 月 20 日

自序二

历时三年，此套太极拳经、论、解丛书终至汇集成册，蔚然可观，作为一个太极拳的传承者和习练者，想到能为太极拳的发展做出自己力所能及的微薄贡献，心中甚感欣慰。

中华武术，博大精深，门派林立，各有千秋，武林中人对本门功法大多皆讳莫若深，秘而不宣，但随着时代的进步、资讯的发达，人们的保守意识也已逐步放开，很多以前只在门内秘传的拳论，如今则大都得以公开流传于世，此乃思想进步之征也，更是太极拳发展之大幸也。

传统文化的传承最贵得真，最宜广传，而一门武学精髓的体现主要就是其核心指导思想，用现代的话来说，也就是武学的 DNA，这也是作为一门武学的最核心特质。而保持 DNA 的纯正，须具备正知、正见、正信，也只有在这个大前提下所产生的理论方可称其为正论，也就是所谓的拳论。

拳论，是一个拳种的理论指导核心，因其立意于实用，立言于心得，是以皆言简意赅，不尚浮夸；而其内容则微言大义，无一浮词，皆自身体力行中感悟而来，其对后学之指导作用则更非浅鲜，颇类禅宗之当头棒喝，具有明心见性之功效，所谓得其一而万事毕也。精研拳论，身体力行，日久功深，则顿悟全旨，而收事半功倍之效，自不易误入旁径，此即谓得其真传正法也。

太极拳作为一门特别注重理论参究的拳种，其理法基础根植于我国传统文化的沃土，契合传统文化中的天人合一、阴阳、五行思想，特别和道家思想有很深的渊源，其内涵丰富、深远、博大，涉及到传统哲学、心理学、生理学、力学、医学、运动生理学、物理力学等学科。

由于其理法过于细腻精微，学人初次接触则多有高山仰止之感，所以一直以来太极拳都是非常难学的一个拳种，既需要明师指点妙窍，同时还须具有极高的悟性，再加以勤学善思、潜心揣摩，朝夕悟于心、体于身，行持无间，体用俱化方可克臻大成，殊为不易。

而笔者则认为，其难学之处，主要在于观念，而非拳术本身。盖因其拳理多与人惯有之思维行为相左，如“舍己从人”“以弱胜强”“无中生有”“无为而为”“随人不随己”“柔软胜坚刚”等理论，初看多觉矛盾重重，不知所云，对于人们已建立的知识参照系来说，是一个具颠覆性的理念冲击和全新的身心体验，所以很难让学人一学即晓，当下即悟。

此外，太极拳作为中华文化之瑰宝，其理法则完全体现了中华文化之内涵，其与道家文化水乳交融，与《道德经》以及一些佛家经典亦多有相契，因此对于学人的传统文化修养要求较高，此亦其难学之处也。

对于广大学习太极拳的学者来说，要想体悟太极拳之真意，必须要特别重视理论之参究，习拳即是悟道的过程，思想的超脱和转换非常重要，只有悟道与学拳并举，方可事半而功倍。所以在习练太极拳时，自身观念的转变，以及对自我的扬弃，思想认识的再造和升华，身、心、灵的蜕变和转换，精、气、神的凝聚和收放，内心的历练和成熟，均是每日修炼之功。可以说习练太极拳就是一个自我身心的再造工程，而太极拳之所以为世人所喜爱，其魅力亦在于斯。既如此，其历代先贤用心血经验凝炼之精论，岂可忽哉？岂可不参哉？

纵观我们身边的太极拳练习者，很多人都是捧着似是而非的理论，或是混合着外家拳的观念来习练内家拳，看着外形虽然是太极，而其路数则完全与太极毫无关涉；我们再看看各类太极拳的交流活动中，很多习练者所谓的推手，看起来简直可以说是摔跤不像摔跤，柔道不像柔道，一个个如顶牛式的对抗拉扯，哪里还能看到一点点太极拳应有的“粘、黏、连、随”“引进落空”“四两拨千斤”这些特质？所看到的都是“顶、匾、丢、抗”“断、接、俯、仰”，举动间更是毫无太极之拳意，一门技艺，若其理法不正，则失之真传亦已远矣。

笔者目鉴于此，实感忧虑，若长此下去，太极拳这一门精妙的武技也必将会随着时间的推移而名存实亡。诚然，造成这些情况的原因很多，但我想主要还是因为随着如今社会经济的高度发展，人们生活节奏的加快，人心亦大多趋于浮躁，很少有人能够沉下心来、平心静气地去参究拳论，体悟拳理故不能领受祖师之教义，而迷失本真，失其根本而流于枝叶，以至于造成如今太极拳发展之种种现象。正所谓“操练不按体中用，修到终期艺难精”，

“武艺虽精窍不真，费尽心机枉劳神”。内家拳首重理法，理法不明，则练拳必然走偏，所谓差之虽毫厘，谬之已千里万里矣。

所以，此套太极拳经、论、解丛书的出版，可以在很大程度上使这些问题得到有效的解决。读者只要能悉心研究和体认先贤之精论，悟于心，体于身，则如有祖师亲授而收事半功倍之效，从而能够更好地领会到太极拳之真传妙谛，扶危救偏，树立正信、正知、正见。

我们有理由相信，此套太极拳经、论、解丛书的出版，对于太极拳的传承和发展都将会起到积极的促进作用，而太极拳这一凝聚历代宗师智慧和心血的优秀的拳种，也必将随着人们对先贤拳论、拳经的重视和研究而重放异彩，继而发扬光大，使太极拳这一精微妙技，在新的历史发展时期，焕发出勃勃的生机，从而更好地为习练者的健康服务，造福于全人类，光耀于全世界。

武式太极拳第六代传人
达摩易筋洗髓经内功传人 何欣委
2013 年 1 月 20 日

内容简介

本套丛书共三本，分为经、论、解三编，分别是《妙谛传心——太极拳经秘谱汇宗》《神运无方——太极拳论秘谱汇宗》《微言大义——太极拳解秘谱汇宗》。

经

所谓经，路径也，方法也，规矩准绳也。此编主要汇集了太极拳历代宗师所传承授受之口诀秘谱，其内容大多言简意赅，而其意蕴则微言大义，理法兼备；斯编广纳博收，抉微索引，所集内容之广，前所未有。此编命名为《妙谛传心——太极拳经秘谱汇宗》。

论

所谓论，论述也，阐发也，引申也。此编主要收录了各派名家对太极拳之理法、体用所阐发的论述，这些精辟的论述均自实证实修、身体力行而来，乃历代宗师一生经验之结晶，可谓是字字千金，弥足珍贵；这些太极拳精论，对于广大的太极拳爱好者来说，必将有醍醐灌顶、提携引路之真实妙用。此编命名为《神运无方——太极拳论秘谱汇宗》。

解

所谓解，分解也，释义也，乃先贤对拳经之解悟也。历代传承之拳经、拳论，大多皆言简意赅、直指真诠，其中之微言大义不经解释，后学难明；但未经证悟，所解又未必得真，很多时候仅从文字义来理解，不一定即是太极之真意。本编汇集之拳经论解，皆是历代公认之太极拳宗师所阐述，以求其符合正知、正见、正论之诉求。此编命名为《微言大义——太极拳解秘谱汇宗》。

意 义

理法共参

该套太极拳经、论、解汇集，三编一体，层层递进，从点、线、面、体，多角度，分层次立体来解构太极拳的核心修炼秘旨，使太极拳之理、法、诀、用，皆可通过本套丛书得以全景式的立体呈现，从而还原太极拳之本来面目；使广大太极拳爱好者，有理可循，有法可依，有据可查，在日常练习中不至于蒙昧无依，趋入旁径。

另外，此经、论、解三编，虽为一体，但各有侧重，分别从不同角度深入剖析太极拳之理法、练法、修法，使之显明而直指，澈见其本体。同时，将各派先贤之拳论汇集一编，亦可供读者逐一进行比对研究，互参互证，使太极拳之核心内涵更加见幽显微、透彻明晰，可谓是法诀俱全，真机毕现，实乃日常必备之资料，堪为习拳悟道之圭旨。

挽救资料

此套太极拳经、论、解丛书，抉微索隐，勾沉起轶，将散在各个论著里的历代太极拳宗师拳论均进行了细致入微的整理分类，汇集为三册；通过条分缕析的分类汇集整理，使历代先贤之拳论资料得以眉目分明，理法兼备，显明而直指，读者无论是查阅检索抑或是研究参悟，均可展卷而尽览，一目而了然。

其次，从保护传统文化的角度来讲，此经、论、解三编将历代宗师之拳论整理汇集成册，可以在很大程度上有效地挽救和保存历史资料，使这些珍贵的太极拳文字资料不至于随着时间的久远而散失，这也是太极拳在传承发展过程中非常迫切的一件现实工作。所以，整理和汇集前贤之精论，对于太极拳文字资料的历史留存，刻不容缓，意义重大。

结 语

中华武术，博大精深，源远流长，虽门派各别，但均各有得力。而太极拳作为一门内外兼修、炼养结合的优秀拳种，其拳理根植于我国传统文化的沃土，伴随着历代前贤的传承发扬，业已成为我国传统文化的重要组成部分，一直以来都深受各界人士所推崇和喜爱。其影响力之巨，适应人群之众，传播范围之广，可谓古今罕见，如今更是作为中华传统武术的代表拳种，早已走出国门，广泛传播于世界各地。

纵观历史，任何一个拳种，能够经受住岁月的洗礼而流传下来，最终成为一个知名的武术流派，最重要的根源和核心就是其背后的理法体系。而其理法体系的形成，不仅仅取决于修炼者的勤学苦练，更体现在修炼者对这门武学的体认经验与专业素养，并在此基础上不断地提炼总结，继而才能形成一套针对这一拳种的正确理论体系，并以此为基，最终浓缩为可堪参考借鉴的拳论。

然而，随着时代的变迁、历史的久远，太极拳这一优秀的拳种，和其他拳种一样，在其传承接续的过程中，也逐渐偏离了其固有的发展轨迹，以至形成如今门派林立、拳架万别、理法芜杂之局面。究其原因，固然有其历代传承接续过程中保守的一面，更多的则是一直以来其正确的理论体系，大多仅流传于门内师徒之间的身传口授，很少见诸于文字，即或有，亦皆深为秘惜，外人则更是难得一窥，是以碎金珠玉，难成牟尼宝珠一串。而在传承接续的过程中，大量的先贤精论亦多有散失，以至于造成如今太极拳的发展似已进入了几乎停滞不前的状态：既无继承，更无发展，虽爱好者众，但大多仅流于枝叶而失其根本，渐迷其宗，渐失其真，只知其养生之效，而不知其搏击之功，更难窥其入道之门。

而笔者则认为，圣人无二心，太极无二道，天下太极是一家，本无二无别。所谓分别者，后人之错用心也。理法芜杂，必然会造成学艺不精。习拳者若其武学思想不能与祖师之论心有相契，则必难得真，所得亦必非正法，正所谓差之虽毫厘，谬之已千里也。

而现今去古圣甚远，又何以求其正呢？愚以为，自然应是以古圣先贤之语言为纲，字字体贴，细心体悟，以理指导其练，以练体悟其理，庶不至失其真蕴。

基于此，笔者承担起了汇集整理历代太极拳宗师经、论、解之重任，利用如今资讯发达的便利条件，广纳博收，抉微索引，厘其次第，证其错讹，汇为三编，以为广大太极拳爱好者参考学习之助，亦为防止这些珍贵历史资料的散失，维护和挽救传统文化的传承接续，尽一点微薄之力。

整理汇编此套丛书，工程可谓异常庞大，要从浩如烟海的前贤著作中，厘出其精华，校正其错讹，其所涉资料之多，录入工作之繁重，所费精力之巨，实非常人所能感受。有幸的是笔者在整理此书过程中，得到了很多热心朋友的无私帮助，才使得录入工作变得轻松一些。在此书即将付梓之际，特对帮助过我的这些朋友致以诚挚的感谢！他们（所列名字不分先后）是：江苏无锡：陈道忠，浙江宁波：闻捷，湖北恩施：程鏖，湖南株洲：文志华，山西大同：陈越，四川自贡：林邦鑫，上海：徐强，杭州：唐净皓，江西吉安：陈小鸿，湖南永兴：周和平，浙江金华：卢金龙，广东：李春霖、李金霖，武汉：杨帆，广州：杨镇泽、冯文斌，四川宜宾：余成，河北保定：李佳佳，上海嘉定区：王永保，合肥：张智勇、吴强，长春：刘兴鹏，河南南阳：贾国栋，江西赣州：郭小林，河北：张立强、孙利民、王峥，以及网友sufu、随风巽、素风、浪打云等。

另外，在这里也要特别感谢我的太极拳授业恩师宋保年先生，感谢他一直以来对我的辛勤教诲，也正是由于先生的悉心传授，才使我得以一窥太极拳之真传正法。从先生所学，收获良多，概难言表，值此书出版之机，特致铭谢！

汇集说明

1. 此套丛书广纳博收，收录范围从晚清民国跨越至新中国成立以前，是目前所见到的太极拳出版物中内容最系统、收集最完善的太极拳经、论、解汇编丛书。此套丛书的出版发行，无论对于太极拳习练者和研究者来说，都是非常实用的日常必读丛书和学习参考工具书。

2. 为保证本套丛书的含金量，其所收内容皆是历史上公认之太极拳名家论述，均为正知、正见、正论。若读者悉心钻研，加以勤学善悟，则如有祖师亲授，自可得窥太极之真谛。

3. 本套丛书所收资料中，很多都是以前拳家秘而不宣之门内传抄秘谱和资料，且不少资料都是首次公开，极富历史价值和学术研究价值。

4. 本套丛书将历代太极拳宗师之论述分为经、论、解三编，层层递进，体用皆赅，条分缕析，理法兼备。使历代散于各类资料中的太极拳经、论、解，均得到条理化、系统化的全景呈现，读者无论是查阅抑或是参考学习，均会大有助益。

5. 为了不悖原著之本意，对于一些古体字和异体字，则尽可能不做修改，以求不失其原意，但对于一些已经形成约定俗成用法的字，则做了一定的修改，如“著”同“着”、“劤”通“劲”、“體”通“体”，有心之读者可比对参考研究。

6. 新中国成立以前之拳家，大多诚笃务实，不重名利，亦肯平心下气地踏实练功，所以其拳论、拳理大多从身体力行中感悟而来，立足实用，不尚浮词。所以本套丛书大多以选择新中国成立之前的太极拳家论述为主，以求达到使读者能够真实受用之目的。

7. 对于一些有争议的优秀拳论，本套丛书则不设立场、不涉考据，秉承“依法不依人”的宗旨，只收录其内容，不参与发表过多的个人立场和看法，仅在拳论之后做出特别说明，以利于读者自行了解辨析。

8. 太极拳论过去大多在门内以手抄本的形式流通，辗转抄写，其间错讹实在所难免，对于一些难以定夺孰对孰错之字，均在其后括号内附有其他抄本之对照文字，以利读者对照参考研究。

9. 本套丛书为了更加便于读者参研，虽在部分内容上按派别来分卷，但在收录立场上则本着不分派别、天下太极是一家的原则和共参共融的理念来进行汇集整理，所以只要是有深度、有见地的优秀拳论，均予收录，以求其内容之精博。

10. 本套丛书虽经笔者严谨校勘，但限于客观条件和本人的学识水平，加以手头可供查阅资料的不足，所以在汇集整理的过程中，难免会有各种各样的错误，敬请广大读者朋友予以批评和指正，以利于再版时改正，以臻完美。

目 录

第一卷　秘传太极拳经抄谱汇集

张三丰祖师拳论

张三丰

张三丰，本名通，字君宝，元季儒者、技击家，武当丹士。善书画，工诗词，辽宁人，另一说福建邵武人。曾举茂才异等，任中山博陵令；自称张天师后裔，为武当派开山祖师。明英宗赐号“通微显化真人”；明宪宗特封号为“韬光尚志真仙”；明世宗赠封他为“清虚元妙真君”。传有坛塔派、邋舄派、自然派、三丰派。

据道教界考证，其活动时期约由元延佑（1314—1320年）年间到明永乐十五年（1417年）。传说其容丰姿魁伟，大耳圆目，须髯如戟。无论寒暑，只一衲一蓑，一餐能食升斗，或数日一食，或数月不食，事能前知，游止无恒。居宝鸡金台观时，曾死而复活，道教称之为“阳神出游”。入明，自称“大元遗老”，时隐时现，行踪莫测。洪武二十四年（1391年）朝廷觅之不得。永乐年间，成祖遣使屡访皆不遇，天顺三年（1459年）诏封通微显化真人。张三丰认为所谓儒、释、道三教仅为创始人之不同，实则“牟尼、孔、老皆名曰道”，而“修己利人，其趋一也”，又称“一阴一阳之谓道，修道者修此阴阳之道也，一阴一阳，一性一命而已矣，《中庸》云：天命之谓性，率性之谓道，修道之谓教。三教圣人皆本此道以立其教也”。他还认为：“玄学以功德为体，金丹为用，而后可以成仙。”

张三丰精拳法，其法主御敌，非遇困危则不发，而发则必胜。徽宗召之，道梗不前，夜梦玄帝授之拳法，厥明以单丁杀贼百余，遂以绝技名扬于世。至明嘉靖时，其法遂传于四明，以张松溪为最著。据清雍正年间，曹秉仁纂修的《宁波府志》卷三十一张松溪传载："张松溪，鄞人，善搏，师孙十三老，其法自言起于宋之张三丰。"

张三丰著述丰富，如《大道论》《玄机直讲》《玄要篇》《无根树》等，其著述作品被后人结集为《张三丰先生全集》而广传于世。

张三丰承留

天地即乾坤，伏羲为人祖。画卦道有名，尧舜十六母。
微危允厥中，精一及孔孟。神化性命功，七二乃文武。
授之至予来，字著宣平许。延年药在身，元善从复始。
虚灵能德明，理令气形具。万载咏长春，心兮诚真迹。
三教无两家，统言皆太极。浩然塞而冲，方正千年立。
继往圣永锦，开来学常续。水火既济焉，愿至戌（戍）毕字。

口授张三丰老师之言

予知三教归一之理，皆性命之学也，皆以心为身之主也，保全心身，永有精气神也。

有精气神，纔能文思安安，武备动动，安安动动、乃文乃武。大而化之者，圣神也。先觉者，得其寰中，超乎象外矣。后学者，以效先觉之所知能，其知能，虽人固有之知能，然非效之，不可得也。

夫人之知能，天然文武。目视耳听，天然文也。手舞足蹈，天然武也。孰非固有也，明矣。

前辈大成、文武圣神，授人以軆育修身，进之不以武事修身，传之至予，得之手舞足蹈之采战，借其身之阴，以补助身之阳。身之阳，男也；身之阴，女也；然皆于身中矣。男之身祗一阳男，全体皆阴女，以一阳采战全体之阴女，故云一阳复始。

斯身之阴女，不独七二，以一姹女配婴儿之名，变化千万，姹女采战之可也，亦安有男女后天之身以补之者，所谓自身之天地以扶助之，是为阴阳采战也。如此者，是男子之身皆属阴，而采自身之阴，战己身之女，不如两男之阴阳对待，修身速也。

予及此，传于武事，然不可以末技视，依然體育之学，修身之道，性命之功，圣神之境也。

今夫两男之对待采战，于己身之采战，其理不二。己身亦遇对待之数，则为采战也。是为汞铅也。于人对战，坎离之阴阳兑震，阳战阴也，为之四正；乾坤之阴阳艮巽，阴采阳也，为之四隅；此八卦也，为之八门。

身、足位列中土，进步之阳以战之，退步之阴以采之，左顾之阳以采之，右盼之阴以战之，此五行也，为之五步，共为八门五步也。

夫如是，予授之尔，终身用之，不能尽之矣。又至予，得武继武，必当以武事传之而修身也。修身入首，无论武事文为，成功一也，三教三乘之原，不出一太极。愿后学以易理格致于身中，留于后世可也。

张三丰以武事得道论

盖未有天地，先有理，理为气之阴阳主宰。主宰理，以有天地，道在其中。阴阳气道之流行，则为对待；对待者，阴阳也，数也。

一阴一阳之为道。道无名，天地始。道有名，万物母。未有天地之前，无极也，无名也。既有天地之后，有极也，有名也。然前天地者，曰理；后天地者，曰母。是乃理化先天阴阳气数，母生后天胎、卵、湿、化。位天地，育万育，道中和，然也。故乾坤为大父母，先天也；爹娘为小父母，后天也。得阴阳先后天之气，以降生身，则为人之初也。

夫人身之来者，得大父母之命性赋理，得小父母之精血形骸，合先后天之身命，我得而成人也，以配天地为三才，安可失性之本哉。然能率性，则本不失，既不失本来面目，又安可失身體之去处哉？

夫欲寻去处，先知来处。来有门，去有路，良有以也。然有何以之？以之固有之知能，无论知愚贤否，固有知能，皆可以之进道。既能修道，可知来处之源，必能去处之委，来源去委既知，能必明身不修。故曰：自天子至于庶人，壹是皆以修身为本。

夫修身以何，以之良知良能，视目听耳，曰聪曰明，手舞足蹈，乃武乃文，致知格物，意诚心正。

心为一身之主，正意诚心，以足蹈五行，手舞八卦。手足为之四象，用之殊途，良能还原。目视三合，耳听六道，目、耳亦是四形軆之一表，良知归本。耳目，手足，分而为二，皆为两仪；合之为一，共为太极。此由外敛入之于内，亦自内发出之于外也。

能如是，表里精粗无不到，豁然贯通，希贤希圣之功，自臻于曰睿曰智，乃圣乃神。所谓尽性立命，穷神达化，在兹矣。然天道、人道，一诚而已矣。

学太极拳须敛神聚气论

太极之先，本为无极，鸿蒙一气，混浊不分，故无极为太极之母，即万物先天之机也。

二气分，天地判，始成太极。二气为阴阳，阴静阳动，阴息阳生。天地分清浊，清浮浊沉，清高浊卑；阴阳相交，清浊相媾，氤氲化生，始育万物。

人之生世，本有一无极，先天之机是也。迨入后天，即成太极。故万物莫不有无极，亦莫不有太极也。

人之作用，有动必静，静极必动，动静相因，而阴阳分，浑然一太极也。人之生机，全恃神气，气清上浮，无异上天；神凝内敛，无异下地；神气相交，亦宛然一太极也。

故传我太极拳法，即须先明太极妙道。若不明此，非吾徒也！

太极拳者，其静如动，其动如静，动静循环，相连不断，则二气既交，而太极之象成；内敛其神，外聚其气，拳未到而意先到，拳不到而意亦到。

意者，神之使也；神气既媾，而太极之位定；其象既成，其位既定，氤氲化生，而演为七二之数。

太极拳总势十有三，掤、捋、挤、按、采、挒、肘、靠，进步、退步、右顾、左盼、中定，按八卦五行之生克也；其虚灵、含拔、松腰、定虚实、沉坠、用意不用力、上下相随、内外相合、相连不断、动中求静，此太极拳之十要，学者之不二法门也。

学太极拳为入道之基，入道以养心定性，聚气敛神为主。故习此拳，亦须如此。若心不能安，性即扰之。气不外聚，神必乱之。心性不相接，神气不相交，则全身之四体百脉，莫不尽死。虽依势作用，法无效也。欲求安心定性，敛神聚气，则打坐之举不可缺，而行功功法不可废矣。

学者须于动静之中，寻太极之益，于八卦五行之中，求生克之理。然后，混七二之数，浑然成无极，心性神气，相随作用，则心安性定，神敛气聚，一身中之太极成，阴阳交，动静合；全身之四体百脉，周流通畅，不黏不滞，斯可以传吾法矣。

太极拳经歌诀六首

其一

顺项贯顶两膀松，束烈（肋）下气把裆撑。
胃（威）音开劲两捶争，五趾抓地上弯弓。

其二

举动轻灵神内敛，莫教断续一气研。
左右宜有虚实处，意上寓下后天还。

其三

拿往丹田练内功，哼哈二气妙无穷。
动分静合屈伸就，缓应急随理贯通。

其四

忽隐忽现进则长，一羽不加至道藏。
手快手慢皆非似，四两拨千运化良。

其五

极柔即刚极虚灵，运若抽丝处处明。
开展紧凑乃缜密，待机而动如猫行。

其六

掤捋挤按四方正，采挒肘靠斜角成。
乾坤震兑乃八卦，进退顾盼定五行。

太极行功说（法）

太极行功，功在调和阴阳，交合神气。打坐即为第一步下手功夫。

行功之先，犹应治脏。使内脏清虚，不着渣滓，则神敛气聚，其息自调。

进而吐纳，使阴阳交感，浑然成为太极之象。然后再行运各处功夫：

冥心兀坐，息思虑，绝情欲，保守真元，此心功也。

盘膝曲股，足跟紧抵命门，以固精气，此身功也。

两手紧掩耳门，叠指背，弹耳根骨，以祛风池邪气，此首功也。

两手擦面，待其热，更用唾沫遍摩之，以治外侵，此面功也。

两手按耳轮，一上一下，摩擦之，以清其火，此耳功也。

紧合其睫，眼珠内转，左右互行，以明神室，此目功也。

大张其口，以舌搅口，以手鸣天鼓，以治其热，此口功也。

舌抵上腭，津液自生，鼓漱咽之，以润其内，此舌功也。

叩齿卅六，闭紧齿关，可集元神，此齿功也。

两手大指，擦热揩鼻，左右卅六，以镇其中，此鼻功也。

既得此行功奥窍，还须正心诚意，冥心绝欲，从头做去，始能逐步升登，证悟大道，长生不老之基，即胎于此。若才得此太极拳法，不知行功之奥妙，掔置不顾，此无异于炼丹不采药，采药不炼丹，莫道不能登长生大道，即外面功夫，亦决不能成就。

必须功拳并练，盖功属柔而拳属刚，拳属动而功属静，刚柔互济，动静相因，始成为太极之象，相辅而行，方足致用。

此练太极拳者，所以必先知行功之妙用；行功者，所以必先明太极之妙道也。

太极行功歌（六字诀）

两气未分时，浑然一无极。

阴阳位即定，始有太极出。

人身要虚灵，行功主呼吸。
呵嘘呼哂吹，加嘻成六数。
六字意如何，治脏不二诀。
治肝宜用嘘，嘘时睁其目。
治肺宜用哂，哂时手双托。
心呵顶上叉，肾吹抱膝骨。
脾病一再呼，呼时把口嘬。
仰卧时时嘻，三焦热退郁。
持此行内功，阴阳调胎息。
大道在正心，诚意长自乐。
即此是长生，胸有不死药。

行功十要

面要常擦，目要常揩，
耳要常弹，齿要常叩，
背要常暖，胸要常护，
腹要常摩，足要常搓，
津要常咽，腰要常揉。

行功十忌

忌早起科头，忌阴室纳凉，
忌湿地久坐，忌冷着汗衣，
忌热着晒衣，忌汗出扇风，
忌灯烛照睡，忌子时房事，
忌凉水着肌，忌热火灼肤。

行功十八伤

久视伤精，久听伤神，
久卧伤气，久坐伤脉，
久立伤骨，久行伤筋，
暴怒伤肝，思虑伤脾，
极忧伤心，过悲伤肺，
至饱伤胃，多恐伤肾，
多笑伤腰，多言伤液，
多唾伤津，多汗伤阳，
多泪伤血，多交伤髓。

王宗岳太极拳经原谱

王宗岳

王宗岳，生平不详，约为明朝万历年人，内家拳名家。其人深研易理、兵法、太乙、奇门等绝学，精通拳法、剑法、枪法，精研数十年，融汇贯通，功臻化境。由他所著的《太极拳谱》中之《太极拳论》，更是被视为太极拳之经典理论，研习斯技之圭旨；除此之外他还著有《阴符枪谱》等著作。

关于王宗岳本人的历史资料流传很少，仅《清史稿·王来咸传》《王征南墓志铭》中有少量记载。另外，武式太极拳开山祖师武禹襄之甥李亦畬在其《太极拳小序》写道："太极拳始自宋张三丰，其精微巧妙，王宗岳论详且尽矣。后传至河南陈家沟陈姓，神而明者，代不数人。我郡南关杨某，爱而往学焉。专心致志，十有余年，备极精巧。旋里后，市诸同好，母舅武禹襄见而好之，常与比较，伊不肯轻以授人，仅能得其大概。素闻豫省怀庆府赵堡镇，有陈姓名清平者，精于是技。逾年，母舅因公赴豫省，过而访焉。研究月余，而精妙始得，神乎技矣。”此文是近代关于太极拳源流之最早记载，亦是对王宗岳的较早记载之一。

王宗岳太极拳论

——原文：山右王宗岳太极拳论

太极者，无极而生，阴阳之母也。动之则分，静之则合。无过不及，随曲就伸。人刚我柔谓之走，我顺人背谓之粘。动急则急应，动缓则缓随。虽变化万端，而理唯一贯。

由着（招，下同）[①]熟而渐悟懂劲，由懂劲而阶及神明。然非用力之久，不能豁然贯通焉。

虚领顶劲，气沉丹田，不偏不倚，忽隐忽现。左重则左虚，右重则右杳。仰之则弥高，俯之则弥深。进之则愈长，退之则愈促。一羽不能加，蝇虫不能落。人不知我，我独知人。英雄所向无敌，盖皆由此而及也！

斯技旁门甚多，虽势有区别，概不外壮欺弱、慢让快耳。有力打无力，手慢让手快，是皆先天自然之能，非关学力而有也。察四两拨千斤之句，显非力胜！观耄耋御众之形，快何能为？

立如枰準（准，下同）[②]，活似车轮，偏沉则随，双重则滞。每见数年纯功不能运化者，率皆自为人制，双重之病未悟耳。欲避此病，须知阴阳。粘即是走，走即是粘。阳不离阴，阴不离阳，阴阳相济，方为懂劲。懂劲后愈练愈精，默识揣摩，渐至从心所欲。

本是舍己从人，多误舍近求远。所谓差之毫厘，谬之千里。学者不可不详辨焉！是为论。

注：①“着”古本拳论为“著”，其意类“招”，后此字均用此意。

②準，音 zhǔn，古代测量水平的仪器。準者，所以揆其平也《汉书·律历志》。準，平也《说文》。準与准其实是两个独立的汉字，各有其内涵和外延，并不完全等同。今则準与准大多通用，而实略有区别。

太极拳释名

——一名长拳，一名十三势

长拳者，如长江大海，滔滔不绝也。

十三势者，掤、捋、挤、按、采、挒、肘、靠、进、退、顾、盼、定也。

掤、捋、挤、按，即坎、离、震、兑，四正方也。采、挒、肘、靠，即乾、坤、艮、巽，四斜角也。此八卦也。进步、退步、左顾、右盼、中定，即金、木、水、火、土也。此五行也；合而言之，曰十三势。

（是技也，一着一势，均不外乎阴阳，故又名“太极拳”。）

十三势行功歌诀

十三总势莫轻识（视），命意源头在腰隙。
变换虚实须留意，气遍身躯不稍痴。
静中触动动犹静，因敌变化是神奇。
势势存心揆用意，得来不觉费功夫。
刻刻留心在腰间，腹内松静气腾然。
尾闾正中神贯顶，满身轻利顶头悬。
仔细留心向推求，屈伸开合听自由。
入门引路需口授，功用无息法自休。
若言体用何为准，意气君来骨肉臣。
详推用意终何在，益寿延年不老春。
歌兮歌兮百四十，字字真切义无遗。
若不向此推求去，枉费工夫贻叹惜。

打手歌

掤捋挤按须认真，上下相随人难进。
任他巨力来打我，牵动四两拨千斤。
引进落空合即出，粘连黏随不丢顶。

打手要言

内固精神，外示安逸。

彼不动，己不动；彼微动，己先动。

太极拳经解

——武当张三丰著　山右王宗岳解

歌诀一

顺项贯顶两膀松

虚灵顶劲，气沉丹田。两背松，然后窒。

束敛（烈）下气把裆撑

提顶吊裆，心中力量。

威（胃）音开劲两捶争

开合按势怀中抱，七星势视如车轮，柔而不刚。彼不动，己不动；彼微动，而己意先动。

五趾抓地上弯弓

由脚而腿，由腿而身，练如一气。如转鹘之鸟，如猫擒鼠。发动如弓发矢，正其四体，步履要轻随，步步要滑齐。

歌诀二

举步轻灵神内敛

一举动，周身俱要轻灵，尤须贯串。气宜鼓荡，神宜内敛。

莫教断续一气研

勿使有凸凹处，勿使有断续处。其根在脚，发于腿，主宰于腰，形于手指，由脚而腿而腰，总须完整一气。向前退后，乃得机得势，有不得机得势处，身便散乱，其病必于腰腿求之。

左右宜有虚实处

虚实宜分清楚，一处自有一处虚实，处处总此一虚实。周身节节贯串，勿令丝毫间断耳。

意上寓下后天还

上下前后左右皆然。凡此皆是意，不在外面。有上即有下，有前即有后，有左即有右。如意要向上，即寓下意。譬之将植物掀起，而加以挫折之力，斯其根自断，损坏之速乃无疑。

歌诀三

拿住丹田练内功

拿住丹田之气，练住元形，能打哼哈二气。

哼哈二气妙无穷

气贴背后，敛入脊骨。静动全身，意在蓄神，不在聚气，在气则滞。内三合，外三合。

动分静合屈伸就

太极者，无极而生，阴阳之母也。动之则分，静之则合。无过不及，随屈就伸。

缓应急随理贯通

人刚我柔为之走，人背我顺为之黏。动急则急应，动缓则缓随。虽变化万端，而理唯一贯。由招熟而渐悟懂劲，由懂劲而阶及神明。然非用力之久，不能豁然贯通焉。

歌诀四

忽隐忽现进则长

不偏不倚，忽隐忽现。左重则左虚，右重则右杳。仰之则弥高，俯之则弥深。进之则愈长，退之则愈促。

一羽不加至道藏

一羽不能加，蝇虫不能落。人不知我，我独知人。英雄所向无敌，盖皆由此而及也。

手慢手快皆非似

斯技旁门甚多，虽势有区别，概不外壮欺弱，慢让快耳。有力打无力，手慢让手快，是皆先天自然之能，非关学力而有为也。

四两拨千运化良

察四两拨千斤之句，显非力胜。观耄耋能御众之形，快何能为。立如枰準，活似车轮。偏沉则随，双重则滞。每见数年纯功，不能运化者，率自为人所制，双重之病未悟耳。欲避此病，须知阴阳。黏即是走，走即是黏，阴不离阳，阳不离阴，阴阳相济，方为懂劲。

懂劲后，愈练愈精，默识揣摩，渐至从心所欲。本是舍己从人，多误舍近求远。所谓差之毫厘，谬以千里。学者不可不详辨焉。

此论句句切要，并无一字陪衬，非有夙慧之人，未能悟也；先师不肯妄传，非独择人，亦恐枉费工夫耳。

歌诀五

极柔即刚极虚灵

极柔软，然后极刚坚。能呼吸，然后能灵活。气以直养而无害，劲以曲蓄而有余。

运若抽丝处处明

全身意在精神不在气。有气者无力，无气者纯刚。气如车轮，腰似车轴。似松非松，将展未展，劲断意不断，藕断丝亦连。

开展紧凑乃缜密

心为令，气为旗，腰为纛，先求开展，后求紧凑，乃可臻于缜密矣。

待机而动如猫行

牵动往来气贴背，敛入脊骨。内固精神，外示安逸。迈步如猫行，运劲如抽丝。

歌诀六

掤捋挤按四方正，采挒肘靠斜角成。

乾坤震兑乃八卦，进退顾盼定五行。

长拳者，如长江大河，滔滔不绝也。

十三势者，掤、捋、挤、按、采、挒、肘、靠，此八卦也。进步、退步、左顾、右盼、中定，此五行也。合而言之，曰十三势。掤、捋、挤、按，即坎、离、震、兑，四正方也。采、挒、肘、靠，即乾、坤、艮、巽，四斜角也。进、退、顾、盼、定，即水、火、金、木、土也。

以上系三丰祖师所著，欲天下豪杰延年益寿，不徒作技艺之末也。

王宗岳阴符枪谱

——唐豪整理点注

阴符枪谱序

——佚名

盖自易有太极，始生两仪，而阴阳之义以名，然道所宜一，理百体而安万化者，则不存乎阳，而存乎阴。孔子曰：尺蠖之屈，以求伸也。龙蛇之蛰，以存身也。古今来言道家本乎此，即古今来谈兵之家，亦有未能出乎此者也。每慨世之所谓善槊者，类言势而不言理。夫言势而不言理，是徒知有力，而不知有巧也，非精于技者矣。

山右王先生，自少时经史而外，黄帝老子之书，及兵家言，无书不读，而兼通击刺之术，枪法尤其精者也。盖先生深观于盈虚消息之机，熟悉于止齐步伐之节，简练揣摩，自成一家，名曰阴符枪。噫！非先生之深于阴符，能如是乎！

辛亥岁（即乾隆五十六年，公元1791年），先生在洛即以示予，予但观其大略，而未得深悉其蕴，每以为憾。予应乡试居汴（即开封），而先生适馆于汴。退食之余，复出其稿示予，乃悉心观之。先生之枪，其潜也，若藏于九泉之下；其发也，若动于九天之上。上下无穷，刚柔相易，而其总归于阴之一字，此诚所谓阴符枪者也。

夫理无大小，道有浅深，随人所用，皆可会于一源。《阴符经》言道之书，广大悉备，而先生独取其一端，用之一枪。然则观之于枪，亦可知先生之于道矣。昔杨氏之枪，自云二十年梨花枪，天下无敌手。夫以妇人而明枪法，不过知其势，未必能达其理意也。而犹能著一时而传后世若此。况先生深通三教之书，准今析古，精炼而成，而谓不足传于天下后世乎。

先生尝谓予曰：予本不欲谱，但悉心于此中数十年，而始少有所得，不以公之天下，亦乌之于功若知其是哉。于是，将枪法集成为诀，而明其进退变化之法，嘱序于予，因志其大略而为之序云。

乾隆岁次乙卯

阴符枪总诀六则

身则高下，手则阴阳，步则左右，眼则八方。

阳进阴退，阴出阳回，粘随不脱，疾若风云。

以净（静）观其动，以退敌前（此句当有沿讹），审机识势，不为物先。

下则高之，高则下之，左则右之，右则左之。

刚则柔之，柔则刚之，实则虚之，虚则实之。

枪不离手，步不离拳，守中御外，必对三尖。

上平势七则

立身要耸，前步要颠满，托上与胸齐，此长枪势也，用之小枪可也。

彼枪扎我左胁，我开左步，向里促步前进，连掤他手，势穷反枪，我单手扎出。

彼枪扎我右胁，我开右步，向外随步，扎彼小门，落骑马势，即照下平势运用可也。

彼枪扎高我大门，我搭枪如蛇缠物，连足赶上二转，将彼枪扶在正中，尽力使下，即用单手扎出。小门同。彼从大门，不论上、中、下三门扎我，即乘扎之时，开右步，随右步，躲开彼枪，用单手，尽力中平，扎彼大门，是为青龙献爪。

彼从小门，不论上、中、下三门扎我，即乘彼枪（枪下当有脱字）之时，悬空转步，躲开彼枪，用单手，尽力扎彼小门，亦是青龙献爪。

注：若将第四节分作二则，本篇当佚一则。

中平势十三则

立身要正，平枪在脐上，彼中平扎我大门，我用圈法，圈开彼枪，单手扎出。彼中门扎我小门，我用圈法，圈开彼枪，单手扎出可也。

彼枪中平，扎我大门，我退步，掩彼枪梢。彼转扎我小门，我撒前手，单手扎彼小门。

彼中平扎我小门，退步掩彼枪梢。彼枪扎我大门，我撒前手，单手扎出可也。

彼中平扎我大门，我开左步，随右步，后手转阳，至脐下，前手合阴，双手照他虎口扎出。

彼中平扎我小门，我开左步，随右步，落骑马势。双手照他手腕扎去。

彼中平扎我大门，我用青龙献爪扎去，与上平法同。

彼扎我小门，我用青龙献爪扎去，亦与上平法同。

彼中平扎我大门，我退步，挑彼手腕，枪要出长，前手仰，后手合。

彼中平扎我大门，我退步从他，指前手，托后手扎（扎下当脱一彼字）。

彼高扎我大门，我随枪作托刀势，起枪扎彼手，或彼杆，或彼枪开梢，即反手，用尽力扎出。

彼高扎我，圈开彼枪，进步双手高扎彼脸，他枪起护，我撒开前手，用单手扎彼腮。

彼平扎我小门，我开左步，随右步，落骑马势捉彼，以后照彼下平势用。彼待枪不动，如先扎，必合枪，开梢则扎，不开梢则不扎。

注：须将第二节，第六节，第八节，各分作二则，才符标题十三则之数。

下平势十一则

彼中平梨花滚袖枪扎我，我用阴阳手，一仰一合，轻敲彼枪，连足退后要扎他，他转枪之时，我撒前手，单手扎出。

彼低粘我，不论大小门，我与他落枪之时，进前步，起身扎他咽喉，此下平势俱可用之。

托刀势，后腿弓，前腿蹬，彼扎我，我身悬空转步，单手扎彼脚腕，彼从大门中平扎我，我前足收回，用双手扎，俯身打彼枪杆，连足赶上，敲彼前手，待彼势穷，反枪单手扎出。

彼从小门斜扎我，我将前足收回，用阳手背扎扎他枪。彼转枪大门扎我，我开左步，代右步，用单手扎彼小腹。

彼低粘我枪，我向他小门，开左步，促右步，双手扎彼乳下。

我梢在左，他中平扎我，我开左步，代右步，单手尽力，扎彼小腹。我枪在右，他中平扎我，我悬空转步，落骑马势，单手扎彼左胁，中与不中，即抽枪照原势跳回。他若赶来，将枪在地颠起，用滑步扎他，我枪梢在中，看其身一动，即发枪扎去，是谓先发削人，名占位之枪。

彼从大门高扎我，我从大门圈开他枪，用单手扎出可也。彼从小门高扎我，我从小门圈开彼枪，亦用单手扎出可也。

注：本篇佚数则。

穿袖，挑手，穿指，搭外，搭里十七则

今人扎枪，步步上前，殊失进退之理。我今定退一步法，随护随退，则彼枪扎空，其心必乱，乱而取之，其势甚易。盖争先者，黄帝之学也；退后者，老子之教也。

今人扎枪，以捉拿为主，捉拿不住，不敢还枪，则利在常扎者，不如躲还，只妙在一时，所谓中平一点，难招架也。

今人扎枪，高扎高迎，低扎低迎，紧紧相随，惟恐不及，失之大迂。不如高扎高迎，彼落我即扎高，低扎低迎，彼起我即扎低，在上扎上，在下扎下，甚为捷便。

今人扎枪，多用转枪，里掩扎外，外掩扎里，如梨花滚袖枪是也。不知此最吃亏，如彼枪扎我，我从大门掩住彼枪，令其扎我小门，彼转枪扎我，我撤前手，后手扎出，彼落空，我枪着实矣。

凡发枪扎人，要扎透，不要扎穿，一点便回，随立以备不虞，兵法所谓一克如始战者是也。慎之慎之。

凡与人扎对枪，不许呆立。他以虚枪相试，我以虚枪相应。彼进我退，彼退我进。足要轻，步要碎，身无定影，飘飘如仙。待实扎之时，我躲枪还枪，使开步法向前，偏身着力也。

凡与人对枪，要去贪心，绝脱气，眼注彼手，勿得旁观，微有不便，

不勉强发枪。待时而动，一击便脱为上乘。

凡与人对枪，要善卖破绽，诱之使人，中途击之，彼不及防，兵法所谓形之敌，必从之者也。

凡与人对枪，我心不肯先扎，必不得已，亦惟点一枪诱之使人矣。

凡与人对枪，让我先扎，我虚点一枪，即便回身，彼若赶来，其举足未定之时，所谓及其陈未定而薄之者是也。（注本节有脱句）。

凡与人扎枪，利在乘虚，如彼扎上则下虚，扎下则上虚，扎右则左虚，扎左则右虚，以目注之，以时蹈之，百无一失，兵法所谓兵形避实而击虚者是也。

凡与人扎枪，与用兵相同。体者，兵也。心者，大将也。目者，先锋也。三军运用，难在一人，然平日之节制（本句当有脱字），已战之时，先锋领众对敌，固不及事事而谋之大将。扎枪亦然，平日手足习熟，对敌之时，目光一照，四体从令，亦不及着着用心也。

凡扎枪，不必着数太多，博而不精，终属无益，只在要紧处，操演精熟，变化无穷而已。所谓兵不在多，而在精者也。

凡与人扎枪，我发枪扎彼，彼从大门拿开，我枪落左，不必着急，看其高来，我倒后步，尽力一抽，落抱刀势，反身单手扎出；看其低来，我倒后步作阻拦势，闭住他枪。

凡与人对枪，我发枪扎人，彼从小门拿开我枪，领我落右，不必着急，待其扎来，不论高低，我将前步一退，后手一提，作蓊步而走。出险之后，重回定势。

凡与人对枪，要看势。兵法云：用众者务易，用寡者务险。一人与二人扎枪，其数已倍，况多者乎！据险固不待言，然平人扎枪，与兵法究竟不同，两军对垒，限于纪律，岂能曳兵而走。是平人则不然，相持于城邑院落之中，或据穿口，或据隘巷固宜。方平原旷野，彼众我寡，人则蓊跳为主，必不可背陷重围，想起空间之处，即我托足之所。彼赶来，拖枪而走，不赶即止。频频回顾，见有轻足善走者，迫近吾身，我回身单手直刺，中与不中，拔枪又走，出险又息，骂之则来，赶来又如前，如此则一可敌百矣。

凡与人扎枪之法，先学蹤跳，能逾高赶远，继之以脱，则万将难敌矣。

阴符枪气绝四首

枭枭长枪定二神，也无他相也无人。
劝君莫作寻常看，一段灵光贬此身。

心须望手手望枪，望手望枪总是真。
炼到丹成九转后，心随枪手一齐迷。

至道何须分大小，精粗总是一源头。
若将此术当兵论，孙武何须让一筹。

静处为阴动则符，功夫只是有沉谋。
若还静里无消息，动似风云也算浮。

杨家传抄太极拳经老谱（秘传抄本）

八门五步

掤（南），捋（西），挤（东），按（北），采（西北），挒（东南），肘（东北），靠（西南）——方位。

方位

坎、离、兑、震、巽、乾、坤、艮——八门。

方位、八门，乃为阴阳颠倒之理，周而复始，随其所行也。总之，四正四隅，不可不知矣！

夫掤、捋、挤、按，是四正之手；采、挒、肘、靠，是四隅之手。合隅、正之手，得门、位之卦。以身分步，五行在意，支撑八面。

五行

进步（火），退步（水），左顾（木），右盼（金），定之方，中土也。

夫进退为水火之步，顾盼为金木之步。以中土为枢机之轴，怀藏八卦，脚踩五行，手、步八五，其数十三，出于自然十三势也。名之曰：“八门五步。”

八门五步用功法

八卦五行，是人生成固有之良。必先明知、觉、运、动四字之本由，知觉运动得之后，而后方能懂劲，由懂劲后，自能接及神明。

然用功之初，要知知觉运动，虽固有之良，亦甚难得之于我也。

固有分明法

盖人降生之初，目能视、耳能听、鼻能闻、口能食，颜色、声音、香臭、五味，皆天然知觉固有之良，其手舞足蹈于四肢之能，皆天然运动之良；思及此，是人孰无？

因人性近习远，失迷固有，要想还我固有，非乃武，无以寻运动之根由；非乃文，无以得知觉之本原；是乃运动而知觉也。

夫运而知，动而觉。不运不觉，不动不知。运极则为动，觉盛则为知。动知者易，运觉者难。先求自已知觉运动，得之于身，自能知人。要先求知人，恐失于自己。不可不知此理也，夫而后懂劲然也。

粘黏连随

粘者，提上拔高之谓也。
黏者，留恋缱绻之谓也。
连者，舍己无离之谓也。
随者，彼走此应之谓也。

要知人之知觉运动，非明粘、黏、连、随不可。斯粘、黏、连、随之功夫，亦甚细矣。

顶匾丢抗

顶者，出头之谓也。
匾者，不及之谓也。
丢者，离开之谓也。
抗者，太过之谓也。

要知于此四字之病，不明粘、黏、连、随，断不明知觉运动也。初学对手，不可不知也，更不可不去此病。所难者，粘、黏、连、随，而不许顶、匾、丢、抗，是所不易矣。

对待无病

顶、匾、丢、抗，失于对待也；所以为之病者，既失粘、黏、连、随，何以获知觉运动？既不知己，焉能知人？

所谓对待者，不以顶、匾、丢、抗相对于人也，要以粘、黏、连、随等待于人也。能如是，不但无对待之病，知觉运动自然得矣，可以进于懂劲之功矣。

对待用功法守中土（俗名站桩橦）

定之方中足有根，先明四正进退身。
掤捋挤按自四手，须费功夫得其真。
身形腰顶皆可以，粘黏连随意气均。
运动知觉来相应，神是君位骨肉臣。
分明火候七十二，天然乃武并乃文。

身形腰顶

身形腰顶岂可无，缺一何必费工夫。
腰顶穷研生不已，身形顺我自伸舒。
舍此真理终何极，十年数载亦糊涂。

太极圈

退圈容易进圈难，不离腰顶后与前。
所难中土不离位，退易进难仔细研。
此为动功非站定，倚身进退并比肩。
能如水磨摧急缓，云龙风虎象周旋。
要用天盘从此觅，久而久之出天然。

太极进退不已功

掤进捋退自然理，阴阳水火相既济。
先知四手得来真，采挒肘靠方可许。
四隅从此演出来，十三势架永无已。
所以因之名长拳，任君开展与收敛。
千万不可离太极，对待于人出自然。
由兹往返于地天，上下进退永连绵。

太极上下名天地

四手上下分天地，采挒肘靠由有去。
采天靠地相应求，何患上下不既济。
若使挒肘习远离，迷了乾坤遗叹惜。

此说亦明天地盘，进用肘捌归人字。

太极人盘八字歌

八卦正隅八字歌，十三之数不几何。
几何若是无平准，丢了腰顶气叹哦。
不断要言只两字，君臣骨肉细琢磨。
功夫内外均不断，对待数儿岂错他。
对待于人出自然，由兹往复于地天。
但求舍己无深病，上下进退永连绵。

太极体用解

理为精气神之体，精气神为身之体。身为心之用，劲力为身之用。心身有一定之主宰者，理也。精气神有一定之主宰者，意诚也。诚者，天道。诚之者，人道。俱不外意念须臾之间。

要知天人同体之理，自得日月流行之气。其气、意之流行，精神自隐微乎理矣。夫而后言乃武、乃文，乃圣、乃神，则得矣。若特以武事论之于心身，用之于劲力，仍归于道之本也，故不得独以末技云尔。

劲由于筋，力由于骨。如以持物论之，有力能执数百斤，是骨节皮毛之外操也，故有硬力。如以全体之有劲，似不能持几斤，是精气之内壮也。虽然若是，功成后，犹有妙出于硬力者，修身、体育之道，有然也。

太极文武解

文者，体也；武者，用也。文功在武，用于精气神也，为之体育；武功得文，体于心身也，为之武事。

夫文武尤有火候之谓，在放卷得其时中，体育之本也；文武使于对待之际，在蓄发，适当其可者，武事之根也。故云：武事文为，柔软体操也，精气神之筋劲；武事武用，刚硬武事也，心身之骨力也。

文无武之预备，为之有体无用；武无文之侣伴，为之有用无体。如独木难支，孤掌不响，不惟体育、武事之功，事事诸如此理也。

文者，内理也；武者，外数也。有外数，无文理，必为血气之勇，失于本来面目，欺敌必败尔。有文理，无外数，徒思安静之学，未知用的采战，差微则亡耳。自用、于人，“文武”二字之解，岂可不解哉。

太极懂劲解

自己懂劲，接及神明，为之文成，而后采战，身中之阴，七十有二，无时不然。阳得其阴，水火既济，乾坤交泰，性命葆真矣！

于人懂劲，视听之际，遇而变化，自得曲诚之妙，形着明于不劳，运动觉知也。

功至此，可为攸往咸宜，无须有心之运用耳！

八五十三势长拳解

自己用功，一势一式，用成之后，合之为长，滔滔不断，周而复始，所以名长拳也。万不得有一定之架子，恐日久入于滑拳也，又恐入于硬拳也。决不可失其绵软，周身往复，精神意气之本，用久自然贯通，无往不至，何坚不推也！

于人对待，四手当先，亦自八门五步而来，跕四手，手手碾磨，进退四手、中四手、上下四手、三才四手；由下乘长拳四手起，大开大展，炼至紧凑，屈伸自由之功，则升之中上成矣。

太极阴阳颠倒解

阳：乾、天、日、火、离、放、出、发、对、开、臣、肉、用、气、身、武（立命）方、呼、上、进、隅。

阴：坤、地、月、水、坎、卷、入、蓄、待、合、君、骨、体、理、心、文（尽性）圆、吸、下、退、正。

盖颠倒之理，水、火二字详之则可明。如火炎上，水润下者，水能使火在下而用，水在上，则为颠倒，然非有法治之，则不得矣！

辟如水入鼎内，而置火之上，鼎中之水，得火以燃之，不但水不能下润，藉火气，水必有温时；火虽炎上，得鼎以隔之，是为有极之地，不使炎上，炎火无止息，亦不使润下之水永渗漏。此所为水火既济之理也，颠倒之理也。

若使任其火炎上、水润下，必至火、水必分为二，则为火水未济也。

故云：分而为二，合之为一之理也。故云：一而二，二而一。总斯理为三，天、地、人也。

明此阴阳颠倒之理，则可与言道。知道不可须臾离，则可与言人。能以人弘道，知道不远人，则可与言天地同体。上天下地，人在其中矣！

苟能参天察地，与日月合其明，与五岳四渎华朽，与四时之偕行，与草木并枯荣，明鬼神之吉凶，知人事之兴衰，则可言乾坤为一大天地，人为一小天地也。

夫如人之身心，致知格物于天地之知能，则可言人之良知、良能。若思不失固有，其功用浩然正气，直养无害，攸久无疆矣！

所谓人身生成一小天地者，天也、性也，地也、命也，人也、虚灵也、神也。若不明之者，乌能配天地为三乎。然非尽性立命，穷神达化之功，胡为乎来哉。

人身太极解

人之周身，心为一身之主宰。主宰，“太极”也。二目为日月，即“两仪”也。头像天，足像地，人中之人及中腕（脘），合之为“三才”也。四肢“四象”也。

肾水、心火、肝木、肺金、脾土，皆属阴；膀光水、小肠火、胆木、大肠金、胃土，皆阳矣，兹为内也。

颅丁火，地阁、承浆水，左耳金、右耳木、两命门土也，兹为外也。

神出于心，目眼为心之苗；精出于肾，脑肾为精之本；气出于肺，胆气为肺之原；视思明，心动神流也；听思聪，脑动肾滑也。

鼻之息香臭，口之呼吸出入，水咸、木酸、土辣、火苦、金甜，及言语声音，木毫、火焦、金润、土瑜、水漂、鼻息、口吸呼之味，皆气之往来，肺之门户，肝胆巽震之风雷，发之声音，出入五味，此言口、目、鼻、舌、神、意，使之六合，以破六欲也，此内也；手、足、肩、膝、肘、胯亦使六合，以正六道也，此外也。

眼、耳、鼻、口、大小便、肚脐，外七窍也；喜、怒、忧、思、悲、恐、惊，内七情也；七情皆以心为主，喜心、怒肝、忧脾、悲肺、恐肾、惊胆、思小肠、怕膀胱、愁胃、虑大肠，此内也。

夫离：南正、午、火、心经；

坎：北正、子、水、肾经；

震：东正、卯、木、肝经；

兑：西正、酉、金、肺经；

乾：西北隅、金、大肠、化水；

坤：西南隅、土、脾、化土；

巽：东南隅、胆、木、化土；

艮：东北隅、胃、土、化火；

此内八卦也。

外八卦者：

二四为肩，六八为足，上九下一，左三右七也；坎一，坤二，震三，巽四，中五，乾六，兑七，艮八，离九，此九宫也；内九官亦如此。

表里者：

乙　肝左肋，化金通肺；

甲　胆化土，通脾；

丁　心化木，中胆通肝；

丙　小肠化水，通肾；

己　脾化土，通胃；

戊　胃化火，通心，后背前胸，山泽通气；

辛　肺右肋，化水通肾；

庚　大肠化金，通肺；

癸　肾下部，化火通心；

壬　膀胱化木，通肝；

此十天干之内外也。十二地支亦如此之内外也。

明斯理，则可与言修身之道矣。

太极分文武三成解

盖言道者，非自修身，无由得也。然又分为三乘之修法。乘者成也，上乘即大成也，下乘即小成也，中乘即诚之者成也。法分三修，成功一也。

文修于内，武修于外。体育内也，武事外也。其修法内外表里成功，集大成，即上乘也。由体育之文，而得武事之武，或由武事之武，而得体育之文，即中乘也。然独知体育，不入武事而成者，或专武事，不为体育而成者，即小成也。

太极下乘武事解

太极之武事，外操柔软，内含坚刚，而求柔软，柔软之于外。久而久之，自得内之坚刚。非有心之坚刚，实有心之柔软也。

所难者，内要含蓄坚刚而不施，外终柔软而迎敌，以柔软而应坚刚，使坚刚尽化无有矣。

其功何以得乎，要非粘、黏、连、随已成，自得运动知觉，方为懂劲。而后神而明之，化境极矣。

夫四两拨千斤之妙，功不及化境，将何以能，是所谓懂粘运，得其视听轻灵之巧耳。

太极正功解

太极者，圆也，无论内外、上下、左右，不离此圆也。

太极者，方也，无论内外、上下、左右，不离此方也。

圆之出入，方之进退，随方就圆之往来也。

方为开展，圆为紧凑，方圆规矩之至，其孰能出此以外哉。

如此得心应手，仰高钻坚，神乎其神，见隐显微，明而且明，生生不已，欲罢不能矣！

太极轻重浮沉解

双重为病，干于填寔，与沉不同也；双沉不为病，自尔腾虚，与重不易（一）也。

双浮为病，祇如漂渺，与轻不例也；双轻不为病，天然清灵，与浮不等也。

半轻半重不为病，偏轻偏重为病。半者，半有着落也，所以不为病；偏者，偏无着落也，所以为病。偏无着落，必失方圆；半有着落，岂出方圆？

半浮半沉为病，失于不及也；偏浮偏沉，失于太过也。

半重偏重，滞而不正也；半轻偏轻，灵而不圆也。

半沉偏沉，虚而不正也；半浮偏浮，茫而不圆也。

夫双轻不近于浮，则为轻灵；双沉不近于重，则为离虚，故曰“上手”；轻重半有着落，则为“平手”；除此三者之外，皆为“病手”。

盖内之虚灵不昧，能致于外气之清明，流行乎肢体也。若不穷研轻、重、浮、沉之手，徒劳掘井不及泉之叹耳！

然有方圆四正之手，表里精粗无不到，则已极大成，又何云“四隅出方圆”矣。所谓方而圆，圆而方，超乎象外，得其寰中之上手也。

太极四隅解

四正，即四方也，所谓掤、捋、挤、按也。初不知方能使（始）圆，方圆复始之理无已，焉能出隅之手矣！缘人外之肢体，内之神气，弗得轻灵、方圆、四正之功，始出轻重浮沉之病，则有隅矣！

辟如：半重偏重，滞而不正，自然为采、挒、肘、靠之隅手；或双重填实，亦出隅手也；病多之手，不得已以隅手扶之，而归圆中方正之手，虽然至底者，肘靠亦及此，以补其所以云尔。

夫日后功夫能致上乘者，亦须获采挒，而仍归大中至正矣！是四隅之所用者，因失体而补缺云云。

太极平准腰顶解

顶如準，故云“顶头悬”也；两手即平左右之盘也；腰即平之根株也；“立如平準”，所谓轻、重、浮、沉，分厘毫丝则偏，显然矣！

有準顶头悬，腰之根下株（尾闾至胸门也）。
上下一条线，全凭两平（手）转。
变换取分毫，尺寸自己辨。
车轮两命门，一纛摇又转。
心令气旗使，自然随我便。
满身轻利者，金刚罗汉炼。
对待有往来，是早或是晚。
合则放发去，不必凌霄箭。
涵养有多少，一气哈而远。
口授须秘传，开门见中天。

太极四时五气解图

太极血气根本解

血为营，气为卫。血流行于肉、膜、络；气流行于骨、筋、脉。

筋、甲为骨之余；发、毛为血之余。血旺则发毛盛，气足则筋甲壮。

故血气之勇力，出于骨、皮、毛之外壮；气血之体用，出于肉、筋、甲之内壮。气以血之盈虚，血以气之消长。消长盈虚，周而复始，终身用之，不能尽者矣！

太极力气解

气走于膜、络、筋、脉；力出于血、肉、皮、骨。故有力者，皆外壮于皮骨，形也；有气者，是内壮于筋脉，象也。气血功于内壮，血气功于外壮。

要之，明于“气血”二字之功能，自知力气之由来矣！知气力之所以然，自能明用力、行气之分别。行气于筋脉，用力于皮骨，大不相侔也。

太极尺寸分毫解

功夫先炼开展，后炼紧凑。开展成而得之，才讲紧凑。紧凑得成，才讲尺、寸、分、毫。由尺住之功成，而后能寸住，分住，毫住。此所谓尺、寸、分、毫之理也，明矣！

然尺必十寸，寸必十分，分必十毫，其数在焉！

故云：对待者，数也；知其数，则能得尺寸分毫也；要知其数，非秘授，而能量之者哉！

太极膜脉筋穴解

节膜、拿脉、抓筋、闭穴，此四功，由尺、寸、分、毫得之后而求之。

膜若节之，血不周流；脉若拿之，气难行走；筋若抓之，身无主地；

穴若闭之，神昏气暗。

抓膜节之半死，申（单）脉拿之似亡。

单筋抓之劲断，死穴闭之无生。

总之，气血精神若无，身何有主也？如能节、拿、抓、闭之功，非得点传不可。

太极字字解

挫、柔（揉）、捶、打（于己、于人），按、摩、推、拿（于己、于人），开、合、升、降(于己、于人)，此十二字皆用手也。

屈、伸、动、静（于己、于人），起、落、急、缓（于己、于人），闪、还、撩、了（于己、于人），此十二字，于己，气也；于人，手也。

转、换、进、退，于己，身也；于人，步也。

顾、盼、前、后，于己，目也；于人，手也；即瞻前眇后、左顾右盼也。此八字关乎神矣！

断、接、俯、仰，此四字，关乎意、劲也。断、接，关乎神气也。俯、仰，关乎手足也。劲断意不断，意断神可接；劲、意、神俱断，则俯仰矣！手足无着落耳！俯为一叩，仰为一反而已矣！不使叩反，非断而复接不可。

对待之字，以俯仰为重，时刻在心，身、手、足，不使断之无接，则不能俯仰也！

求其断接之能，非见隐显微不可。隐微似断而未断，见显似接而未接。接接断断，断断接接，其意心、身体、神气极于隐显，又何虑不粘、黏、连、随哉！

太极节拿抓闭、尺寸分毫解

对待之功既得，尺寸分毫于手，则可量之矣。然不论节拿抓闭之手易，若节膜、拿脉、抓筋、闭穴，则难！非自尺寸分毫量之，不可得也。

节，不量，由按而得膜。

拿，不量，由摩而得脉。

抓，不量，由推而得筋。

拿闭，非量而不能得穴。

由尺盈而缩之寸、分、毫也。此四者，虽有高授，然非自己功夫久者，无能贯通焉！

太极补泻气力解

补泻气力于自己难，补泻气力于人亦难。

补自己者，知觉功亏则补，运动功过则泻，所以，求诸已不易也。补于人者，气过则补之，力过则泻之，此胜彼败，所由然也。

气过或泻，力过或补，其理虽一（亦然），然其有详。夫过补为之过上加过，遇泻为之缓他不及，他必更过，仍加过也。

补气、泻力，于人之法，均为加过于人矣。补气名曰“结气法”，泻力名曰“空力法”。

太极空结挫揉论

有挫空、挫结，有揉空、揉结之辨。

挫空者，则力隅矣！挫结者，则气断矣！揉空者，则力分矣！揉结者，则气隅矣！

若结柔挫，则气力反；空揉挫，则力气败；结挫揉，则力盛于气，力在气上矣！空挫揉，则气盛于力，气过、力不及矣！挫结揉、揉结挫，皆气闭于力矣！挫空揉，揉空挫，皆力凿于气矣！

总之，挫结、揉空之法，亦必由尺寸分毫量，能如是也！不然，无地之挫揉，平虚之灵结，亦何由而致于哉！

懂劲先后论

夫未懂劲之先，长出顶、匾、丢、抗之病。既懂劲之后，恐出断、接、俯、仰之病。然未懂劲，故然病亦出；劲既懂，何以出病乎？

缘劲似懂未懂之际，正在两可，断接无準矣，故出病。神明及犹不及，俯仰无着矣，亦出病。若不出断接俯仰之病，非真懂劲，弗能不出也！

胡为“真懂”？因视听无由，未得其确也，知瞻眇顾盼之视觉，起落缓急之听知，闪还撩了之运觉，转换进退之动知，则为真懂劲！则能阶及神明，及神明，自攸往有由矣！

有由者，由于懂劲，自得屈伸动静之妙。有屈伸动静之妙，开合升降，又有由矣！由屈伸动静，见入则开，遇出则合；看来则降，就去则升；夫而后才为真及神明矣！

明也，岂可日后不慎，行坐卧走、饮食溺溷之功；是所为及中成、大成也哉！

尺寸分毫在懂劲后论

在懂劲先，求尺寸分毫，为之小成，不过末技，武事而已！所谓能尺于人者，非先懂劲也。如懂劲后，神而明之，自然能量尺寸。尺寸能量，才能节、拿、抓、闭矣！

知膜、脉、筋、穴之理，要必明存亡之手。知存亡之手，要必明生死之穴。其穴之数，安可不知乎？知生死之穴数，乌可不明闭而不生乎？乌可不明闭而无生乎？是所谓二字之存亡，一闭之而已，尽矣。

太极指掌捶手解

自指下之腕上，里者为“掌”，五指之首为之“手”，五指皆为“指”；五指权里，其背为“捶”。

如其用者，按、推，掌也；拿、揉、抓、闭，俱用指也；挫、摩，手也；打，捶也。

夫捶，有“搬拦”，有“指裆”，有“肘底”，有“撇身”；四捶之外有“覆（覆）捶”。

掌，有“搂膝”，有“换转”，有“单鞭”，有“通背”；四掌之外有“串掌”。

手，有“云手”，有“提手”，有“合手”，有“十字手”；四手之外有“反手”。

指，有“屈指”，有“伸指”，“捏指”、“闭指”；四指之外有“量指”，又名“尺寸指”，又名“觅穴指”。

然指有五指，有五指之用。首指为手，仍为指，故又名“手指”。

其一，用之为“旋指”“旋手”。

其二，用之为“根指”“根手”。

其三，用之为“弓指”“弓手”。

其四，用之为“中合手、中合指”。

四手指之外，为“独指”“独手”也。食指为“卞指”，为“剑指”，为“佐指”，为“粘指”。中指为“心指”，为“合指”，为“钩指”，为“抹指”。无名指为“全指”，为“环指”，为“代指”，为“扣指”。小指为“帮指”“补指”“媚指”，“挂指”。若此之名，知之易而用之难，得口诀秘法，亦不易为也。

其次，有“对掌”“推山掌”“射雁掌”“晾翅掌”；“似闭指”“拗步指”，“弯弓指”“穿梭指”；“探马手”“弯弓手”“抱虎手”“玉女手”“跨虎手”；“通山捶”“叶下捶”“背反捶”“势分捶”“卷挫捶”。

再其次，步随身换，不出五行，则无错矣。因其粘、连、黏、随之理，舍己从人，身随步自换。只要无五行之舛错，身、形、脚、势出于自然，又何虑些须之病也！

口授穴之存亡论

穴有存亡之穴，要非口授不可，何也？一因其难学，二因其关乎存亡，三因其人才能传。

第一，不授不忠不孝之人；

第二，不传根底不好之人；

第三，不授心术不正之人；

第四，不传卤莽灭裂之人；

第五，不传目中无人之人；

第六，不传知礼无恩之人；

第七，不授反复无常之人；

第八，不传得易失易之人。

此须知八不传，匪人更不待言矣。

如其可以传，再口授之秘诀。传忠孝知恩者，心气和平者，守道不失者，真以为师者，始终如一者。此五者果其有始有终、不变如一，方可将全体大用之功，授之于徒也。

明矣，于前于后，代代相继，皆如是之所传也。噫，抑亦知武事中乌有匪人哉！

注：

此抄谱原为杨家秘藏之谱，极少外传，仅在门弟子中传抄，最早公开见于杨澄甫所著《太极拳使用法》（1931 年），其中收录有老谱 16 篇，但非全本。后吴式太极传人吴公藻将此谱影印件公开，名为《太极法说》，较杨澄甫所公开内容，则更为完善，封面有吴鉴泉亲笔签名，扉页吴公藻记曰："此书乃先祖吴全佑府君拜门后，由班侯老师所授，是于端方亲王府内抄本；在我家已一百多年，公藻在童年时即保存到如今。"

2000 年中国国际广播出版社出版了（初版于 1993 年）由杨振基演述、严翰秀整理的《杨澄甫式太极拳》（再订本），影印了"家传古典手抄太极拳老拳谱"，篇后杨振基言："手抄本太极拳老拳谱 32 解，长期在我母亲处保存，1961 年末我要去华北局教拳，母亲将此手抄本交与我，由于此本作为自己的内修本也就没有外传，今趁出书之机把它公布，让广大爱好太极拳者藉此有新的思索和提高太极拳理论水平，这是我所盼。"该书影印"老拳谱'内容与"吴本"几乎完全相同(极个别字有别)。顾留馨先生在《太极拳研究》中也选录"老谱"14 条，注云："此谱系沈家桢从杨澄甫处抄得，共有 43 篇论文，据云由其祖杨露禅传下，何处得来不知。"

杨班侯抄传太极拳经谱（秘传抄本）

杨班侯

杨班侯

杨班侯（1837—1892），名钰，河北永年人，杨式太极拳重要传人，著名太极拳家，杨露禅次子。

杨班侯自小顽皮，好打斗，其父杨露禅恐其伤人，不准其学习拳艺。后送其至武式太极拳始创者武禹襄的学馆习文。武禹襄先生见班侯学文颇不敏，但练拳则一学就会，悟性极高，于是暗授班侯拳技，后被班侯父亲杨露禅知晓，见其为可造之材，于是就把太极拳术倾囊相授。杨班侯在父亲杨露禅和老师武禹襄的共同教导下，领悟良多，且能举一反三，把学到的招式融进技击的攻防进退中，功遂臻于上乘，武艺绝伦，名震乡里。

根据河北永年县志记载：杨班侯相貌清瘦，富有臂力，幼承严父、严师真传，学武悟性极高，腾挪跳跃，像猿猴一样，尤其擅长太极大杆技术，全面系统地掌握了太极拳的核心奥秘，并继承了乃父衣钵，武功卓绝。约在清咸丰六年（公元1856年），19岁时只身来北京，先跟其父杨露禅在端王府教拳。一说在淳王府内教授其子侄习武。后在北京新桥香饵胡同设场授徒，因不被时人所识，一度被冷漠。后经杨露禅来京亲临指导，杨式太极拳始传于北京，渐及全国。

班侯性情刚躁，好打抱不平，善用散手，数折强梁，年尚未满二十，已经名满京华。尤其是拳击雄县刘武师和北京西四牌楼比武较技两件轶事，至今尚被人们所津津乐道。

班侯后到清政府旗营任教官，得戴蓝翎，充武德骑尉一职。

由于杨班侯性情刚烈，常出手伤人，所以弟子不多，其徒有凌山、万春、全佑、牛连元、教莲堂、陈秀峰、张信义、李连芳、张印堂、李万成等。

太极歌诀

有意无意皆非是，当在其间求消息。
有无相变空连环，环中便是此真意。

注：此首太极歌诀署名为杨班侯所撰，但是否确为班侯先生所传则无法确考，姑且收录之，以俟有识者考证研究。

全体大用诀

太极拳法妙无穷，掤捋挤按雀尾生。
斜走单鞭胸膛占，回身提手把着封。
海底捞月亮翅变，挑打软肋不容情。
搂膝拗步斜中找，手挥琵琶穿化精。
贴身靠近横肘上，护中反打又称雄。
进步搬拦肋下使，如封似闭护正中。
十字手法变不尽，抱虎归山采挒成。
肘底看捶护中手，退行三把倒转肱。
坠身退走扳挽劲，斜飞着法用不空。
海底针要躬身就，扇通臂上托架功。
撇身捶打闪化式，横身前进着法成。
腕中反有闭拿法，云手三进臂上攻。
高探马上拦手刺，左右分脚手要封。
转身蹬脚腹上占，进步栽捶迎面冲。
反身白蛇吐信变，采住敌手取双瞳。
右蹬脚上软肋踹，左右披身伏虎精。
上打正胸肋下用，双风贯耳着法灵。
左蹬脚踢右蹬式，回身蹬脚膝骨迎。
野马分鬃攻腋下，玉女穿梭四角封。
摇化单臂托手上，左右用法一般同。

单鞭下式顺锋入，金鸡独立占上风。
提膝上打致命处，下伤二足难留情。
十字腿法软骨断，指裆捶下靠为锋。
上步七星架手式，退步跨虎闪正中。
转身摆莲护腿进，弯弓射虎挑打胸。
如封似闭顾盼定，太极合手式完成。
全体大用意为主，体松气固神要凝。

十三字行功诀

1. 十三字

掤，捋，挤，按，采，挒，肘，靠，进，退，顾，盼，定。

2. 口诀

掤手两臂要圆撑，动静虚实任意攻。
搭手捋开挤掌使，敌欲还着势难逞。
按手用着似颠倒，二把采住不放松。
来势凶猛挒手用，肘靠随时任意行。
进退反侧应机走，何怕敌人艺业精。
遇敌上前迫近打，顾住三前盼七星。
敌人逼近来打我，闪开正中定横中。
太极十三字中法，精意揣摩妙更生。

（另一版本）

掤贯周身主在圆，动静虚实知往返。
搭手捋挤连珠用，敌欲还着势实难。
按手挫根必倾倒，二把采卷显艺精。
来势凶猛挒手破，肘靠近身任意行。
起落进退随势走，慢中寓快须自明。
遇敌上前迫近打，顾住三前盼七星。
敌人逼近来击我，闪开正中定横中。

太极奥妙十三法，精意揣悟妙更生。

注：此另一版本之诀是从其他传抄本中所抄录，佚失之文？抑或后人增添之文？无法确考，姑且收录之，以俟有识者研究考证。

十三字用功诀

逢手遇掤莫入盘，黏粘不离得着难。
闭掤要上采挒法，二把得实急无援。
按定四正隅方变，触手即占先上先。
捋挤二法趁机使，肘靠攻在脚跟前。
遇机得势进退走，三前七星顾盼间。
周身实力意中定，听探顺化神气关。
见实不上得攻手，何日功夫是体全。
操练不按体中用，修到终期艺难精。

八字诀法

三换二捋一挤按，搭手遇掤莫让先。
柔里有刚攻不破，刚中无柔不为坚。
避人攻守要采挒，力在惊弹走螺旋。
逞势进取贴身肘，肩膀膝打靠为先。

虚实诀

虚虚实实神会中，虚实实虚手行功。
练拳不谙虚实理，枉费功夫终无成。
虚守实发掌中窍，中实不发艺难精。
虚实自有虚实在，实实虚虚攻不空。

乱环双诀

1. 太极乱环诀

乱环术法最难通，上下随合妙无穷。
陷敌深入乱环内，四两千斤着法成。
手脚齐进横竖找，掌中乱环落不空。
欲知环中法何在，发落点对即成功。

2. 三环九转诀

太极三环九转功，环环盘在手掌中。
变化转环无定式，点发点落挤虚空。
见实不在点上用，空费功夫何日成。
七星环在腰腹主，八十一转乱环宗。

阴阳诀

太极阴阳少人修，吞吐开阖问刚柔。
正隅收放任君走，动静变化何须愁。
生克二法随着用，闪进全在动中求。
轻重虚实怎的是，重里现轻勿稍留。

十八在诀

掤在两臂，捋在掌中，
挤在手背，按在腰攻。
采在十指，挒在两肱，
肘在屈使，靠在肩胸。
进在云手，退在转肱，
顾在三前，盼在七星，

定在有隙，中在得横。
滞在双重，通在单轻，
虚在当守，实在必冲。

二十字诀

披闪担搓歉，黏随拘拿扳。
软掤搂催掩，撮坠续挤摊。

五字双诀

1. 五字经诀

披从侧方入，闪展无全空，
担化对方力，搓磨试其功。
歉含力蓄使，粘黏不离宗，
随进随退走，拘意莫放松。
拿闭敌血脉，扳挽顺势封，
软非用拙力，掤臂要圆撑。
搂进圆活力，摧坚戳敌锋，
掩护敌猛入，撮点致命攻。
坠走牵挽势，继续勿失空，
挤他虚实现，摊开即成功。

2. 轻重分胜负五字诀

双重行不通，单轻反成功。
单双发宜快，胜在掌握中。
在意不在力，走重不走空。
重轻终何在，蓄意似猫行。
隅方得相见，千斤四两成。
遇横单重守，斜角成方形。

踩定中诚位，前足夺后踵。
后足从前卯，放手便成功。
趁势侧锋入，成功本无情。
辗转急要快，力定在腰中。
舍直取横进，得横变正冲。
生克随机走，变化何为穷。
贪歉皆非是，丢舍难成名。
武本无善作，含情谁知情。
情同形异理，方为武道宏。
术中阴阳道，妙在五言中。
君问意何在，道成自然明。

太极拳五个要领原文

1. 六合劲

拧裹、钻翻、螺旋、崩砟、惊弹、抖搜。

2. 十三法

掤、捋、挤、按、采、挒、肘、靠、进、退、顾、盼、定（中）；正、隅、虚、实、收、放、吞、吐、刚、柔、单双、重（轻）。

3. 五法

进法、退法、顾法、盼法、定法。

4. 八要

掤要撑，捋要轻，挤要横，按要攻，采要实，挒要惊，肘要冲，靠要崩。

5. 全力法

前足夺后足，后足站前踪，

前后成直线，五行主力攻。
打人如亲嘴，手到身要拥，
左右一面站，单臂克双功。

打手八要

心静、气沉、胆大、身灵、眼捷、手快、步实、劲坚。
心静：心定，自然虚静。
气沉：松静，则气沉于根。
胆大：艺高技精，自能胆大。
身灵：有腾挪、闪战之功，步活身灵。
眼捷：由顾盼练到纯以神行。
手快：着熟而懂劲，则信手而应。
步实：气沉则步实，根稳则身手敏捷。
劲坚：刚柔相济，无坚不摧。

五字要言

拳理极精细，勿以当儿戏，欲学拳术者，先将基础立。
拳中基本功，有长即是师，研究其理性，技击是其次。
万莫学死方，动作要有理，不学招法手，与死方无异。
比如当大夫，尽学成方剂，药方开出来，等候病来治。
得病合我方，未闻有此理，就是有点效，也是瞎碰到。
结果背原理，伤病不为奇，莫学拍打功，以免本能失。
皮肉徒受苦，气血多凝滞，有害于卫生，又有碍拳意。
力紧神便死，岂能把人治，怀疑不凭信，请自体察试。
要知拳中理，首先站桩起，意在宇宙间，天地人一体。
运动如抽丝，开弓即试力，四肢弓崩撑，运动软慢松。
屈伸与开合，身由云端起，呼吸细静长，舒畅皆如意。
形象似癫狂，如醉如呆痴，蛇形趟泥步，揉球摩擦力。

两手似兜泥，如捞稠糖稀，内外要松静，敛神听细雨。
绵绵觉如醉，悠悠水中戏，默对向天空，虚灵须定意。
洪炉大冶金，陶熔物不计，神机由内变，调息呼吸气。
守静如处女，动似迅雷至，力松意宜紧，本是涵养气。
螺旋滚无形，毛发力加戟，筋骨遒即放，浑噩一惊时。
支点增强力，遍体弹簧似，百骸若机轮，旋转有劲力。
腰身似蛇惊，步行旋风起，纵横起波澜，如鲸回旋式。
顶心力空灵，浑身如线提，两目神光敛，鼻息耳凝闭。
小腹要常圆，胸肋微含蓄，指端力如电，骨节锋棱起。
活泼比猿捷，迈步如猫似，大凡举与动，浑身皆消息。
一触即爆发，威力无边际，学者莫好奇，要用自然力。
良知与良能，实践学来的，动静任自然，万勿用拙力。
返婴寻天真，躯柔如童浴，勿忘勿助长，升堂渐入室。
论技说应敌，不费吹灰力，拳术之动作，手足板眼齐。
首要力均整，内外要合一，屈伸随意往，枢纽不偏倚。
动静分虚实，阴阳水火济，精神宜内敛，练神得还虚。
头打脚随走，站他中央地，任有万能手，总也难逃避。
路线踏中心，松紧不滑滞，旋转要稳准，钩错互相宜。
力纯智和愚，审慎对方力，随屈忽就伸，相互虚实移。
运动如弓满，着敌似电急，鹰胆虎威视，足腕似兜泥。
鹘落似龙潜，浑身尽争力，面善心要狠，胆大更须细。
缠劈攒裹横，扭拧弹簧力，接触揣时机，叱诧如雷似。
变化影无形，周旋意无意，披从侧方入，闪展全无空。
担化对方力，搓磨试其功，歉含力蓄使，黏粘不离宗。
随进随退走，拘意莫放松，拿闭敌血脉，扳挽顺势封。
软非用拙力，掤臂要圆撑，搂进圆活力，摧坚戳敌锋。
掩护敌猛入，撮点致命攻，坠走牵挽势，继续勿失空。
挤他虚实现，摊开即成功，顺势闪拿欺，展软柔化吸。
撤退近托推，手脚一齐发，伸手看形容，身法要偏行。
见手分左右，避手吸进身，上下用反劲，手脚要同心。

劲到吸闪空，撞崩化欺冲，手到随身变，用时如闪电。
黏手软绵随，气在眼前追，来时机伶进，拳打要进身。
见势顺他劲，变步拧腰身，手眼身法步，欺到方为真。
掳手随身靠，捆时反劲欺，进步耳如风，沉气在腹中。
若见长手法，指掳闪进崩，若见短手法，长劲沉气中。
若见乱手法，偏砸顺身攻，动手先看肩，指手在胸前。
肩偏手必到，身仰脚必发，伸手步先行，见劲顺手中。
若见力过猛，撤化闪进空，进步捋崩挤，掳发顺劲倚。
手眼身法步，随时变体形，出手要平身，开门手为真。
若见高手法，撞倚先拔根，掤架打中线，掳推撞进身。
若见冲天手，变掌掳崩穿，若见矮手法，抽腰走上身。
法本耳目思，掌本面目排，手到撤化变，欺步看路线。
撞进里外手，反拿随身转，拐掳指闪欺，见手反拿腕。
欺步崩撞势，动手气下转，进身本气根，拿破随手变。
听问黏沾连，进步柔化推，上下要相随，内外要合一。
试声山谷应，神气要贯足，恭慎意且合，五字要言记。
见性明理后，反向身外去，莫教死方滞，莫教招法拘。
句句是要言，莫当是儿戏，愿我同道者，切记要切记。

注：

杨班侯所传之太极拳九诀，是杨班侯传给牛连元的重要太极拳诀抄本文献，杨式其他分支均未见其传。但据吾师宋保年先生言葛顺成传武式太极拳门内则一直流传有此抄本内容，且长期以来门人传习此谱均甚为珍秘之，历代传人均会背诵云云，而此抄本内容传自何人则不可考。

此本最早正式公布是1958年，牛连元的弟子吴孟侠、吴兆峰所著《太极拳九诀八十一式注解》（人民体育出版社），首次公布了太极拳九诀，当时在太极拳界颇有影响，轰动一时，被誉为“字字珠玑，句句锦绣”。

另据吴孟侠先生的弟子喻承镛讲，《太极拳九诀八十一式注解》一书，还有两诀尚未公开，其中《五字经诀》和《乱环诀》，实为《五字双诀》和《乱环双诀》。喻承镛先生将另外两诀欣然献出，可谓是功德无量之举。

宋远桥传抄太极拳谱（秘传抄本）

——民国 宋书铭传抄

太极拳总纲目

宋氏家传源流支派论，太极拳三十七名目，八字歌，三十七心会论，三十七周身大用论，十六关要论，功用歌，俞莲舟得授全体，授秘歌，太极别名十三式，程先生小九天法式，观经悟会法，用功有五志，四性归源歌，宋仲殊后天论法，十不传、四大忌、用功三小忌。

宋氏家传太极功源流支派论

——宋远桥绪记

所谓后代学者，不失其本也。自余而上溯，始得太极之功者，授业于唐于观子、许宣平也，至余为十四代焉。有断者，有继者。

许先师系江南徽州府歙县人，隐城阳山，即本府城南紫阳山，结詹南阳辟谷。身长七尺六，髯长至脐，发长至足，行及奔马。每负薪卖于市中，独吟曰：“负薪朝出卖，沽酒日夕归。借问家何处，穿云入翠微。”李白访之不遇，题诗望仙桥而回。

所传太极拳功，名三十七，因三十七式而名之，又名长拳者，所谓滔滔无间也。总名太极拳三十七式，名目书之于后。

太极拳三十七名目

四正、四隅、云手、弯弓射雁、挥琵琶、进搬拦、簸箕式、凤凰展翅、雀起尾、单鞭、上提手、倒撵猴头、搂膝拗步、肘下捶、转身蹬脚、上步栽捶、斜飞式、双鞭、翻身搬拦、玉女穿梭、七星八步、高探马、单摆莲、上跨虎、九宫步、揽雀尾、山通背、海底珍珠、弹指、摆莲转身、指裆捶、双摆莲、金鸡独立、泰山生气、野马分宗、如封似闭、左右分脚、挂树踢脚、八方掌、推碾、二起脚、抱虎推山、十字摆莲。

此通共四十三手，四正、四隅、九宫步、七星八步、双鞭、双摆莲在外，因自己多坐用的功夫，其余三十七数是先师之所传也。此式应一式练成再练一式，万不可心急齐用，三十七式却无论何式先、何式后，只要一一将式用成，自然三十七式皆化为相继不断矣，故谓之曰长拳。

脚趾五行，怀藏八卦。脚之所在，为中央之土。上则可定乾南、坤北。离东、坎西。掤、捋、挤、按，四正也。采、挒、肘、靠，四隅也。

八字歌

掤捋挤按世间稀，十个艺人十不知。
若能轻灵并捷便，粘黏连随俱无疑。
采挒肘靠更出奇，行之不用费心思。
果得粘黏连随字，得其环（寰）中不支离。

三十七心会论

腰脊为第一之主宰，喉头为第二之主宰，
心地为第三之主宰。丹田为第一之宾辅，
掌指为第二之宾辅，足掌为第三之宾辅。

三十七周身大用论

一要心性与意静，自然无处不轻灵。
二要遍体气流行，一定继续不能停。
三要喉头永不抛，问尽天下众英豪。
如询大用缘何得，表里精粗无不到。

十六关要论

蹬之于足，行之于腿，
纵之于膝，活泼于腰，
灵通于背，神贯于顶，
流行于气，运之于掌，
通之于指，敛之于髓，
达之于神，凝之于耳，
息之于鼻，（呼吸）往来于口，
浑噩于（一）身，（全体）发之于毛。

功用歌

轻灵活泼求懂劲，阴阳既济无滞病。
若得四两拨千斤，开合鼓荡主宰定。

俞莲舟得授全体

俞家，江南宁国府泾县人。太极功，名曰先天拳，亦曰长拳。得唐李道子所传，道子系江南安庆人，至宋时与游酢莫逆。至明时，李道子常居武当山南岩宫，不火食，第啖麦麸数合，故又名夫子李也。见人不及他语，惟云“大造化”三字。

既云唐人，何以知之明时之夫子李，即是李道子先师也？缘余上祖游江南泾县俞家，方知先天拳亦如余家之三十七式，太极之别名也。而又知俞家是唐时李道子所传也，俞家代代相承之功。每岁往拜李道子庐，至宋时尚在也，越代不知李道子所往也。

至明时，余同俞莲舟游湖广襄阳府均州武当山，夫子见之叫曰：“徒再孙焉往？”莲舟抬头一看，斯人面垢正厚、发长至地，味臭。莲舟心怒，曰："尔言之太过也，吾观汝一掌必死耳，尔去罢！"夫子云："重再孙我看看你这手！"莲舟上前挒连捶，未依身，则起十丈许落下，未折坏筋骨。莲舟曰："你总用过功夫，不然能制我者鲜矣。"夫子李曰："你与俞清慧、俞一诚认识否？"莲舟闻之悚然，"此皆予上祖之名也"，急跪曰："原来是我之先祖师至也。"夫子李曰："吾在此几韶光未语，今见你诚哉大造化也，授你如此如此。"莲舟自此不但无敌，而后亦得全体大用矣。

予上祖宋远桥与俞莲舟、俞岱岩、张松溪、张翠山、殷利亨、莫谷声，久相往来金陵之境。夫子李先师授俞莲舟"秘歌"云：无形无象，全身透空。应物自然，西山悬磬。虎吼猿鸣，水清河静。翻江播海，尽性立命。此歌余七人皆知其句。后余七人同往拜武当山，夫子李不见。道经玉虚宫，在太和山元高之地见玉虚子张三丰也。此张松溪、张翠山师也。身长七尺有余，须美如戟，寒暑惟一箬笠，日能行千里，远自洪武初年至太和山修炼，予七人共拜之，耳提面命，月余后归。自此不绝往拜。玉虚子所传，惟张松溪、张翠山，拳名十三式，亦太极功别名也，又名长拳。十三式名目并论说，列之于后。

夫子李先师授俞莲州秘歌

无形无象（忘其有己），
全体透空（内外如一）。
应物自然（随心所欲），
西山悬磬（海阔天空）。
虎吼猿鸣（锻炼阴精），
水清河静（心死神活）。
翻江播海〔气血（元气）流动〕，
尽性立命〔神充（定）气足〕。

太极别名十三式

揽雀尾、单鞭、提手上式、白鹅晾翅、搂膝拗步、手挥琵琶、进步搬拦捶、如封似闭、抱虎推山、揽雀尾、肘底看拳、倒撵猴、斜飞式、提手上式、白鹅晾翅、搂膝拗步、海底珍、山通背、拨山捶、退步搬拦捶、上势揽雀尾、单鞭、云手、高探马、左右分脚、转身蹬脚、进步栽捶、翻身拨心捶、翻身二起脚、披身踢脚、上步搬拦捶、如封似闭、抱虎推山、斜单鞭、野马分宗、玉女穿梭、单鞭、云手、下式、金鸡独立、倒撵猴、斜飞式、提手上式、白鹅晾翅、搂膝拗步、海底珍、山通背、上式揽雀尾、单鞭、云手、高探马、十字摆莲、搂膝指裆捶、上势揽雀尾、单鞭、下式、上步七星、下步跨虎、转身摆莲、弯弓射虎、上势揽雀尾、合太极。

程先生小九天法式

七星八步、开天门、什锦背、提手、卧虎跳涧、单鞭、射雁、穿梭、白鹤升空、大裆捶、小裆捶、叶裹花、候（猴）顶云、揽雀尾、八方步(掌)。

观经悟会法

太极者，非纯功于易经，不能得也。以易经一书，必须朝夕悟在心内，会在身中，超以象外，得其寰中。人所不知之妙，若非得师一点心法之传，如何能致使我手之舞、足之蹈，乐在其中矣。

用功五志

博学（是多功夫）
审问（不是口问，是“听劲”）
慎思（听而后，留心想念）
明辨（生生不已）
笃行（如天行健）

四性归源歌

世人不知己之性，何能得知人之性？
物性亦如人之性，至如天地亦此性。
我赖天地以存身，天地赖我以致局。
若能先求知我性，天地授我偏独灵。

宋仲殊后天法之缘起

胡镜子，在扬州自称之名，不知姓氏，此是宋仲殊之师也。

仲殊，安州人，尝游姑苏台，柱上倒书一绝云：“天长地久任悠悠，你既无心我亦休。浪迹天涯人不管，春风吹笛酒家楼。”

仲殊所传殷利亨太极拳，名曰“后天法”，亦是掤、捋、挤、按、采、挒、肘、靠也。然而势法名目不同，其功用则一也，如一家人分居，各有所为也，然而根本非两事也。

后天法目

阳肘、阴肘、遮阴肘、晾阳肘、肘裹枪、肘开花、八方捶、阴五掌、阳五掌、单提（鞭）肘、双鞭肘、卧虎肘、飞云肘、研磨肘、山通肘、两膝肘、一膝肘。

十不传

一不传外教；
二不传无德；
三不传不知师弟之道者；
四不传收不住者；
五不传半途而废者；

六不传得宝忘师者；
七不传无纳履之心者；
八不传好怒、好愠者；
九不传外欲太多者；
十不传匪事多端者。

此书有四忌

忌饮过量之酒；忌当色者，夫妇之道，要将有别字认清；忌无义之财；忌动不合中之气，一饮一啄在内。

用功三小忌

食吃多；
水饮多；
睡时多。

宋远桥绪记

以上太极功名家名目。因余身临其境，并得良友往来相助，皆非作技艺观人者也。一家人恐其久而差也，故笔之于书，以授后人玩索而有得焉。则终身用之，有不能尽者矣。

其余太极再有别名目拳法，惟太极则不能有两说也。若太极说有不同，断乎不一家也。却无论功夫高低上下，一家人并无两家话也。

自上之先师而上溯其根源，东方先生再上而溯，始孟子；当列国纷纷，固将立命之功，所谓养我浩然之气，塞于天地之间，欲大成者，则化功也；小成者，武事也。立命之道，非气体之充，胡能也。由立命以尽性，至于穷神达化。自天子至于庶人，何莫非诚意正心修身始也。

书及后世，万不可轻泄传人。若谓不传人，当年先祖师何以传至余家也，却无论亲朋远近，所传者贤也！遵先师之命，不敢妄传，后辈如传人之时，必须想余绪记之心血与先师之训诲也。

附记

无极歌

无形无象无纷争（纷拏），一片神行至道夸。
参透虚无根蒂固，浑浑沌沌乐无涯。

太极歌

太极原生无极中，混元一气感斯通。
先天逆运随机变，万象包罗易理中。

出手论

人之两手分左右，出手有虚实前后，有先来后到。快打喉头慢击腰，不快不慢拔起脚。按向后坐，捋向前移。直来横往曲绕，千变万化，不离中心。实变虚，虚变实，亦实亦虚，虚实不分，捉摸不定。

九宫步

以手带步两翅摇；
以身带步水上漂；
以步带身任逍遥。

注：

此本采自宋书铭所藏抄本，宋抄本名为《宋远桥太极功源流支派论》，吴图南藏本名《宋氏家传太极功源流支派论》，崔毅士藏本名《杨式太极拳密传(诀)》《太极拳总纲目》前二十二目，张虎臣藏本名为《内家后天第一功集要》《太极拳总纲目》等，名字虽不一，但内容则基本相同。

许禹生著《太极拳势图解》（1921年版）中记载：有宋书铭者，自云宋远桥后，久客项城幕，精易理，善太极拳术，颇有所发明，与余素善，日夕过从，获益匪鲜。本社教员纪子修、吴鉴泉、刘恩绶、刘彩臣、姜殿臣等多受业焉。

许又说："唐许宣平，所传太极拳术名三世七，因只三十七势而得名。其教练之法，为单势教练，令学者一势练熟，再授一势，无确定拳路。功成后，各势自能互相连贯，相继不断，故又谓之长拳。其要诀有：八字歌、心会论、周身大用论、十六关要论、功用歌；传宋远桥。

太极秘术手抄本（秘传抄本）

刘风梧序

余幼失怙，习祖遗之医略，于《景岳全书》卷九·杂证十三卷·瘟疫处：得先祖手录太极秘术方胜数折，字草潦乱，幸尚可辨识，故复录之存义，然实未睹其术焉。

先祖刘恒山，道光八年人，初经药商，后习医道。咸丰十一年，路遇困病危者，施救罔效，祖怀善念，奔波镇里，挽一老医者复临乃处，老扶脉摇首而去，病者知无生，托祖善后，祖诺，其感，探怀示祖簿册，嘱录而殉葬。祖怜而草缮，复置其怀，其奄然溘逝。先祖勉乡人善葬焉。

此于录后，言之一二。因系祖手泽，且理玄奥，故誊而录存，是序。

民国六年仲春月，汜水刘风梧拜识

《太极秘术》序

余从师温州张楚臣先师。先师曰："是术得之于道门，精微奥义，有不可言传之妙。德不修者不与之，名利重者难成之，才不足者不传之。故择者不易，尔宜慎密勿惰。"

余秘之，而习之已历四十余载，更忝以道家丹法，始悟其源流之泽长，光耀九洲。然修之不易，犹如深海寻珠，循宝光而不舍，历艰辛而不颓，始得而获，更知珍贵，虽万金而不售，斯道气常存者也。

噫！孰鉴道求真，难于此乎？而身不其验，动不明其用，辄言得道，津津善辩，而惑人辈，犹为可悲耳。诈伪横溢四海，真言不屑而闻。故大道当隐，俟时渐复，此亦道之至理所含也。

雍正六年冬月

愚叟王柏青留示

太极拳道

——邢喜怀

先师曰：习拳，习道，理义须明。功不间断，其艺乃精。夫拳之道者，阴阳之化生，动静之机变也。知气养而增命，善竞扑而全身，此为习拳之妙理。

气何以养？寅时吐纳，神守天根，意沉海底，心静息寂，神意互恋，升降吞液，腹中如轮，旋转循规，是以知水火之和气，为两肾所出，此人身性命之本，须刻刻留意为是。

扑何以善？手脚四肢，皆听命于心神。动静虚实，随意气而定取。上动下合，左转右旋，前移后趋，惟心神之所向，意气之所使也。腰为真机，而贯串肢节，势无所阻，是收内意者为用耳。

太极拳说

夫太极者，法演先天，道肇生化焉。化生于一，是名太极。先天者，太极之一气；后天者，分而为阴阳，凡万物莫不由此。

阳主动，而阴主静。动之极则阴生，静之极则阳生。有生有死，造化之流行不息。有升有降，气运之消长无端。体象有常者可知，变化无穷者莫测。大之而立天地，小之而悉秋毫。太极之理，无乎不在。

阴无阳不生，阳无阴不成。阴阳之气，修身之基。上阳神而下阴海，合之者，而元气生。左阳肾而右阴肾，合之者，而元精产。背外阳而怀内阴，皆合者，而元神定。阴中有阳，阳中有阴，本乎阳者亲上，本乎阴者亲下。是则手以阳论，脚以阴名，相合者而身自灵。虚实分而阴阳判，动静为而阴阳变。纵者横之，刚者柔之，来者去之，开者阖之，无非阴阳之妙理焉。

然阴阳和合，斯理孰持？胜负两途，斯验孰主。“一判阴阳两极分，聚合阴阳逢在中”。是以云，其妙者“一”也；其窍者，“中”也。

夫太极拳者，性命双修之学也。性者天，上潜于顶，顶乃性之根；命者海，下潜于脐，脐乃命之蒂；故知双修之道在天根海蒂之合也。真意为其中使，而有所验。动之始，则阳生；静之始，则柔生。动之极，则阴生；静之极，则刚生。阴阳刚柔，太极拳法，四肢义通，且阴阳之中，复有阴阳。刚柔之中，复有刚柔。故有太阴、太阳，少阴、少阳，太刚、太柔，少刚、少柔，太极拳手之八法备焉。曰掤、捋、挤、按、采、挒、肘、靠。

“一”以“中”分而阴阳出，阴阳复而四时成，中为生化之始，合时成五气行焉。东有应木之苍龙；西有属金之白虎；北陆玄龟，得水性而潜地；南方赤鸟，得火气而飞升；中土孕化，以生成而明德。五行生克，太极拳脚之五步出焉。曰进、退、顾、盼、定。

夫太极拳者，呼吸二五之中气，手运八法之灵技，脚踩五行之妙方。上下内外与意合，节节贯串于一身。因而，万千之变，无乎不应，此所以根出于一，而化则无穷，太极拳之所寓焉。俾使学者默识心通，故为说之而已哉。

太极拳秘传

——张楚臣

太极拳，功有济世之法，技有运身之术，示外者足矣。而修行之秘，须宝而重之，不得轻授，倘传匪人，则遗祸为害，宁不惕哉。

诀曰：沉气于腹，以意定之，不得妄提。聚而鼓荡，状若璇玑。意活而运，气如轮转。其要不离腹中，此所以刻刻留意者耳。

神领全身，以手为先，脚随手动，身随脚转。意与神通，气随意走，筋脉自随气行，此所以举动用意者耳。

夫太极拳者，内气之鼓荡运动，须与外形之势同；凡举动，神意互恋，神领手诀，而意令气运，由手而肘、而肩，由脚、而膝、而腰，自可达以众归一之道，此既上下内外合为太极之妙术也。

手有八法而一神虚领，气有百环皆随意而定。神主阳而行外，势也、形也；意主阴而守内，精也、气也。手为阳而动于上，脚为阴而移于下。妙在俱合，灵在俱松。势未动而意已动，神意俱在形之先，势不可执，以神意为机变，无须以成架为局焉。

太极丹功义诠

——王柏青

道自虚无生有为，便从太极中规循。
天地分判阴阳义，人法自然意神合。
道心玄秘守天根，内丹培育成在坤。
精气合练延年药，浑然天人俱忘春。
悟得天心道基尊，生生妙境育灵根。
抛却名利海天阔，寰中日月随心神。
两只慧剑定中土，一团和气冲玄门。
苍海无浪缘龙蜇，青天恬谧赤子心。
精气神喻三祖孙，气为先祖万物根。
精乃气子生神意，积气生精自全神。
出玄入牝呼吸循，念念归底海容深。
俟至地火喷涌时，百脉俱活修全真。
三花妙合统在神，五气聚分权由心。
修德培土孕内丹，日月真息火候存。
三魂息安昼夜分，两弦期活朔望临。
但使方寸宅勤守，黄芽白雪何须寻。
汞借水银喻人心，铅如钢铁比人身。
婴儿姹女亦如是，黄婆撮合土意真。

坎离分合水火轮，注生定死本命根。
上下左右皆非是，中腰阴阳两肾门。
子午上星下会阴，戊己神阙并命门。
庚申金气土得藏，坤火巽风意息存。
乾中阳失翻成离，坎得中实转易坤。
化阴抽阳还健体，潜藏飞跃总由心。
寅时面南守天根，舒形缓息渐寂隐。
恬淡念沉入深海，无物腹虚静无尘。
大道无声缓缓运，一缕绵绵下归引。
渐细渐长谷底满，收聚散气团仙真。
日追月坠晓星临，三光先后开天门。
深山寂幽溶溶夜，恰是道基初生根。
贪龙欲腾行沛霖，怒虎出洞将噬人。
天符一道玉音降，虎归龙伏修清心。
阴阳媾合龙虎吟，意痴神醉恋魂魄。
心肾交合水火济，田蒸海温好浴身。
紫气炎焰冲玄门，肌爽窍开乐人伦。
甘露琼浆天池满，饵津润脏涤身心。
潜龙勿用筑基因，见龙在田产灵根。
飞龙在天运武火，亢龙有悔形退阴。
祖气复入闭开门，腹胎意转运法轮。
能令十息缓缓吐，三十息上可调神。
精生灵根气护神，神定身中息自沉。
内息气运精神固，此真之外更无真。
神行气行元海运，一轮始终胎息匀。
善养生者在守息，物欲善者勤养根。
太极一气延年药，气命神性双修门。
天地合育续命芝，但知求我不求人。
肢松心沉入脐轮，太极未分是真阴。
一阳动处天意现，神令手运移昆仑。

挽起光寰转乾坤，气滚意驰腹中寻。
龙翔九天云伴起，虎啸幽谷风摧林。
借势循向在心神，贴从璇玑妙进身。
顺力浑然迭不觉，勿用气力返伤根。
腹虚若海载万均，能运沉浮善曲伸。
神形意气能一处，移山倒海翻乾坤。
阴摧阳转阳摧阴，可知玄奥在腹心。
丹田一球璇玑活，舒合恬逸动无尘。
孰晓腹气圆活真，调腑理脏顺经筋。
若待寿高神体健，不枉当初勤练身。

太极丹功要术

天地人灵，道存唯此。欲修丹功，象天法地，参自然而合人身，夺造化在悟玄机。人内三宝，精气神也。修者，寅时合道，须择幽静之处，背北面南，气收地灵。直立两肩之中，安定子午之位，气沉腹脐，意导孕合，心静而息寂，呼吸悠长至若无，脉流而气摧，神意俱会似如失，意导气运，腹轮常转，杂念止则内外松适，心念静而呼吸若一，意气互感，暖流回转。其态若轮，生生不息。此为一气浑圆，修之可享遐龄。

一气流转而无微不到，阴阳和合而化育五脏。运行于筋骨、经脉，营卫于肌肤、毛孔。通连于天地祖气，气机循环，升降有序。身随升降而起伏，手随机势而运形。形动而神静，意会而势灵。微风也能顺化，叶落亦能知警。蹬此门堂，许为初成。

功既有成，须明用道。太极之妙，首在心神。惟心静，能详察进退之机。惟神领，可体悟起伏之道。进因降而起，退因合而伏。其法，曰神，曰气，曰形。神者能轻灵，气者有刚柔，形者可纵横。以神击敌为先，身未动，威先发于瞳，伤敌之神，令彼胆寒；以气击敌，势未成，而无畏浩气出，破敌之气，令彼心怯；以形击敌，俟敌动身，应形合之，制敌之形，令彼跌仆；内静外动，外疾内缓，神静而意动，心静而气动，息静而身动。眼欲疾而神须缓，步欲疾而气须缓，手欲疾而心须缓；内态静缓，外形愈疾，息无所乱，无虞身疲。

运功发劲，外柔内刚。卷之则柔，发之成刚。柔为长劲，刚为瞬间。化敌之力，缠绵如丝。圆而劲柔，击敌空门。势若奔雷，循方直达。柔则松弛，内气如缕不断。刚则开张，瞬间一泻千里。意深如此，惟气行之。动如簧弹箭发，静如山岳雄峙。功不间断，持久通灵。气机活泼，由心外场。感应神通，人未临身，已知来犯之处。意令气发，去则攻其无救，人未明立仆，警心寒……（后文佚失）

注：

此本《太极秘术》手抄拳谱，据云来自中医世家刘凤梧之家传抄本，惜乎内容不是很全，抑或在传抄递缮中有所遗失，是以佚文不少，而关于此本来源之颠末，在此抄本之汜水刘凤梧序言中已有阐明。

纵观此篇拳论，其内容是完全按照赵堡太极历代传人来排序，几乎每一代传人对拳理均有阐发。这几篇拳论对太极拳理法之阐述均十分深刻，微言大义，纤毫毕露，条分缕析，说理透彻。其所阐理法则多与道家内丹学说相合，以武入道之思想非常突出。总体来说这几篇拳论是一本非常优秀的拳谱汇集，故收录于此，以供广大太极拳爱好者参研。

至于此抄本之来源是否可靠，则不属于本书所涉及之范围，姑留于有识之士去考证研究。

《内功真经》真本全书（秘传抄本）

卷一　内功经

卷二　纳卦经

卷三　神运经（大力注解）

卷四　地龙经

前序

内功四经，余祖总宪公任江西时所购也。公殁后，迄今百余年，未有知此书作何用也。甲子余于不意中得之于藏之楼，开卷茫然，几于懈怠，后费尽心思，钻研数年，乃知此书为武技之宗派，而功夫真传也。故内功已成，随法皆成妙招，谓资之弥而取之，左右逢其源者也。然内功真传不求速，须费尽年月，方能有成，其不求速，内功经者顾属上。或有天资迟钝，急切不知之妙，与家道穷迫，不能日日用功，一入门即欲攻经悟道，岂不望洋而收哉。

今就内功之见于外者，集为数篇，曰大力全局；曰内功合战；曰内功散门；反背顺逆，总和内功经关窍。由是一入门，经内道理，亦可悟矣。至于间架招数，亦有其一二，然不知内功经，而于横竖骨节、顺逆相制之理，往往大相反矣。

嗟呼，内功四经埋没于世数百年矣，古人之迹既泯灭而不传，后之学此道者，岂不妄用心乎。时任午秋，与珠山友人景房话此意后，传兰香书室，因草之以序。

琅琊王南溪序

后序

道自得天地之精髓，阴阳之秘蕴者，必不磨灭于默默之中，非偶然也。天必生奇人以知之，知之必著为书，不行于数百年之前，必行于数百年之后；必生一得书之人，不奇惜，必生一藏书之人，藏书之人不能行，必生人以力行之，不畏艰难，务求讲明古人真迹，以待于后世；又恐一人之力有所不能，尽而又生人以辅翼之，岂偶然哉，呜呼！若此诸人或相待于数百年之后，或相遇于数百年之中，其中离离合合，亦奇矣。

余之友，南溪子，其祖为清初总宪，督抚江西。泊舟清江，见有商人舟覆，拯货水底，获一石函，中有二书，公欲视之。商人呈公，阅视之，一曰剑丹，一曰内功。内功之书正四篇，一曰内功经，二曰纳卦经，三曰神运经，四曰地龙经，后记云：贞观二年三月十五日录。公以重价购之。嗟呼，此书作于上古，藏于水底，盛之石函，可谓遂年湮矣。数百年埋没，而一旦传之于世，岂非此道之不可磨灭，而特生贵人以得之，总宪公以藏之哉。

公得视书简，阅良久，见其理元妙，实正好之，然以贮赝。朝廷重命，方欲尽瘁，未暇研究。公殁，遂为世传。公之后人，大抵以文，功名为重，其不读书者，又留心于身家生计，皆论不及此。间有阅及之者，开卷茫然，遂以为无用之物，甚至王氏之子孙，亦有不知家藏有此书者。唯吾友南溪子，生而颖悟，总读书不至功名，玩心于诗书之间，毫无世俗输积之计。一日，忽得此书，见有印迹，叹曰：公神明人也，其不以重价沽无用之物也，明矣！此书必有弥意，但无有能知之者矣。乃细心推测，见其有言卦者，一似易经注解；有言周身经脉者，一似医家脉络；有练神气者，一似道家丹书。推测至二三年，无以对其际。

后与管某闲谈，伊言其师，拳术精勇，妙艺绝伦等得之于内功经，因询之曰："内功经尚存乎？"管某曰："此书失之久矣，邵师盖得之于口授者，不过经中十之二三。"南溪子忽然有悟，盖明公所得之书也！又取而阅之，忽然略有所醒悟。乃益加钻研，才知可以开人之智慧；其次，亦可以疗病壮身。而遇敌可制胜，犹其功之小者。二年之后，出而遇敌，无不制胜。

嗟呼!百年以此书为无用之物，不有南溪子以推测之，终属于无用乎！古云："道为知己者传。"良不虚也！百余年之理埋没，而一旦发挥其蕴奥，岂非此道之不可磨灭，而特生南溪子以彰明之哉。然此道弥奥无穷，南溪子自以为所能者，不过十中之半。恨无知己者，与之讲明，而切究之。欲终不传，又恐古人之宝书自此而没灭，甚为可惜。以此十数年之功，苦蕴于中，未发于外，常忧忧不乐。

丙子，余至其邑，与之甚者，以年相若而志相得。余之视彼如兄，而彼视之吾如弟，久闻其精于武技，适触所好，因再三致诘，而南溪子以交厚，绝不吝惜，因为余说大概，初闻之，以为拳勇之粗术耳。既而与馆于近村，与之朝夕相见，闻其功夫有壮身疗病之效，因求而用之。南溪子曰："此功夫非一朝一夕之故，恐不能持久，无益而徒劳耳。"余力请之，遂授吾一二，余取用之，数月未见功效，暗以为迂调，且将弃之。南溪子曰："吾言此功非朝夕之可及，君不信，而今何如哉？"余愧甚，又用数月，微有功效，甚喜，告南溪子曰："且请再益。"南溪子曰："不可因后用之。"

数月之间，忽然得奇效，平时所患结核，至是痊愈，气力数倍于常，然后知南溪子不轻以授人者，非吝也，重此道也。因再拜求教，又得纤微，总甚少之，然后知其为人不少以言辞，亦遂不请。南溪子曰："此功用气之处，只有一经，若误入旁门，伤人不浅。"余总闻之而未着意，授而用之，渐有所悟；忽思天地间之术，莫非古人拟造之术，吾独不可杜撰乎？略有所增损。不数月，忽得拘挛病，窘甚以告，南溪子曰："此道之为功也，不可贪多，不可太急，不可妄有增损，内所增损，多与此正为者耳，不然吾弟岂有受专。"余惶恐无地，立誓悔过。

南溪子讲后其端的，数月之后，拘挛之病遂已，自此彼以为是者，日夜以求之，彼以为非者，日夜以去之。如是者二年，觉心中大有所悟，而气体间，浩浩乎，如囊日矣。余虽不言而心知，然相知之弥，每相忘于形骸。南溪子未以为功，余亦未尝出一言相附也，每谈及此，至忘寝食，而南溪子灼论风发，不后如问之与以少矣。如是又二年，南溪子忽授书二卷，而告余曰："此无上之宝书也，久欲传人之未得其人，今观矣非风尘者，愿以此相赠。其一曰剑书，此仙家之丹经，非夙业有慧根者不可转传；其二曰内功经，此能壮身疗病，多换气力，吾欲传于海内，公诸好可乎？"余惊喜异常，投地再拜曰："此万金不易之术耳，羡之者，非能不甚？"而吾兄独以教弟，能对弟之弥，劳神以教弟，弟难报大德，今又传以宝书，且以传世，吾兄之力，心恕而无所私也，何不可之有因。

备问书之始末。南溪子具告之曰："此书多有不解者，今欲与吾弟细加注解以明之，而后人得而用之矣。"余曰："数百年之埋没，而一旦传于海内，岂非此道之不可没灭哉，天特生一不畏艰辛之人，务求讲明古人真迹，以传后世也哉，弟岂不才，敢竭鄙诚以辅翼吾兄，共成此于是乎。"

序珠山宗景房序

总论

拳勇之术，古来不下数十家，曰探马、曰鉴子、曰罗汉、曰太祖、曰佛爷、曰武子，一切可惊可骇之名，难以尽述。

承人陋习，学此则非彼，学彼则非此，纷纷聚讼，日甚一日。而要之，不得内功真传，拘家所纵，费尽苦功，终属下乘。犹之读书，不能反约、泛览、博务，何能明道？又凡物莫不有其本，得其本而末随之矣；所谓一以御万，简以御烦（繁）者也。

近来习此道者，忘其本之为一，而逐其末之不同，分门别户，捏造名色，往往自为誉曰："吾之术近路也。"不询其一以御万、简以御烦（繁）之道，茫然罔觉，何怪其临敌溃哉。夫宇宙之正道，原未有近路也，不过有本末先后耳。后此变化无方，皆前此循序渐进有以致之也，何有近路之可言哉？

然则所谓本者，何也？曰筋也。顺进可以制敌，退可以自守，往来上下，无不如意。松、小、背，不足以当敌，退不能自守，备多虚实，无非危机。由此言之，固要哉。然不知之纲领，不知之枢机，不知之归宿，虽有犹未尝也。

何谓之纲领？曰头也。头为诸阳之会，一身之纲领也。譬如物之有柄，事之有始；柄之不正，事之不裹，专望后之等哉？故头之为用也，欲向上提起，不欲向下堆积，欲生旺有神，不宜颓靡无气，一身之筋精劲虽不在头，而头未始无关于之得失也。

何谓之枢机？曰肩也，肋也。肩为臂之本，肋为气之窟，上以头部之精神，下以足、腰、胯之威势，周身之大关会也。譬如室之有门，国之有关，门不开，不通往来出入。故肩之为用也，其要有八，曰通、透、穿、贴、松、汗、合、坚；肋之为用也，其要有二，曰开张舒展，紧弹聚敛。得此窍诀，中部之妙，思过半矣。

何为劲之归宿，曰足也。足为百体之根，上载全身者也。譬如万物之生于土而履于地，衰旺体态，无不因乎地。苟非博厚，何能载物哉？故足为之出也，凡一放一松，无不从足底涌泉穴而起；之入也，一收一紧，无不从足底涌泉穴而伏。此下路之要诀，而工夫之根基也。知此三者，可以得其大概矣。

犹有要专，何者也？曰气也。盖之生于气，犹木之生于水，木必待水润而得生，必得气养而后出，自理也。欲愿养气，必开关窍，以顺其气，不然而人身之关窍，皆为后天之浊气否塞尽矣，虽欲养气可得哉？

必伸筋拔力以通之，而后真气自行，行是气可以养，可以济气矣。故用之初，气尽有交互相济之用，及其久也，有浑然如一之德。后之学者，潜心体会，必对予不妄评矣。若夫气之浮沉、之松紧、首之开合、手之横竖、身之正侧，当求之内功经与夫十式局内，非一朝一夕之功能明也。

山左琅琊王南溪注解

海右珠山宗景房参订

内功四经

卷一　内功经

内功之传，脉络甚真。

不知脉络，勉强用之，则无益而有损。

前任后督，气行滚滚。井池双穴，发劲循循。千变万化，不离乎本。得其奥妙，方叹无垠。

任脉起于承浆，直下至阴前高骨。督脉起于尻尾，直上由脊背、过泥丸、下印堂、至人中而止。

井者，肩井穴也，肩头分中即然。池者，曲池穴也，肘头分中即然。此周身发劲之所也。

龟尾升气，丹田练神，气下于海，光聚天心。

从尾骨尽处，用力向上翻起，真气自然上升矣。脐下一寸二分，丹田穴也，用功时存元神于此处耳。小腹正中为气海，额上正中为天心，气充于内，形光于外也。

既明脉络，次规格式。

格式者，入门一定之规也。不明此，即脉络亦空谈耳。

头正而起，肩平而顺，背平而正。

正头、起项、壮面、神顺、肩活、胸平背自平，身微有收敛之形，此式中之真窍也。

足坚而稳，膝曲而伸，裆深而藏，肋开而张。

足既动，膝用力，前阴缩，两肋开。

气调而匀，劲松而紧；缓缓行之，久久功成。

出气莫令耳闻，劲必先松而后紧。

先吸后呼，一出一入；先提后下，一升一伏；内收丹田，气之归宿。

吸入呼出，勿使有声。

提者，吸气之时，存想真气上升至顶也。下者，真气降归于丹田也。伏者，觉周身之气渐小，坠于丹田，龙蛰虎卧，潜伏也。

下收谷道，上提玉楼，或立或坐，吸气于喉，以意送下，渐至底收。

收者，慎气谢也。提玉楼者，耳后高骨也。使气往来无阻碍，不拘坐立，气自喉者，以肺摄心也。气虽聚于丹田，存想沉至底方妙。

升有升路，肋骨齐举；降有降所，气吞俞口。

气升于两肋，骨缝极力张开，向上举之，自然得窍。降时必自俞口，以透入前心，方得真路。

既明气窍，再详劲诀，曰通，劲之连也；曰透，骨之速也。

通透往来，无阻也，伸劲拔力以和缓，柔软之意。

曰穿，劲之连也；曰贴，劲之络也。

穿贴横竖，联络也，伸劲拔力以刚坚，凝结之意。

曰松，劲之渔；曰悍，劲之萃。

松渔者，柔之极也，养精蓄锐之意；悍萃者，刚之极也，气血结聚之谓；松如绳之系，悍如水之清。

曰合，劲之一；曰坚，劲之转。

合者，合周身之一也；坚者，横竖斜缠之谓也。

按肩以练步，逼臀以坚膝，圆裆以坚胯，提胸以下腰。

按肩者，将肩井穴劲，沉至涌泉；逼臀者，两臀极力贴住也；圆裆者，内向外极力挣横也；提胸者，起前胸也。

提颏以正项，贴背以转斗，松肩以出劲。

两背骨，用力贴住，觉其劲自脐下而出，自六腑向外，转至斗骨而回。出劲之时，将肩井穴劲软意松开，自无碍矣。

曰横劲，曰顺劲，变之分明，横以济竖，竖以横用。

竖者，肩至足底；横者，两背手也。以身说，则竖者自腋至二肩穴；横者，自六腑转于斗骨背也。自裆至足底，自膝至于臀，以腿而言之也。

五气朝元，周而复始。四支元首，收纳甚妙。

吸气纳于丹田，升真气于头，复至俞口，降于丹田。

一运真气，自裆下于足底，复上自外胯，升于丹田。

二运真气自背骨膊里出手，复自六腑，转于丹田。一升一降，一下一起，一出一入，并行不悖，周流不息，久久用之，妙处参悟甚多。

练神练气，返本还元，天地交泰，水升火降，头足上下，交接如神。

静升光芒，动则飞腾；气胜形随，意劲神同。神帅气，气帅形，形随气腾。

以上劲诀即详，下言调气之方。

每日清晨，静坐盘膝，闭目缄口，细调呼吸，一出一入，皆从鼻孔。而少时气定，遂吸一口气，但吸气时，须默想真气自涌泉发出，升于两胁，自两胁升于前胸，自前胸升于耳后，渐升于泥丸。

降手时，须默想真气由泥丸至印堂，降至鼻，鼻至喉，喉至脊背，脊背透至前心，前心沉至丹田。丹田气足，自能复从尾间，达于脊背，上升泥丸，周而复始，从乎天地，循环之理也。

卷二 纳卦经

乾坤

头项法乎乾，取其刚健纯粹；足膝法乎坤，取其静厚载物。

凡一出手，先视虎口，前领用力，正平提起；后脊背用力塌下，真手来时，直达提气穴，着力提住，由百会穴转过昆仑，下明堂，贯两目，其气欲鼻孔泄时，便吸入丹田。两耳下各三寸六分，谓之眼穴，用力向下截住，合周身全局，用之久，自知其妙也。

凡一用步，两外虎眼，极力向内，两内虎眼，极力向外，委中大筋，竭力要直；两盖骨，竭力要曲，四面相交，合周身之力，向外一扭，则涌泉之气，自能从中透出矣。

巽兑

若夫肩背，宜于松活，是乃巽顺之意，裆胯要宜靠紧，须玩兑泽之情。

塌肩井穴，须将肩顶骨正直下与比肩骨相合，曲池穴，比肩顶骨略低半寸，手腕直与肩齐，背骨遂极力贴住，此是竖劲，不是横劲，以竖则实，以横则虚。

下肩井穴，自背底骨直至足底，故谓竖。右背则将左背之劲，自骨底以意透于右背，直送二记扇门穴，故谓横。两劲并用而不乱，元气方能升降如意，而巽顺之意得矣。

裆胯要圆而紧，气正直上行，不可前出，不可后掀，两胯分前后，前胯用力向前，后胯用力向下，涌泉来时向上甚大，两胯极力按之，总以骨缝口相对，外阴、内阳，忽忽相吞并为主。

艮震

艮象曰：时行则行，时止则止，其义深哉。胸欲竦起，艮山相似；肋有呼吸，震动莫疑。

肋者，协也，鱼腮也。胸虽出而不高，肋虽闭而不束，虽张而不开，此中玄妙，难以口授。用力须以意出，以气胜，以神足，则为合式，非出骨内劲也。

用肋一气呼吸，为开拳，以手之出，为开闭，以身之纵横，为开闭。步高劲在于足，中步劲在于肋，下步劲在于背，自然理也。

坎离

坎离之卦，乃身内之义也，可以意会，不可以言传。以肾为水火之象，水宜升，火宜降。

两相既济，水火相交，真气乃萃，精神渐长，聪明且开，岂但劲乎？是以善于拳者，讲劲养气，调水火，此一定不易之理也，须以意导之。下气聚劲，练步，皆欲心气下达于肾也，亦须以意导也。

卷三　神运经

总诀四章

练形而能坚，练精而能实，练气而能壮，练神而能飞。

固形气，以为纵横之本；萃精神，以为飞腾之基。故形气胜，能纵横；精神敛，能飞腾。

第一章　言神运之体

先明进退之势，复究动静之根，进先伏而后起，退方一合而即动。以静为本，故身虽疾，而心自暇，静之妙，当明内外呼吸之间。

纵横者，劲之横竖；飞腾者，气之深微。

第二章　言神运之式

击敌者，有用形、用气、用神之迟速；被攻者，有仆也、怯也、索也之深浅。以形击形，自到后而乃胜；以气击气，手方动，而可谓；以神击神，身未动，而得入。

形受形攻，形伤而仆于地。气受气攻，气伤而怯于心。神受神攻，神伤，而索于胆。

第三章　言神运之用

纵横者，肋中形合之式；飞腾者，丹田呼吸之间。进退随手之出入，来去任气之自然。气欲露而神欲敛，身宜稳而步宜坚，既不失之于轻，复不失之于动。探如鹰隼之飞，疾若虎豹之强。

第四章　合言体用之意

山不汗则崩，木无根则倒，水无源则涸，功夫亦然。学者欲用神运经，必须内功、纳卦、十二大劲，周身全局，方可学此。否则不惟无益，而且有损。

凡用此功，必须骑马式，稳住周身全局，一呼则纵，一吸则回。纵时两足齐起，回时两足齐落，此法永不可易。然用劲，又因敌布阵，当有高低、上下、远近、迟速、虚实、大小，变化不一。刚柔动静之间，成败得失之机，在是焉。

欲善用劲，须动步不动心，动身不动气，心静而步坚，气静而身稳，由静而精，自得飞腾变化矣。盖知静之为静，静亦动也；知动之为动，动亦静也。是以善于神动者，神缓而眼疾，心缓而手疾，气缓而步疾，盖因外疾而内缓，外柔而内刚，知体用之妙也。所贵者，以柔用刚，方是真刚；以柔用疾，方是真疾。此中定静妙奥之用，得之于象外，非可以形迹求也。学者务要深详参究，久而久之，神运之法，自能悟其妙理。

神运即明，再言内功。

内功十二大力法

一曰底练，稳步如山。二曰坚膝，屈直似柱。

三曰裆胯，内外凑齐。四曰胸背，刚柔相济。

五曰头颅，正侧撞敌。六曰三门，坚肩贴背。

七曰二门，横竖用肘。八曰穿骨，破彼之劲。

九曰坚骨，封彼之下。十曰内掠，敌彼之里。

十一曰外格，敌彼之外。十二曰撩攻，上下内外如一矣。

第一大力曰底练

底者，足也。练者，练之于地也。凡遇敌之时，百般用劲，稳然不动，皆炼底之功也。

用法俱在内经，外用有二：一勾敌人之手足，须曲吾足尖向内弯起，以外劲胜之；一封敌人之足，须将裆劲全坠于地，以内劲胜之。

第二大力曰坚膝

坚者，用内功以后自然坚也。外用有二：凡敌近身上攻，则用提膝，下攻则用跪膝，俱视其势之平侧，随时变换，不可预定。

第三大力曰裆胯

裆者，内裆也。胯者，外胯也。若两敌逼近，将周身大力一落，内裆外胯俱可胜人，但须凑集合式方可用之。若勉强做作，则失之远矣。其详细俱见经内。

第四大力曰胸背

内功已成，前胸后背俱有大力，可以制人。无有甚巧，须封敌人之手，用后背须让出敌人之手，防其攻吾也。

第五大力曰头颅

内功已成，不但胸背可以制人，即头颅亦可取胜。其用有二：曰侧撞，曰正撞。侧撞者，敌在吾前，吾侧身撞去也；正撞者，敌在吾上，吾正撞去也。亦必防敌人之手。

第六大力曰三门

三门者，肩也。用肩三法，须垂吾收手，贴住两股，以小身法用之。或侧用，或平用，或用之于上，或用之于下，俱在合战散门内，难以尽注，大抵有内功以后方可用之。

第七大力曰二门

二门者，肘也。此力在十二大力成之最速，其用有二：曰横肘，曰竖肘。竖肘者，竖吾手头在吾面侧以肘攻人也；横肘者，横吾手头在吾怀中以肘攻人也。用法虽多，必本乎此。

第八大力曰穿骨

敌自上路来，吾将全局极力一伸向前穿之，彼之劲自破，吾自获全胜矣。但须斗骨侧起，后步蹔往前步以极力向前穿之，不然与通捶混矣。

第九大力曰坚骨

敌自下路来，吾以一手封其一手，将全局极力猛落，自得全胜矣。但须斗骨侧起，方能得法，其坚之轻重，全在内功之深浅。

第十大力曰内掠

敌自里来，须以掠劲胜之。其用有三：上掠破敌人上路之劲，中掠破敌人中路之劲，下掠破敌人下路之劲，俱封其手以用之。

第十一大力曰外格劲

敌自外门而来，须以格劲胜之。亦有上格、中格、下格之分。但内功已成，亦不必尽拘，敌远则格敌人之手，近则格敌人之身，无不可格之处，学者神而明之可也。

第十二大力曰撩攻

将手头以内功炼得坚实，如撩物之势，以攻人也。此力若成，微一着手，即可攻人于数步之外。

手头不可太远，敌人仅隔寸许，然后撩之方妙。若与敌人相去甚远，须以步赶之。其用有五：曰内撩，攻敌人之在里门者；曰外撩，攻敌人之外门者；曰上撩，攻敌人之高势者；曰下撩，攻敌之低势者；曰正撩，攻敌之正逢者。其到身如何发劲，如何身法、步法，俱在经内。

卷四　地龙经

第一局

地龙真经，利在底攻。

无论敌人高矮远近，功力大小，皆可以底攻劲胜之。

盖人上部多实，下部多虚。虽平人相角，攻下胜于攻上，况合内功大力者乎。然欲行此法，必先将内功、纳卦、神运三经，摹炼熟娴，然后可用地龙经。不然空有式样，凡经内所藏诀窍，皆不能知其妙矣。

地龙经虽自成一局，然其中道理贯串气脉连络处，皆内功、纳卦、神运三经，相为表里，学者不可不知。地龙一局，“底攻”二字尽之矣。其中虽有无限议论、无限道理、无限法门、无限变化，悉于此两字发出。

第二局

全身炼地，强固精明。

遇敌非徒炼足底也，全身倒地，尤能炼气、炼血、炼筋、炼神，能用周身大力全局，然后可以制放。

炼气则固，炼筋则强，炼神则明，其工夫全在平时，皆经内所译言者，勿用左道。

第三局

伸可成屈，住亦能行，

屈如伏虎，伸比腾龙，

行住无迹，屈伸潜踪。

此言敌来，吾即倒身于地。前用双手按于地上，后用双足梢着地，即将通身腾起悬地。然后遂敌所在，任意行法，此正格也。若用屈，则合周身大力全局，以双手向后力拖全身，自能屈而起立，伸则双足向前力挂，亦能伸而击敌。行住无一定之格，因敌施法，彼住吾行，全在使敌人不能窥吾踪迹。偶将身一缩，手足俱皆不见，以全力覆蔽之，但以头伏于手上，窥敌虚实，如伏虎状。手足仍能击敌，如故起立如常。腾则全身伸直，勿论反侧，皆能制敌，起立任意蜿蜒，伏如腾龙状。故欲伏先腾，欲腾先伏，伏者腾之势，腾者伏之机也。一腾一伏，一伸一缩，变化见矣。

第四局

身坚似铁，法密如龙，

翻猛虎豹，转疾隼鹰。

此局专重坚、密、疾、猛四字。然不悟四经全局，必不能知其妙，须将四经体会明白而后用之，方能任意。盖不密则失，不坚则乱。身一着地，即使敌人入吾套中，而不能出，更须翻腾有虎豹之猛，婉转有如隼鹰之疾，方无遗漏。不然，敌虽中法，亦不能如意也。

反侧伏仰，为翻竖劲也；左右轮转，为转换劲也。转则两足伸直，翻则略曲一足，横竖劲方能分明不乱。

第五局

倒分前后，左右分明。

敌对面来，吾将全身向后扑去，直倒于敌人身后，使彼目不及瞬。然行法谓之前倒，否则仰跌于地，使敌制吾则远，吾制敌则近。以次行法谓之后倒，若夫前后左右更属腾闪之功。敌人直攻来，吾将全身向外一闪，或左或右，务使敌人落空，遂即倒身在地。乘时行法，比及敌人收步变局时，已早中吾法矣。一倒则胜敌，不待细分前后左右，方是此中化境。

第六局

门有变化，法无定形。

门者，吾所自立之门也，伏可变仰，仰可变伏，侧能成反，反能成侧，此皆随时立门之规矩，不可执一而不化。

至于行法更无一定，有法从门者，有门从法者，甚至于法离门、门离法，俱由平日熟读四经。其中元妙，无不洞达，临时方能应手而来。不然虽耳提口道，亦不能领略，况徒劳眼力乎。

反侧伏仰是门，手足攻击是法，门近则法变，法近则门变，婉转不穷，妙法层生。

第七局

前攻用掌，二三门同。

前攻者，敌在吾前，吾应顺势以吾前部攻之。须用掌，勿论左右，但一手封住彼踵，在上一手自内向外，力折其膝；否则用双手封住其足。上三门劲狠攻其三里穴。倘敌人足近吾胸下，务要顺势曲吾三门，自上而下，攻其足面，皆能取胜。

用二门法，最要迅速方妙。敌逼吾太近，防其以足攻吾也，以故散门中不敢轻用。

第八局

后攻用足，踵膝通攻。

敌在吾下，吾则顺势以吾下部攻。须用足，勿论左右，但一足缠敌一足，再进一足，力撞其膝。反侧俯仰，左右上下，皆可曲伸住行，皆可翻转腾挪，成功须曲尽其妙，不可稍有阻挡，方为合式。

用踵者，敌步稍远，吾足仅能到而不能缠，则亦不必用缠法。但提一足腾空，自上而下撞其足面；倘彼收回，吾即再飞起一足，仍力撞之。若敌人用步近吾裆下，可以不必转用前法，但以跪膝撞其足面，自能获胜。

以上六法，内功散门中亦曾言及，然皆本于此缠，非另有讲究也。

两足后高骨处，谓之踵，虽云自上而下，却是斜击，不是正击；跪膝，谓两膝是也。用时不可提得太高，太高则虚而无力矣。

第九局

远则追击，近则接迎。

倘敌人忽然退怯，不可任其自退，须追之。然追之亦不用变局高身法，须将两手按地，将裆悬起，使双足自裆向底前透递而出，以远为合式。若双足已合前局，须将全身屈起，用双手向前力扑而出，亦能赶到，仍以远为合式。比及追之行法，须以上六法任意变换而行，若方才立法，敌即忽然而来，切不可向左右前后闪避。顺势以法接之，不待敌人稳步合局，迅速迎上，方无不中之法。

追击之法，与神运经一理，全凭悬裆两字。通身若无大力，唯两手按地，裆必不能悬，况两足跳跃远追乎。须内功神运炼熟，再用此功方得其妙。

第十局

大胯着地，侧身局成。

大胯者，外胯骨也。大胯着地者，定侧身侧局也。

凡用侧倒局，须单胯骨尖着地，两手轻轻按地，足膝俱皆腾起，自能蜿蜒屈伸，翻住行悉于侧身局化出。用此局，全在手轻轻按地，一重则手成迂物矣。须时按时起，周身方能活动，亦可单用二门着地，随势腾出双手法。

第十一局

仰倒若坐，尻尾单凭。

夫人仰倒于地，未有不以全臀坐地者。坐者非用臀，坐而用臀，则成溃局。

要能行法，唯以臀骨尖着地，手足与身，俱皆腾起，合住周身全局。向左则左转，向右则右转，任意行法，无不中窍。亦可单用手按地，唯悬下部行法制人，但不如全腾之势，上可以用双手，下可以用双足，更元而妙也。照得此局，左右盘旋，随在中窍，其妙有不得胜言者。然须知所以然者，全在臀骨作枢机，若将臀实坐于地，则相去远矣。

第十二局

高低任意，远近纵横。

高低任意者，人意此法只能在地盘旋，不能起而高攻，孰知遂倒遂起，任意腾伏，原是此经本原，稍有牵强不为合式。

凡用起法，须暗曲一足在底，合底炼全局大力，加以双手或单手助之，勿论左右，反侧俯仰前后，自能遂倒遂起。

纵横者，用高身法跳出，用地龙经局收回，用地龙局纵出，一高则攻敌之上，一低则攻敌之下，总以不露形迹，坚密疾猛为要。

此局全是《神运经》道理，人能于《神运经》熟有读得，知其纵横飞腾之势，明其炼气、炼神之理，自能一贯豁然。

附录

周天法运义

法由内脏，外无形迹，
仅可意会，难以言说。
徐徐引气，呼吸以鼻，
腿足并齐，身体直立，
头顶提项，谷道内敛，
目视正平线，耳听内消息，
气由丹田升降，两手守心自然。

调息法运义

运用内功，最要调理气息，不定时地，不拘坐立，不言不动，妙从静出。

最注意者，将气归纳于丹田，口虚含，舌顶上腭，从鼻中呼吸，愈慢愈缓，细长而匀，不令有意，纯任自然，意静神安，安而自得，不可间断，不论时辰。初练宜渐渐加长，日久生动，其妙无穷。

赤松子胎息决

气穴之间，昔人名曰“生死门户”，又谓之“天地之根”。凝神于此，久之，元气日充，元神日旺。神旺则气畅，气畅则血融，血融则骨强，骨强则髓满，髓满则腹盈，腹盈则下实，下实则行步轻捷，动作不疲，四体健康，颜色如桃李，去仙不远矣。此亦是拳术内劲之意义也。

原跋

此书得自清初，总宪王公得于水底石函之中，初无可解。百年之后，南溪子悟识参机，方知是仙传至宝，付于知己宗景房。

学者用之，必须由内功入手学练，纳卦次之，神运又次之，地龙收功，大略不过如此也。尚望同志者详注参学是幸。

北京　宋约斋得于燕都

刘晓堂先生得于沈阳工部库中

第二卷 陈式太极拳传谱汇集

陈长兴太极拳论

陈长兴

陈长兴（1771—1853），陈家沟十四世，字云亭，生于河南省温县陈家沟。陈长兴桩功深厚，立身中正，落地生根，不偏不倚，稳如泰山，形若木鸡，人称“牌位先生”，精于陈氏世传之拳术。

陈长兴早年先以保镖为业，走镖山东。清道光年间，河北广平府永年城西大街“泰和堂”东主陈德瑚（陈家沟人），雇用陈长兴护院，并教习店员武术，用以保店自卫。少年杨露禅、李伯魁（同是永年人），在此期间学得陈长兴长拳。

陈长兴晚年，与子陈耕耘加盟北京“得胜镖局”，留在京都设馆授徒；较有名的弟子有，其子陈耕耘，宗侄陈花悔，陈怀远，杨露禅（福魁）等。

拳经总歌

纵放屈伸人莫知，诸靠缠绕我皆依。
劈打推压得进步，搬撂横采也难敌。
钩掤逼揽人人晓，闪惊取巧有谁知？
佯输诈走谁云败，引诱回冲制胜归。
滚拴搭扫灵微妙，横直劈砍奇更奇。
截进遮拦穿心肘，迎风接步红炮捶。
二换扫压挂面脚，左右边簪庄跟腿。

截前压后无缝锁，声东击西要熟识。
上笼下提君须记，进攻退闪莫迟迟。
藏头盖面天下有，攒心剁肋世间稀。
教师不识此中理，难将武艺论高低。

用武要言

要诀云：捶自心出，拳随意发。总要知己知彼，随机应变。

心气一发，四肢皆动。足起有地，动转有位。或粘而游，或连而随；或腾而闪，或折而空；或掤而捋，或挤而捺。

拳打五尺以内，三尺以外；远不发肘，近不发手。无论前后左右，一步一捶。遇敌以得人为准，以不见形为妙!

拳术如战术，击其无备，袭其不意；乘击而袭，乘袭而击。虚而实之，实而虚之；避实击虚，取本求末。出遇众围，如生龙活虎之状；逢击单敌，似巨炮直轰之势。

上、中、下一气把定，身、手、足规矩绳束。手不向空起，亦不向空落，精敏神巧全在活。

古人云：能去能就，能刚能柔，能进能退。不动如山岳，难知如阴阳；无穷如天地，充实如太仓；浩渺如四海，眩曜如三光。察来势之机会，揣敌人之短长。静以待动，动以处静，然后可言拳术也!

要诀云：借法容易上法难，还是上法最为先。

战斗篇云：击手勇猛，不当击梢，迎面取中堂。抢上抢下势如虎，类似鹰鹞下鸡场。翻江泼海不须忙，丹凤朝阳最为强。云背日月天交地，武艺相争见短长。

要诀云：发步进人须进身，身手齐到是为真。法中有诀从何取？解开其理妙如神。

古有闪、进、打、顾之法；何为闪？何为进？进即闪，闪即进，不必远求！何为打？何为顾？顾即打，打即顾，发手便是!

古人云：心如火药手如弹，灵机一动鸟难逃。身似弓弦手似箭，弦响鸟落显神奇。

起手如闪电，电闪不及合眸；击敌如迅雷，雷发不及掩耳。

左过右来，右过左来。手从心内发，落向前面落。力从足上起，足起犹火作。

上左须进右，上右须进左。发步时，足跟先着地，十趾要抓地。步要稳当，身要庄重。去时撒手，着人成拳。上下气要均停，出入以身为主宰。不贪不歉，不即不离。拳由心发，以身摧手，一肢动百骸皆随。一屈统身皆屈，一伸统身皆伸。伸要伸得尽，屈要屈得紧。如卷炮卷得紧，崩得有力。

战斗篇云：不拘提打、按打，击打、冲打，膊打、肘打，胯打、腿打，头打、手打，高打、低打，顺打、横打，进步打、退步打，截气打、借气打，以及上下百般打法，总要一气相贯。

“出身先占巧地”，是为战斗要诀。骨节要对，不对则无力。手把要灵，不灵则生变。发手要快，不快则迟误。打手要狠，不狠则不济。脚手要活，不活则担险。存心要精，不精则受愚。

发身要鹰扬猛勇，泼辣胆大，机智连环，勿畏惧迟疑。如关临白马，赵临长坂。神威凛凛，波开浪裂。静如山岳，动如雷发。

要诀云：人之来势，务要审察。足踢头前，拳打膊下。侧身进步，伏身起发。足来提膝，拳来肘拨。顺来横击，横来捧压。左来右接，右来左迎。远便上手，近便用肘。远便足踢，近便加膝。

拳打上风，审顾地形。手要急、足要轻，察势如猫行。心要整、目要清，身手齐到始为真。手到身不到，击敌不得妙；手到身亦到，破敌如摧草。

战斗篇云：善击者，先看步位，后下手势。上打咽喉下打阴，左右两肋并中心。前打一丈不为远，近打只在一寸间。

要诀云：操演时，面前如有人；对敌时，有人如无人。面前手来不见手，胸前肘来不见肘。手起足要落，足落手要起。

心要占先，意要胜人。身要攻人，步要过人。头须仰起，胸须现起。腰须竖起，丹田须运起。自顶至足，一气相贯。

战斗篇云：胆战心寒者，必不能取胜；不察形势者，必不能防人。

先动为师，后动为弟。能教一思进，莫教一思退，胆欲大而心欲小。

"运用之妙，存乎一心"而已！一理运乎二气，行乎三节，现乎四梢，统乎五行。时时操演，朝朝运化；始而勉强，久而自然！拳术之道学，终于此而已矣！

十大要论

第一要 理

夫物散必有统，分必有合。天地间，四面八方，纷纷者，各有所属。千头万绪，攘攘者，自有其源。盖一本可散为万殊，而万殊咸归于一本。拳术之学，亦不外此公理。

夫太极拳者，千变万化，无往非劲；势虽不侔，而劲归于一。夫所谓一者，自顶至足，内有脏腑筋骨，外有肌肤皮肉，四肢百骸相联，而为一者也；破之而不开，撞之而不散，上欲动而下自随之，下欲动而上自领之；上下动而中部应之，中部动而上下和之；内外相连，前后相需，所谓一以贯之者，其斯之谓欤！

而要非勉强以至之，袭焉而为之也。当时而动，如龙如虎，出乎尔而，急如闪电；当时而静，寂然湛然，居其所而稳如山岳。且静无不静，表里上下，全无参差牵挂之意；动无不动，前后左右，均无游疑抽扯之形。洵乎若水之就下，沛然莫能御之也。若火机之内攻，发之而不及掩耳。不暇思索，不烦拟议，诚不期然而已然。

盖劲以积日而有益，功以久练而后成。观圣门一贯之学，必俟多闻强识，格物致知，方能有功。是知事无难易，功惟自进，不可躐等，不可急就；按步就序，循序渐进。夫而后百骸筋节，自相贯通；上下表里，不难联络；庶乎散者统之，分者合之，四肢百骸，总归于一气矣。

第二要 气

天地间，未有一往而不返者，亦未尝有直而无曲者矣。盖物有对待，势有回还，古今不易之理也。故尝有世之论捶者而兼论气者矣！

夫主于一，何分为二？所谓二者，即呼吸也。呼吸，即阴阳也。捶不能无动静，气不能无呼吸。呼则为阳，吸则为阴；上升为阳，下降为阴；

阳气上升为阳，阳气下行为阴；阴气上升为阳，阴气下行为阴。此阴阳之所以分也。

何谓清浊？升而上者为清，降而下者为浊。清者为阳，浊者为阴。然分而言之为阴阳，浑而言之统为气。气不能无阴阳，即所谓人不能无动静，鼻不能无呼吸，口不能无出入，而所以为对待、回还之理也。然则气分为二，而贯于一。有志于是途者，甚勿以是为拘拘焉耳！

第三要　三节

夫气本诸身，而身节部甚繁，若逐节论之，则有远乎拳术之宗旨；惟分为三节而论，可谓得其截法。

三节，上、中、下，或根、中、梢也。

以一身言之：头为上节，胸为中节，腿为下节。

以头面言之：额为上节，鼻为中节，口为下节。

以中身言之：胸为上节，腹为中节，丹田为下节。

以腿言之：胯为根节，膝为中节，足为梢节。

以臂言之：膊为根节，肘为中节，手为梢节。

以手言之：腕为根节，掌为中节，指为梢节。

观于此，而足不必论矣！然则自顶至足，莫不各有三节也。要之，即莫非三节之所，即莫非着意之处。盖上节不明，无依无宗；中节不明，满腔是空；下节不明，颠覆必生。由此观之，身三节部，岂可乎也！

至于气之发动，要从梢节起，中节随，根节催之而已。此固分而言之，若合而言之，则上自头顶，下至足底，四肢百骸，总为一节，夫何为三节之有哉！又何三节中之各有三节云乎哉！

第四要　四梢

试于论身之外，而进论四梢。夫四梢者，身之余绪也。言身者初不及此，言气者亦所罕闻。然捶以由内而发外，气本诸身而发梢。气之为用，不本诸身，则虚而不实；不行于梢，则实而仍虚。梢亦可弗讲乎？若手、指、足，特论身之梢耳！而未及梢之梢也！

四梢惟何？发其一也。夫发之所系，不列于五行，无关于四体，是无足论矣！然发为血之梢，血为气之海。纵不本诸发，而论气，要不可离乎血以生气；不离乎血，即不得不兼乎发。发欲冲冠，血梢足矣！

抑舌为肉之梢，而肉为气之囊。气不能行诸肉之梢，即气无以充其气之量。故必舌欲催齿，而肉梢足矣！

至于骨梢者，齿也。筋梢者，指甲也。气生于骨而联于筋，不及乎齿，即不及乎骨之梢；不及乎指甲，即不及乎筋之梢。而欲足尔者，要非齿欲断筋、甲欲透骨不能也！果能如此，则四梢足矣！

四梢足，而气自足矣！岂复有虚而不实、实而仍虚之弊乎！

第五要　五脏

夫捶以言势，势以言气。人得五脏以成形，即由五脏而生气。五脏实为性命之源，生气之本，而名为心、肝、脾、肺、肾也。心属火，而有炎上之象；肝属木，而有曲直之形；脾属土，而有敦厚之势；肺属金，而有从革之能；肾属水，而有润下之功。此乃五脏之义，而犹准之于气，皆有所配合焉。凡世之讲拳术者，要不能离乎斯也。

其在于内，胸廓为肺经之位，而肺为五脏之华盖，故肺经动，而诸脏不能不动也。两乳之中为心，而肺抱护之；肺之下、膈之上，心经之位也。心为君，心火动，而相火无不奉命焉。而两乳之下，右为肝，左为脾，背之十四骨节为肾。至于腰，为两肾之本位，而肾为先天之第一，又为诸脏之根源。故肾气足，则金、木、水、火、土无不各现生机焉！此论五脏之部位也。

然五脏之存乎内者，各有定位；而见于身者，亦有专属。但地位甚多，难以尽述。大约身之所系，中者属心，窝者属肺，骨之露处属肾，筋之联处属肝，肉之厚处属脾。想其意：心如猛，肝如箭，脾之力大甚无穷，肺经之位最灵变，肾气之动快如风。是在当局者自为体验，而非笔墨所能尽罄者也！

第六要　三合

五脏既明，再论三合。夫所谓三合者，心与意合，气与力合，筋与骨合，内三合也；手与足合，肘与膝合，肩与胯合，外三合也。

若以左手与右足相合，左肘与右膝相合，左肩与右胯相合，右三与左亦然。以头与手合，手与身合，身与步合，孰非外合！心与目合，肝与筋合，脾与肉合，肺与身合，肾与骨合，孰非内合！然此特从变化而言之也。

总之，一动而无不动，一合而无不合，五脏百骸，悉在其中矣！

第七要　六进

既知三合，犹有六进。夫“六进”者何也？头为六阳之首，而为周身之主，五官百骸，莫不体此为向背，头不可不进也！

手为先锋，根基在膊，膊不进，则手却不前矣！是膊亦不可不进也！气聚于腕，机关在腰，腰不进，则气馁而不实矣！此所以腰贵于进者也！意贯周身，运动在步，步不进则意索然而无能为矣！此所以必取其进也，以及上左必进右，上右必进左，共为六进。

此六进者，孰非着力之地欤！要之，未及其进，合周身毫无关动之意；一言其进，统全体全无抽扯之形。六进之道，如是而已！

第八要　身法

夫发手击敌，全赖身法之助。身法维何？纵、横、高、低、进、退、反、侧而已！

纵则放其势，一往而不返。

横则理其力，开拓而莫阻。

高则扬其身，而身有增长之意。

低则抑其身，而身有攒促之形。

当进则进，殚其力而勇往直前。

当退则退，速其气而回转扶势。

至于反身顾后，后即前也。侧顾左右，左右何敢当我哉！

而要非拘拘焉而为之也。察夫人之强弱，运乎己之机关。有忽纵而忽横，纵横因势而变迁，不可一概而推。有忽高而忽低，高低随时以转移，岂可执一而论。时而宜进，不可退，退以馁其气；时而宜退，即以退，退以鼓其进。是进固进也，即退亦实以助其进。若反身顾后，而后不觉其为后；侧顾左右，而左右不觉其为左右。

总之，观在眼，变化在心，而握其要者，则本诸身。身而前，则四体不命而行矣！身而怯，则百骸莫不冥然而处矣！身法，顾可置而不论乎！

第九要 步法

今夫四肢百骸，主于动，而实运以步。步者，乃一身之根基，运动之枢纽也！以故应战、对战，本诸身，而所以为身之砥柱者，莫非步！随机应变，在于手；而所以为手之转移者，又在于步。进退反侧，非步何以作鼓动之机？抑扬伸缩，非步何以示变化之妙？即谓“观察在眼、变化在心”，而转弯抹角，千变万化，不至穷迫者何？莫非步之司命！而要非勉强可致之也！

动作出于无心，鼓舞出于不觉。身欲动，而步以为之周旋；手将动，而步亦早为之催迫。不期然而已然，莫之驱而若驱。所谓“上欲动而下自随之”，其斯之谓欤！

且步分前后。有定位者，步也；无定位者，亦步也！如前步进，而后步亦随之，前后自有定位也；若前步作后步，后步作前步，更以前步作后步之前步，后步作前步之后步，前后亦自有定位矣。

总之，捶以论势，而握要者，步也！活与不活，在于步；灵与不灵，亦在于步。步之为用，大矣哉！

第十要 刚柔

夫拳术之为用，气与势而已矣！然而气有强弱，势分刚柔。气强者，取乎势之刚；气弱者，取乎势之柔。刚者以千钧之力而扼百钧，柔者以百钧之力而破千钧；尚力尚巧，刚柔之所以分也！

然刚柔既分，而发用亦自有别。四肢发动，气行诸外而内持静重，刚势也；气屯于内而外现轻和，柔势也。用刚不可无柔，无柔则环绕不速；用柔不可无刚，无刚则催逼不捷；刚柔相济，则粘、游、连、随，腾、闪、折、空，掤、捋、挤、捺，无不得其自然矣！刚柔不可偏用，用武岂可忽耶！

注：此“十大要论”经部分学者考证系脱胎于赵堡太极传抄之“形意九要论”，由于本书仅是汇集拳论，不参与考证之论辩，有心之读者自相对照研究可也。

陈鑫太极拳论

陈鑫

陈鑫

陈鑫（1849—1929），字品三，陈仲甡三子，陈氏第十六世，陈氏世传拳术第八代传人，清末岁贡生，近代中国武术史上著名的拳术理论家；祖父陈有恒，祖叔陈有本，俱以家传拳术著名。

自幼随父习武，天资聪慧过人，深谙太极拳术之精奥。后遵父命习文，文武兼备。为阐发陈氏世传之拳法拳理，发愤著书立说，其主要著作有：《陈氏家乘》五卷，《安愚轩诗文集》若干卷，《陈氏太极拳图说》（原名《陈氏太极拳图画讲义》，出版时改为是名）四卷，《太极拳引蒙入路》一卷及《三三六拳谱》等。

其中以《陈氏太极拳图说》为其代表作品。该书从1908年动笔，其时，陈公已年近花甲，到1919年完成，历时十二个春秋，书稿成时，已近古稀；十二年中，他对该书倾注了全部精力，不避寒暑，呕心沥血，多次修改，亲手抄录而不懈，其抄本有四，每稿洋洋二三十万言，其毅力实非常人之所及。

该书图文并茂，理精法密，显微阐幽，细腻明透。书中逐势详述理法，以易理说拳理，同时结合经络学说，阐明陈式太极“缠丝劲”的核心作用。其书理法体用兼备，实为太极拳经典之作。

太极拳经谱

太极两仪，天地阴阳。阖辟动静，柔之与刚。
屈伸往来，进退存亡。一开一合，有变有常。
虚实兼到，忽见忽藏。健顺参半，引进精详。

或收或放，忽弛忽张。错综变化，欲抑先扬。
必先有事，勿助勿忘。真积力久，质而弥光。
盈虚有象，出人无方。神以知来，智以藏往。
宾主分明，中道皇皇。经权互用，补短截长。
神龙变化，畴测汪洋。沿路缠绵，静运无慌。
肌肤骨节，处处开张。不先不后，迎送相当。
前后左右，上下四旁。转接灵敏，缓急相将。
高擎低取，如愿相偿。不滞于迹，不涉于虚。
至诚（即太极之理气）运动，擒纵由余。天机活泼，浩气流行。
佯输诈败，制胜权衡。顺来逆往，令彼莫测。
因时制宜，中藏妙诀。上行下打，断不可偏。
声东击西，左右威宣。寒往暑来，谁识其端？
千古一日，至理循环。上下相随，不可空谈。
循序渐进，仔细研参。人能受苦，终跻浑然。
至疾至迅，缠绕回旋。离形得似，何非月圆。
精练已极，极小亦圈。日中则昃，月满则亏。
敌如诈诱，不可紧追。若逾界限，势难转回。
况一失势，虽悔何追？我守我疆，不卑不亢。
九折羊肠，不可稍让。如让他人，人立我跌。
急与争锋，能上莫下。多占一分，我据形势。
一夫当关，万人失勇。沾连粘随，会神聚精。
运我虚灵，弥加整重。细腻熨帖，中权后劲。
虚笼诈诱，只为一转。来脉得势，转关何难？
实中有虚，人己相参。虚中有实，孰测机关？
不遮不架，不顶不延（迟也）。不软不硬，不脱不沾。
突如其来，人莫知其所以然（只觉如风摧倒）；
跌翻绝妙，灵境难以言传！试一形容：手中有权；
宜轻则轻，斟酌无偏；宜重则重，如虎下山。
引视彼来，进由我去；来宜听真，去贵神速。
一窥其势，一觇其隙；有隙可乘，不敢不入。

失此机会，恐难再得！一点灵境，为君指出。

至于身法，原无一定；无定（难说无定）有定，在人自用。

横竖颠倒，立坐卧挺。前俯后仰，奇正相生。

迴旋倚侧，攒跃皆中（皆有中气放收，宰乎其中）。千变万化，难绘其形。

气不离理，一言可罄。开合虚实，即为拳经。

用力日久，豁然贯通。日新不已，自臻神圣。

浑然无迹，妙手空空。若有鬼神，助我虚灵。

岂知我心，只守一敬。

太极拳权谱

中气（即太和之气，不偏不倚，无过无不及）贯足，精神百倍。临阵交战，切忌先进。

如不得已，浅尝带引。静以待动，竖我壁垒。

堂堂之阵，整整之旗。有备无患，让彼偷营。

一引一进，奇正相生。佯输诈败，反败为功。

一引即进，转（转者，从引而忽转之）进如风。进至七分，疾速停顿。

兵行诡计，严防后侵（前后皆是敌人）。前后左右，俱要留心。

进步莫迟，不直不遂。足随手运，圆转如神。

忽上（手足向上）忽下（手足向下），或顺（用顺缠法，其精顺）或逆（用倒转法，其精逆）。日光普照，不落边际（以上是敌侵我）。

我进击人，令其不防。彼若能防，必非妙方（四句是我侵人）。

大将临敌，无处不慎。任他围绕，一齐并进。

斩将拿旗，霸王之真。太极至理，一言难尽。

阴阳变化，存乎其人。稍涉虚伪（学思并用，须下实在功夫），妙理难寻（拳法有经有权，生机无穷，变化由我，不待思索）。

太极拳体

太极拳之道，“开合”二字尽之。

一阴一阳之谓拳，其妙处全在互为其根。

太极拳用（四言十六句）

拳之运动，惟柔与刚。

彼以刚来，我以柔往；

彼以柔来，全在称量（以我手撑住人之手，如秤称物；以我之心度人之心，量其上下迟速，或半路变换机势）。

刚中寓柔，与人不侔；

柔中寓刚，人所难防。

运用在心，不矜不张。

中有所主，无任猖狂。

随机应变，终不惊慌！

太极拳缠丝法诗

一

动则生阳静生阴，一动一静互为根。

果然（能）识得环中趣，辗转随意见天真。

二

阴阳无始又（亦）无终，来往屈伸寓化工。

此中消息真参透，圆转随意运鸿蒙（太极只在一环中）。

三

一阵清来一阵迷，连环阖辟赖撕提。

理经三昧方才亮，灵境一片是玻（琉）璃。

四

理境原无尽，端由结蚁诚。
三年不窥圆，壹志并神凝。
自当从良师，又宜访高明。
处处循规矩，一线启灵明。
一层深一层，层层意无穷。
一开连一合，开合递相承。
有时引入胜，工欲罢不能。
时习加勤勉，日上自蒸蒸。
一旦无障碍，恍然悟太空。

打穴歌

身似弓身劲似弦，穴如的兮手如箭。
按时发兮须忖正，千万莫要与穴偏。

杀手歌

上打咽喉下打阴，中间两肋并当心。
下部两臁合两膝，脑后一掌要真魂。

总论拳手内劲刚柔歌（七言十句）

纯阴无阳是软手，纯阳无阴是硬手；
一阴九阳根头棍，二阴八阳是散手；
三阴七阳犹觉硬，四阴六阳显好手；
惟有五阴并五阳，阴阳无偏称妙手。
妙手一着一太极，空空迹化归乌有。

每一势拳，往往数千言不能罄其妙，一经现身说法，甚觉容易。所难者功夫，所尤难者，长久功夫！谚有曰：“拳打万遍，神理自现。”信然！

太极刚柔四言俚句

太极阴阳，有柔有刚；
刚中寓柔，柔中寓刚；
刚柔相济，运化无方。

太极用功

——七言俚语

初收转圈自然好，未若此圈十分巧（圈是周身转，不但手足，而手足在外易见，故以手转言之)。

前所转圈犹嫌大，此圈转来愈觉小。
越小小到没圈时，方归太极真神妙！
人言此艺别有诀，往往不肯对人表。
吾谓此艺无甚奇，自幼难以打到老。
打到老年自然悟，豁然一贯神理妙！
回头试想懒惰时，不是先知未说到。
说到未入我心中，我心反觉多烦恼。
天天说来天天忘，有心不用何时晓？
有能一日用力寻，阴阳消长自有真。
每日细玩太极图，一开一阖在吾身。
循序渐进工夫长，日久自能闻真香。
只要功久能无间，太极随处见圆光。
此是拳中真正诀，君试平心细思量。
人人各具一太极，但看用功不用功。

只要日久能无懈，妙理循环自然通。

咏太极拳

——五言俚语

太极理循环，相传不计年。

此中有精义，动静皆无愆。

收来名为引，放出箭离弦（此二句，上句言引进落空，下句言乘机击打）

虎豹深山踞，蛟龙飞潭渊（上句言静，下句言动）。

开合原无定（活泼泼地），屈伸势相连（却有一定）。

太极分阴阳，神龙变无方。

天地为父母，摩荡柔与刚。

生生原不已，奇正不寻常。

乾坤如橐龠（tuó yuè），太极一大囊。

盈虚消息故，皆在此中藏。

至终复自始，一气运弛张。

有形归无迹，物我两相忘（与道为一）。

太极拳中路，功夫最为先。

循序无躐等，人尽自合天。

空谈皆涨墨，实运是真诠。

鸢飞上戾天，鱼跃下入渊。

上下皆真趣，主宰贵精研。

若问其中意，道理妙而玄。

往来如昼夜，日月耀光圆。

会得真妙诀，此即太极拳。

凡事都如此，不但在肘间。

返真归朴后，就是活神仙。

随在皆得我，太璞自神全（仍归太极）。

太极拳经论

自古混囤之后，一画初开，一阴阳而已。天地此阴阳，万物亦此阴阳，惟圣人能葆此阴阳。以理御气，以气行理，施之于人伦日用之间，以至仰不愧天，俯不怍人，而为天地之至人。

要手亦是以理为主，以气行之，其用功与圣贤同。但圣贤所行者全体，此不过全体中之一端耳！乌足贵！

虽然，由一端以恒其功，亦未始不可即一端以窥其全体。所以，平素要得以敬为主，临场更得恭敬；平素要先养气，临场更要顺气而行。勿使有惰气参，勿使有逆气横。至于用力之久，而一旦机趣横生，妙理悉现，万殊一本，豁然贯通焉！不亦快哉！

今之学者，未用功而先期效，稍用力而即期成。其如孔子所谓“先难后获”何？问：工夫何以用？必如孟子所谓“必有事焉，而勿正，心勿忘，勿助长也”而后可。理不明，延名师；路不清，访良友；理明路清而犹未能，再加终日乾乾之功，进而不止，日久自到。

问：得几时？小成则三年，大成则九年。至九年之候，可以观矣！抑至九年之后，自然欲罢不能，蒸蒸日上，终身无住足之地矣！

神手复起，不易吾言矣！躁心者其勉诸。

太极拳权论

天地一大运动也。星辰日月，垂象于天；雷雨风云，施泽于地；以及春夏秋冬，递运不已，一昼一夜，循环无穷者，此天地之大运动也。

圣人一大运动也，区划井田，以养民生；兴立学校，以全民性；以及水旱盗贼，治理有方；鳏寡孤独，补助有法；此圣人之大运动也。

至于人之一身，独无运动乎？秉天地元气以生，万物皆备于我，得圣人教化以立，人人各保其天，因而以阴阳五行得于有生之初者，为一身运动之本。于是苦心志、劳筋骨，使动静相生，阖辟互见，以至进退存亡，极穷其变，此吾身自有之运动也。

向使海内同胞，人人简练揣摩，不惰躬修，万象森列，显呈法象。又能平心静气，涵养功夫，令太极本体心领神会，豁然贯通，将见理明法备，受益无穷。在我则精神强健，可久天年。在国则盗寇荡除，可守疆域。内外实用，两不蹈空。熙熙皞皞，永庆升平，岂不快哉。运动之为用，大矣哉！

虽然犹有进，盖有形之运动，未若无形运动之为愈。而无形之运动，尤不若不运动，自运动者之为神，运动至此，亦神乎运动矣。则其运动之功，既与圣人同体，又与天地合德，浑浑穆穆，全泯迹象。亦以吾身还吾心之太极焉已耳，亦即以吾心之太极，还太极之太极焉已耳，岂复别有作用哉？妙矣哉！太极之为太极也；神矣哉！太极之为太极也。

愚妄以臆见，聊书数语，以冠其端，殊令方家之一笑云。

太极拳推原解

斯人父天母地，莫非太极阴阳之气（言气，而理在其中）酝酿而生，天地固此理（言理，而气在其中），三教归一亦此理，即宇宙（太极是体，阴阳是体中之气，四方上下曰“宇”，古往今来曰“宙”）之万事万物，又何莫非此理。况拳之一艺，焉能外此理而另有一理？此拳之所以以“太极”名也。

拳者，权也；所以权物而知其轻重者也！然其理实根乎太极，而其用不遗乎两拳。且人之一身，浑身上下都是太极，即浑身上下都是拳，不得以一拳目拳也。其枢纽在一心。

心主乎敬，又主乎静。
能敬而静，自保虚灵。
天君有宰，百骸听令。
动则生阳，静则生阴。
一动一静，互为其根。
清气上升，浊气下降。
百会中极，一体管键。
初学用功，先求伏应。

来脉转关，一气相生。
手眼为活，不可妄动。
其为气也，至大至刚。
直养无害，充塞天地。
配义舆道，端由集义。
浑灏流行，自然一气。
轻如杨花，坚如金石。
虎威比猛，鹰扬比疾。
行同乎水流，止侔乎山立。
进为人所不及知，退亦人所莫名速。
理精法密，条理缕析。
放之则弥六合，卷之则退藏于密。
其大无外，其小无内。
中和元气，随意所之。
意之所向，全神贯注。
变化犹龙，人莫能测。
运用在心，此是真诀。
不偏不倚，无过不及。
内以修身，外以制敌。
临时制宜，只因素裕。
不即不离，不沾不脱。
接骨鬬筍，细心揣摩。
真积力久，升堂入室。

太极拳着解

人之一身，心为主而宰乎肉。心者，谓之道心，即理心也。然理中能运动者，谓之气。其气，即阴阳五行也。然气非理无以宰，而理非气无以行，故理与气不相离而相附，此太极根无极者，然也。

天之生人，即以此理、此气生于心。待其稍有知识，而理、气在人心者，浑然无迹象。然心之中或由内发，或由外感，而意思生也。

当其未生，浑浑沌沌，一无所有。及其将生，其意微乎其微，而阴阳之理，存乎其中。顺其自然之机，即心构形，仍在人心之中，即中庸所谓未发也。及其将发，而心中所构之形，呈之于外。或上或下，或左或右，或前或后，或偏或正，全体身法，无不俱备。当其未发，构形之时，看其意像什么形，即以什么命名。亦随意拾取，初无成心。是时即形命名之谓“着”。而每着之中，五官百骸顺其自然之势，而阴阳五行之气运乎其中，所谓“动则生阳，静则生阴；一动一静，互为其根”。是所谓“阳中有阴，阴中有阳”。此即太极拳之本。

然如以每着之中，必指其何者为阳？何者为阴？何者为阳中之阴？何者为阴中之阳？此言太滞，言之不胜其言；即能言，亦不无遗漏。是在学者细心揣摩，日久自悟。

前贤云：“能与人规矩，不能使人巧。”举一反三，在学之者，不可执泥，亦不可偏狃。

太极拳用说

五行生克，无处不有，无时不然。如两人交手，敌以柔来者，属阴，阴当以阳克之；属水，水当以火克之，此当然之理。势也，人所易知者也！独至于拳，则不然。运用纯是经中寓权，权不离经。

何言乎尔？彼以柔来者，是先以柔精（劲）听（忖也）。我如何答应，而后乘机击我。我以刚应，是我正中其谋，愚莫甚也！

问：该如何应答？彼以柔法听我（以胳膊听我，非以耳听也），我以柔法听彼。拳各有界，彼引我进，我只可至吾界边；不可再进，再进则失势。如曰：“不入虎穴，焉得虎子？”是以天生大勇者论之，非为常人说法也！即为大勇，亦为涉险。

问：该如何处置？如彼引吾前进，未出吾界即变为刚，是彼惧我而变柔为刚，是不如我者也！我当以柔克之。半途之中，生此变态，我仍是以柔道之引进落空者击之。

如彼引我已至吾界，是时正宜窥彼之机势，视彼之形色，度彼之魄力。

如有机可乘，吾即以柔者，忽变而为刚，击之。此之谓以刚克柔、以火克水。

如彼中途未变其柔，交界之际，强为支架，亦宜击之。

如彼引我至界，无隙可乘，彼之柔精（劲）如故，是劲敌也，对手也！不可与之相持，吾当退守看吾门户。先时，我以柔进听之者，至此吾仍柔道听之，渐渐而退，仍以柔道引之使进。彼若不进，是智者也！彼若因吾引而遽进，误以我怯，冒冒然或以柔来，或中途忽以柔变为刚来。我但稍底其手，徐徐引之使进，且令其不得不进，至不得势之时，彼之力尽矣，彼之智穷矣，彼之生机更迫促矣！是时，我之柔者忽变而为刚，并不费多力，一转即克之矣！是时，彼岂不知孤军深入难以取胜，然当是时悔之不及。进不敢进，进亦败；退不敢退，退亦败；即不进不退，亦至于败。

盖如士卒疲弊，辎重皆空，惟束手受缚，降服而已矣，何能为哉！击人之妙，全在于此！此之谓以柔克刚、以水克火，仍是五行生克之道也。

天一生水，水外阴而内阳，外柔而内刚，在人属肾。其以柔进如水之波流旋绕，不先尚其力，用其智也。

地二生火，火外阳而内阴，外刚而内柔，在人属心。水火有形而无质。

天三生木，地四生金，则有形有质矣！天五生土。水火势均者不相下，言以火胜水者，以火之多于水者言之耳。彼以柔进，忽变而为刚者，是水之所生之木也。木阳质也，即水中之阳性，因滋以成质者也。水与木本自一串，故柔变刚最易，以其形与质皆属阳也。

上言以火克水，盖以火能生土，土能生金。火外明而内暗，阴性也。金，阴所成之质也。木，在人属肝。金，在人属肺。天下能克木者惟金，金与火皆阴类也。所言以刚克柔者，是以火克水、以金克木也，是以其外者言之，火性激烈，金质坚硬。心火一起，脾气动也，怒气发泄于外，有声可听，金为之也。脾气动，则我之肝与肾，无不与之俱动，虽曰以刚克柔，其原实是以柔克刚。盖彼先柔而后刚，我是柔中寓刚，内文明而外柔顺，故克之。

若彼先以刚来，则制之又觉易。易，何言之？如人来击我，其势甚猛。我则不与之硬顶，将肱与身、与步，一顺身卸下，步、手落彼之旁（傍）面，让过彼之风头，彼之锐气直往前冲，不顾左右；且彼向前之气力，陡然转之左右，甚不容易。我则从旁击之，以我之顺力，击彼之横而无力。易乎不易？吾故曰：克刚易，克柔难！

界限

何谓“界限”？凡分茅胙土、设官分职，以及静动语默，莫不各有界限。一踰分，一失言，即过界。过界，即与人有干涉矣！

凡事如此，况拳乎？如人之行步，尽足可开二尺五寸，此勉强为之，非天然也！天然者，随便步行，约不过尺一二寸。上体之手，与下体之足趾齐，此即是界限。大约胳膊只展四五分，内劲只用一半，足步只开尺余。如此则一身之上下左右，循环周转，无不如意。

盖动不越界，如将士在本界内，山川地理、人情风俗，一一了亮于心。故进攻退守，绰有余地。一入他人界里，处处更得小心防护，稍有不密，即萌失败之机。此君子所以思不出其位也！

打拳原为保身之计。故打拳之时，如对敌人，长进愈快。然又恐启人争斗之心，故前半套多言规矩，不言其用；至后半套方始痛快言之，以示其用之之法。然第可知之，不可轻试。如不获已，为保性命计，用之可也！

大约此拳是个人自要之势，徒手空运，非有敌人在其前后左右也。自己下功夫，遍数愈多愈好！根本固而枝叶荣，况卫生保命之道，莫善于此。

学者但“先难”可也，至于“后获”，则当置之度外。不可以毫发望效之念，中分吾专心致志之功。金针已渡，学者勉旃！

争走要诀

两人交手，各怀争胜之心。彼此挤到十分九厘地位，只余一厘，分胜负全在此一厘地位。彼先占据，我即失败；我先占据，彼亦失败。盖得势不得势全系于此，此两人俱到山穷水尽也。

当此际者，该如之何？

曰：必先据上游。

问：如何据上游？

顶精（劲）领住中气，手略提高，居于敌手之上。身略前侵逼，迫彼不得势。力贵速发，机贵神速；一迟即失败，一迅疾即得势。势得则手一前送，破竹不难矣！

如两人对弈，棋到局残，胜负在此一步；又如逐鹿，惟高才捷足者先得之；又如两国兴兵，先夺其辎重粮草。此皆据上游豔脑之法也。

故平素打拳全在一起、一转，所谓“得势争来脉，出奇在转关”。本势手将起之时，必先使手如何承住上势，不令割断神气血脉。既承接之后，必思手如何得机、得势？来脉真，机势得，转关自然灵动。

能如此，他日与人交手，自能身先立于不败之地，指挥如意。来脉转关，顾可忽乎哉！

太极拳缠丝精论

太极拳，缠丝法也。进缠，退缠，左右缠，上下缠，里外缠，大小缠，顺逆缠。而要莫非即引即缠，即进即缠。不能各是各着，若各是各着，非阴阳互为其根也！

世人不知，皆目为软手，是一外面视之，皆迹象也。若以神韵论之，交手之际，刚柔并用，适得其中，非久于其道者，不能澈其底蕴。

两肩軃下，两肘沉下。秀若处女见人，肆若猛虎下山。手即权衡称物，而知其轻重。

打拳之道，吾心中自有权衡，因他之进退缓急，而以吾素练之精神临之，是无形之权衡也。以无形之权衡，权有形之迹象，宜轻宜重，而以两手斟酌，适得其当，斯为妙手！

太极拳发蒙缠丝劲论

太极拳，缠法也。缠法如螺丝形运于肌肤之上，平时运动，恒用此劲，故与人交手，自然此劲行乎肌肤之上而不自知。非久于其道，不能也！

其法有进缠、退缠，左缠、右缠，上缠、下缠，里缠、外缠，顺缠、逆缠，大缠、小缠。而要莫非以中气行乎其间，即引即进，皆阴阳互为其根之理也！

或以为软手，手软何能接物应事？若但以迹象视之，似乎不失于硬，故以为软手。

其周身规矩：顶劲上领，裆劲下去；两肩松下，两肘沉下；两手合住，胸向前合；目勿旁视，以手在前者为的；顶不可倒塌，胸中沉心静气；两膝合住劲，腰劲下去；两足常用钩劲，须前后合住劲。外面之形，秀若处女，不可带张狂气；一片幽闲之神，尽是大雅风规。

至于手中，其权衡皆本于心，物来顺应，自然合进退、缓急、轻重之宜。此太极之阴阳相停，无少偏倚，而为开阖之妙用也。其为道，岂浅鲜哉！

擖手十六目

较：是较量高低。

接：是两人以手相接也。

沾：是手与手相沾，如“沾衣欲湿杏花雨”之“沾”。

黏：如胶漆之黏，是人既沾我手，不能离去。

因：是因人来之。

依：是我靠住人身。

连：是手与手相接连。

随：是随人之势，以为进退。

引：是诱之使来，牵引使近于我。

进：是令人前进，不使逃去。

落：如落成之“落”，檐水下滴于地；又如叶落于地。

空：宜读去声。人来欲袭我身，而落空虚之地。

得：是我得机、得势。

打：是机势可打，乘机打之。

疾：是速而又速，稍涉延迟，即不能打。机贵神速。

断：是决断。一涉游疑，便失机会，过此不能打矣！

搊手三十六病

抽：是进不得势，知己将败，欲抽回身。

拔：是拔去，拔回逃走。

遮：是以手遮人。

架：是以胳膊架起人之手。

搕打：如以物搕物而打之。

猛撞：突然撞去，冒然而来，恃勇力向前硬撞，不出于自然，而欲冒然取胜。

闪躲：以身躲过人手，欲以闪赚跌人也。

侵凌：欲入人之界里而凌压之也。

斩：如以刀斫物。

搂：以手搂人之身。

(搨)：将手（搨）下去。

搓：如两手相搓之搓，以手肘搓敌人也。

欺压：欺是哄人，压是以我手强压住人之手。

挂：是以手掌挂人，或以弯足挂人。

离：是去人之身，恐人击我。

闪赚：是诓愚人而打之。

拨：是以我手硬拨人。

推：是以手推过一旁。

艰涩：是手不熟成。

生硬：仗气打人，带生以求胜。

排：是排过一边。

挡：是不能引，以手硬挡。

挺：硬也。

霸：以力后霸也。如霸者以力服人。

腾：如以右手接人，而复以左手架住人之手，腾开右手以击敌人。

拏：如背人之节以拏之。

直：是太直率，无缠绵曲折之意。

实：是质朴，太老实，则被人欺。

钩：是以脚钩取。

挑：从下往上挑之。

掤：以硬气架起人之手，非以中气接人之手。

抵：是硬以力气抵抗人。

滚：恐己被伤，滚过一旁。又如圆物滚走。

根头棍子：是我捺小头，彼以大头打我。

偷打：不明以打人，于人不防处偷打之。

心攤：艺不能打人，心如贪物探取，打人必定失败。

以上三十六病，或有全犯之者，或有犯其四五，或有犯其一二者。有犯干处，皆非成手；手到成时，无论何病，一切不犯。益以太和元气，本无戾故也。

然则擖手将如之何？亦曰：人以手来，我以手引使进，令其不得势击，是之谓“走”。走者，“引”之别名。何以既名“引”，又名“走”？引者，诱之使进；走者，人来我去，不与顶势，是之谓“走”。然走之中，自带引进之劲（功纯者引之使进，不敢不进；进则我顺人背，而擒纵在我）。此是拳中妙诀，非功久不能也！

学拳须知

一学太极拳，不可不敬。不敬则外慢师友，内慢身体。心不敛束，如何能学艺。

一学太极拳，不可狂。狂则生事，不但手不可狂，即言亦不可狂，外面形迹必带儒雅风气，不然狂于外，必失于中。

一学太极拳，不可满。满则招损。俗语云：天外还有天。能谦，则虚心受教，人谁不乐告之以善哉？积众善以为善，善斯大矣。

一学太极拳，着着当细心揣摩。一着不揣摩，则此势机致情理终于茫昧，即承上起下处，尤当留心，此处不留心，则来脉不真，转关亦不灵动。一着自为一着，不能自始至终一气贯通矣。不能一气贯通，则于太和元气终难问津。

一学太极拳，先学读书。书理明白，学拳自然容易。

一学太极拳，学阴阳开合而已。吾身中自有本然之阴阳开合，非教者所能增损也。复其本然，教者即止（教者教以规矩，即大中至正之理）。

一学太极拳，虽无大用处，然当今之世，列强争雄，若无武艺何以保存？惟取是书演而习之，于陆军步伐止齐之法，不无小补。我国苟人人演习，或遇交手，仗敌虽强盛，其奈我何？是亦保存国体之一道也，有心者勿以刍荛之言弃之。

一学太极拳，不可借以为盗窃抢夺之资。如借以抢夺，是天夺之魄，鬼神弗佑，而况人乎！天下孰能容之？

一学太极拳，不可凌厉欺压人。一凌厉欺压，即犯众怒，罪之魁也。

官骸十三目

头

头为六阳之首，周身之主，五官百骸，无不体此为向背。

顶劲领过则上悬，领不起则倒塌。

至于头，耳能听敌来之声，眼能看敌发之色，头能前后左右触之，且左右手又能上行助之。

眼

其精神在何处？曰：在眸子。心一动则眸子传之，莫之或爽。

运行根于一心，而精神看于眼目，眼目为传心之官，故眼不旁视，旁视则神散，志亦不专。

眼神尤为紧要，当随主要之手运行，不可旁视，旁视则神散，志亦不专。

手眼为活，不可妄动。

眼神注于（主要）手中指，不斜视。

眼看住前手中指。中指，的也，故必视此，不可旁视令涣散无着。人之一身，运用全在一心，而传神全在于目，故必凝神注视。

揽扎衣势右手为主，左手是宾。右手发端，眼必视之，眼随右手而行，至右手停止，眼必注于右手中指甲，五指肚要用力，此前后手运毕归宿处，故必用力。此时运动手似停止而其运动之灵气实不停止，一停止则其气息矣，即于下一势隔阂。

此即天地阴阳运转不息，曾二气之在吾身独可息乎哉！惟不息故气越运越实，至运至十分满足，则下势即发起，此即阳极生阴，阴极生阳之意。

目能眼光四射。

目平视前，光兼四射。

眼神顾视左右，要快。

收视返听，含光默默。

耳

耳听身后兼左右。

耳听身后，防敌暗算。

敌来之前，必先有风。急者其风大，缓者其风微，即无风亦必有先兆。敌在前，目能视之，其或在右、在左、在身后，是即先兆，惟凭耳听心防。

耳听左右背后，恐有不虞侵凌，人有以后来者，必先有声音，可闻其声音。有声自与无声不同，故心平气静，耳自聪灵。

鼻、口

呼吸顺其自然。

调息绵绵。

心息相依。

打拳以鼻为中界。

口唇轻闭，舌尖轻抵上腭。

项

项竖直不可硬。

项要端正竖起，如中流砥柱，不前不后，不左不右，不致倒塌方得。

项要灵活，灵活，左右转动自易。

手

以心运手，顺势转圈。

手上领之时，腰与裆一起俱下，上体周转，自觉灵活，下体亦不死煞。

手上领转圈，手指之画圈与胳膊之缠劲，是一股劲，不可视为两段。

手虚虚笼住，劲运到指头肚。

眼看中指甲，中指与鼻准相照。

中指以鼻准为的，用缠丝劲自肩缠到手，中气行到中指头方为运足。中指劲到，余指劲也到，柔住劲，不可稍留硬气。

以手运行止物，必得刚气行乎其中。

手如红炉出铁，人不敢摸。

拳

去时撒手，着人成拳。

拳力如风又如雷。

一击如雷之霹雳一声，不及掩耳。

捶由后向前击如山上之雷，迅不及防，其进比鸟飞还迅。

近身屈肘用肘力，去远何能不展肱?

用周身全力用拿劲打，不露粗率，方合法度。劲由后脚跟越腿肚，顺脊上行串至肩臂，转过由胳膊背面运至手背，故拿住劲打有力。然虽劲由脚跟起，其用本在心；心机一动，中气即由丹田发出至手，周身全力皆聚于此。

至于击人，则视人之远近，远则展开胳膊可以及人，近则胳膊不能展开，故用屈肘合捶打，极有含蓄，外面全不露形迹，被击者即跌倒，方为上乘。盖远击易，近击难，故得多下功夫才能如是。

内劲由丹田下过裆后，再由长强逆行到百会，降下至肩，前进运至捶，周身精神俱聚于捶，方有力。左右足踏地稳重如山，莫能摇撼，方为有力。

在拳纯是浩气流转于周身，势不可遏。

腹

腰劲算下，尻骨微泛起，小腹自然合住劲。

胸腹宽宏广大，向前合住，中气贯注，上下全神。久用其功，到是境地，自然知其神情；即至其境，亦但可以意会，不可以言传也。

调息绵绵，操固内守，注意玄关，功久则顷刻间水中火发，雪里花开，两肾如汤热，膀胱似火烧，真气自足。

腰

腰为上下体枢纽转关处，不可软，亦不可硬，折其中方得。

腰是上下体之关键，腰以上，气往上行，腰以下，气往下行，似上下两夺之势，其实一气贯通，并行不悖。

腰劲贵下去，贵坚实。

腰劲磁下不可软。

腰劲下去，腰是上下交关处，不下则上体气浮，足不稳。

腰劲要下去，下去腰劲，两膝撑开，裆合住，要圆要虚，自然下体又虚又灵又稳当，摇撼不动。

腰一扭转，则上体自然扭转，与下体相照，是腰为上下体之枢纽。

腰中要虚，一虚则上下皆灵。

腰劲下不去，不能气归丹田；气归不到丹田，则中极、会阴失之于轻浮，因而胸中横气填塞饱满，即背后陶道、身柱、灵台左右，横气亦皆填塞充足，而前后胥滞涩矣。盖不向前合，失之一仰；向前合，则裆劲轻浮，足底不稳，上体亦不空灵。

诀窍以两腰之中，两肾之间命门，为上下体之关键枢纽。

脊、背

脊骨是左右身之关键。

内外转徐徐，中气贯脊中。

若问此中真消息，须寻脊背骨节中。

背用中气贯注。

背折舒开，顶劲、裆劲足。

裆与臀

肾囊两旁为之裆，贵圆贵虚，不可夹住。

裆要圆，圆则稳。

两大腿根要开裆，开不在大小，即一丝之微亦算得开。盖心意一开，裆即开矣。不会开裆者，腿虽岔三尺宽，不开仍然不开。是在学者细心参之。

裆固不得不开，然会阴要虚，小肚要实。

裆撑圆，虚虚合住。（停势时左右足）缠丝劲法，从足趾自内而外上行，斜缠至腿根，以及会阴。合不到会阴，则无裆劲，且不能撑圆，此缠丝劲不可离也。

下腰劲，尻微翻起，裆劲自然合住。

裆尤要虚，虚则回转皆灵。

浊气下降，合住裆劲。

下盘稳当，上盘亦灵动。

臀骨翻起，前裆合住，后臀自然翻起。

尻骨、环跳蹶起来，里边腿根撑开，裆自开；两膝合住，裆自然圆。

中间裆开圆，要虚，不可岔如人字形。

两屁股臀肉向上泛起来，不泛起则前面裆合不住，软肋下为腰，腰劲算不下，则膝与足无力。屁股、环跳、里边骨向里合，不合则两大腿失之散。

顶劲领过则上悬，领不起则倒塌，此不会下腰劲、裆劲，以至身不自主。

裆劲、腰劲既皆下好，而屁股泛不起来，不惟前裆合不住，即上体亦皆合不住；上下扣合不住劲，则足底无力，而外物皆能摧倒我。

足

千变万化由我运，下体两足定根基。

掩手捶势：左右足踏地稳重如山在地上，莫能摇撼，方为有力。

足稳则身不可摇。

前后左右用劲匀停，自然立的稳。

足之虚实因乎手，手虚足亦虚，手实足亦实。

实足脚底前后皆要用力平实踏住地，涌泉穴要虚。

上虽凭手，下犹凭足，足快尤显手快之能。

肾藏志，以足从志，亦顺着转圈。

足随手运，圆转如神。

足大趾待手气走足后，乃与手一起合住，此时方可踏实。

至于手足运动，不外一圈，绝无直来直去。

胸膈横气卸到脚底。

劲虽由脚跟起，其用本在心。

一点灵气从心起，上入青天下入地，此气行于手足中，不刚不柔自雍容。

云手：二足更迭转，机不停留，左足横开一步，右足随之亦横开一步，然右足将至左足边，复自上转回五六寸，方才落地，如此方见运行无直步。每左足开步，右足随之，皆如是。如右手顺转一圈，前半圈中气由腋里边向外斜缠至指，后半圈自外回来，劲自外斜缠到腋下，左手亦然。至于足，如右足前半圈由腿根内向外部缠到指，回来自外向里缠至腿根；左足亦然。

足踏出，如前有深渊，说回即收回，至虚至灵。

足运行极其缠绵不直，又能随手运行，不失螺丝缠劲。

足蹬愈重，则身起愈高。

不蹬则已，蹬之必令敌跌倒。

至于足，左来则左摆，右来则右摆；踢以御前，蹬以御后，举足如迅雷不及掩耳。凡敌之侵我下体者，足之为功居多，足之为用大矣哉！

将踢之时，视其可踢则踢之，不可踢则不踢，不可妄用其踢也。及有隙可乘，踢贵神速，不贵迟缓；贵踢关紧穴俞，不贵踢宽髀厚肉不着痛痒处。此要诀也，踢着须知。

脚踢拳打下乘拳，妙手何处不浑然。

四肢百骸主于动，而实运之于步，步者乃一身之根基，运动之枢纽也。捶以论势，而握要者，步也。活与不活在于步，灵与不灵亦在于步，步之为用，大矣哉。

骨节

骨节松开。

肌肤骨节，处处开张。

周身一起合住劲，且周身骨节各处与各处自相呼应而合，如手与足是也。

说合，则周身一起扣合住方佳。至于周身骨节，如左右肘，左右肩，上下各处各自相合者，各自一切照脸合住。

手与足，肘与膝，肩与胯，上下，左右，前后，运转停势时，亦呼应对齐，开则俱开，合则俱合。

骨节要对，不对则无力。

骨节齐鸣。

太极拳名义说

拳以太极名，古人必有以深明乎太极之理，而后于全体之上下左右前后，以手足旋转运动，发明太极之蕴，立其名以定为成宪，义至精也，法至严也。后之人事不师古，不流于狂妄，即涉于偏倚，而求一不刚不柔、至当却好者，以与太极之理吻合，盖亦戛戛乎其难矣！

然吾思古之神圣能发明太极之理者，莫如包羲氏、夏后氏，河图洛书有明证也。惜乎！予学识浅，未能窥其蕴奥，且其书最精深，又不易阐发。于河图洛书，未能道破一语，而特于羲经所著阴阳、错综六爻变化与神禹所传之五行相生相克者，窃取万分之一焉。

然所取者，或以卦名，或以爻辞，或以水、火、木、金、土生克之文，因其近似者，引之以为佐证，其泛滥肤浅，亦不过古人之糟粕已耳。杂乱无章，随意采择，于图、书、生生大数之序，毫不相似，况其内之精华者乎?!

虽然，亦不必泥古人笔墨，原非为拳而设；其包括宏富，亦若为拳而设。随意拾取，无不相宜；此亦足见太极之理，精妙活泼，而令万事万物各适其宜，用之者，无不各如其意以偿之。事虽纤细，理无或遗。任天下纷纭繁颐，万殊皆归于一本，妙何如也！

后之人，苟能于古人之糟粕，即其委而求其源，未始无补于身心命名之学。虽曰拳为小道，而太极之大道存焉，况其为用最广，运动者宜留心焉。深玩细思，久之自有得也。拳之益人，岂浅鲜哉?!

陈子明太极拳论

陈子明

陈子明

（？—1951），陈氏十七世，陈氏太极拳第九代传人；从小跟父、叔学习太极拳，功夫纯厚，后从学于陈鑫，青年时已成名手。

曾在怀庆府（今沁阳市）成立国术团体，传授太极拳，学者众多。后经人推荐，又到上海、南京、西安等地教练拳术。其不负家学，教拳术不遗余力，授拳之余，捉笔为文，写作出版了《陈氏世传太极拳术》，将自己习武的心得，师承教诲，太极拳大要、架势，详加解识。其书说理精辟，不尚浮夸，理法均立论高远，阐发精到，甫一出版，即深受武术界同仁欢迎。

当时的南京国术馆馆长张之江、教务处朱国福、河南国术馆刘丕显、沧州武术名家姜容樵等人均为此书作序，赞其“抱负绝学而不倦于教诲”，“不私其家传之秘”，“立言不流于夸诞”，“使读者一目了然”。此书对太极拳的推广、传播均起到了积极作用。

太极拳要义之一

身 拳之一艺，虽是小道，然未始不可即小以见大。故肄业之时，不可视为儿戏。即身体必以端正为本，身一端正，则作为无不端正矣！大体正，则小体皆正。况此艺全是以心运手，以手领肘，以肘领肩，以肩领身。以全体论，则身领乎手；以运用论，则手领乎身。身虽有时倚斜，而倚斜之中，自寓中正，不可徒以表面观之，而失其大中至正之法。能循规蹈矩，不妄生枝节，自然合拍。

心　心为一身之主。心一动，则官骸听命。官骸不循规矩，非官骸之不检，实检官骸者之不检焉。孟子曰："出入无时，莫知其乡者，惟心之谓欤。"又曰："一人虽听之，一心以为有鸿鹄将至。"可见人之有心，但视其操与不操耳。能操则心神内敛，故足容重，手容恭，头容直，目容肃，种种官骸，皆在个中，心在故焉；不操则心恒驰外，故视不见，听不闻，食亦不知其味，一切行为，皆出个外，心不在故焉。

打拳一道，口授俱多，著述甚少，故当耳提面命，尤得留心听记。盖文事武备，不留心者，往往视为两橛，而不知实本于一源。其外面动静之形迹，与里面静躁之神明，皆由其心宁静与否。心苟宁静，凡四体之开合擒纵，莫不有自然之机致，至当恰好，无可加损者。存乎其中，苟细心体会，何难升堂入室。只要如行远自迩，登高自卑，不躐等而进，不中道而止，以我之心思智力，穷行（练拳之理）之高远精微，壹志凝神，精进不已，层累曲直，无不致极，即身所难到之境，皆可以心达之，无他有心而能用之也。

故凡学拳者，皆当操心。世人皆以拳为末艺，其学习时，往往嘻戏从事，或畏难懈惰，皆难学成。故未上场时，先须打扫其心，使其心清净，一物无所著。然后上场，一心恭敬，如斋明盛服以承祭祀，不敢亵慢。平心静气，上体自然灵动，下体自然稳重。任天机之往来，运吾身之阖辟，俨然一太极，元气周疏无间。学习一遍，平其气息，必使四肢运动之迹，仍浑然归于无形，方为学拳准的。

理　打拳多不讲理，不讲理但论血气，无惑乎手之多失于硬也。所以练拳贵先讲理，顺其性之自然，行其势之当然，合乎人心之同然，而深究其势之所以然，勿使心有茫然。一开一合，始则勉然，一动一静，久而自然，积久而始而惺然，继而恍然，终而豁然，以至于盎然，粹然，而归于浑然，其实我之于拳，用功并无拂然，一皆率其性之本然而然。

气　打拳者，运动吾身，不滞不息，不乖不拂，不偏不倚，无过不及，是为中气。拳家苟能顺其天机之自然，抑扬顿挫，动合天然，圆转自如，毫无窒碍，他日遇敌，自然绰有余地。不然浑身一片硬气，猝遇好手，只觉束手无策，进不能进，退不能退，一任他人发落而已，钝何如也。人亦何乐用硬气，而不用中气哉！

意 心之所发谓之意。人之打拳，其意初发，如作文写字，下笔带意之意。意于何见？于手见之。意发于心，手即喻之，而形诸五官百骸，极有斤两，极有神韵。心正，则意之所发者皆正，而四肢之运行亦正；心邪，则意之所发者皆邪，而四肢之运行亦邪。此打拳之先，贵诚其意也。

曷言乎尔，如人心平气和，则发于言者，皆和顺可听，此意之由和而发者也。如人意气过盛，其发于言者，皆带激烈之气，此意之由怒而发者也。打拳观其举手活顺，即知其意念活顺。周中规，折中矩，实理贯注于其间，绝无冗杂，观者亦觉清爽，皆意所发之干净为之也。着着俱有实理，着着俱有真意，非徒以硬手硬脚，全凭霸气形之于外，毫无蕴藉之意藏之于中。此意之所以贵诚也，学拳者审之。

志 志者，心之所之也。意念一发，而志即随其意之所往而亦往。人惟能专心者，乃能致志，致志先由立志。人不立志，则无所树立，人不致志，则半途而废。始虽有志，如无志也，有始无终故也，此打拳所以贵立志，尤贵致志。苟能致志，加以果毅功夫，则有志者竟成，他日不可限量，皆志为之也。此打拳之贵乎有志。

情 理之存于中者为性，发于外者为情。如乐有清浊高下之致，谓之声情；舞有进退旋转，谓之神情；人有交接往来，谓之人情；物价之多寡不同，人心的好恶各异，谓之物情。会是太极拳之抑扬反复，独无情致乎？

拳无情致，如死（土冒）地泥塑木偶，全无景致，有何意趣？照自己说，有何可嘉，照外人说，苟能如作文之先伏后应，机致流通。其一段生龙活虎，变化捉摸不住气象，在己即可兴发人之志气，在人又可令观者拍案惊奇，眼中愿观，口中乐道，心中愿学，甚矣！此情之所发，打拳者不可不留心也；如文有声情，铿锵可听，顿宕可玩，艺至于此，大有可观。

景 层峦迭嶂者，山之景；波流潆回者，水之景；千红万紫者，花之景；春暖花开者，时之景；人之打拳亦如是也。其开合擒纵，屈伸往来，一片神行，曲折如画，是之谓景；景之不离乎情，犹情之不离乎理，相运故也。

心无妙趣，打拳决打不出好景致。问何以打出好景致？始则遵守规矩，继则化乎规矩，终则神乎规矩；在我打得天花乱坠，在人莫不喝彩称奇；真如天朗气晴，惠风和畅，阳春烟景，大块文章，处处则柳艳花娇，层层则山灵水秀，游人则触目兴怀，诗家则振笔写妙，虽三百里之嘉陵山水，不足尽也。嘻，拳能至此，其技过半矣，岂不美哉！

神 人之精神，虽有存乎官骸之中，充足则溢乎官骸之外。其外见而先见者，心手眼居多。凡事心手眼俱到，则有神，无神则形皆死煞，少生动之意，不足动人。神之在人，不止乎眼，而要于眼，则易考验。故打拳时，眼不可邪视，必随左右手以往还。

如打懒扎衣，眼随右手中指行，懒扎衣毕，眼即注于右手中指；打单鞭，眼随左手运行，单鞭毕，眼即注于左手中指；打披身捶，眼看住后脚；打肘底看拳，眼注于左肘下；打小擒拳，眼注于右拳与右掌；打搂膝拗步，眼注于右手中指；打初收，眼注于右手指肚；打抱头推山，两手并推者，眼看敌人胸；右手在前，左手稍后者，眼注右手中指；打跌岔，眼先看左手，待身起来，右手向上，眼看右手；打指裆，眼注右拳；打铺地锦，看左手；打跨虎，眼看右手中指；打当头炮，眼注于左拳。以上四肢，孰为直符，眼即注于直符之支。而全身精神皆聚于此，任在热闹场中，目无旁视，如此方觉有神。亦有四支，直符在此，而神反注于彼者，是变格也，不可据以为常，要之！打拳则上下四旁眼都得照顾到，果能一志凝神，心手眼一齐俱到，自觉栩栩欲活，奕奕有神矣！学拳者当细验之。

化 化也者，泯规矩之成迹而自合规矩，是妙乎规矩而神乎规矩者也。化有大化、造化、变化、消化、神化诸名，此以造诣境地言，专以神化为主，是妙万物而言，莫明其妙，名之曰化，必熟而又熟，以至无形迹可拟。

如神龙变化，捉摸不住，随意举动，自成法度，莫可端倪；说有即有，说无即无，技至此，真神品矣！而大化、造化、消化、变化、太极体用，和盘托出，虽小道，至道存焉。所谓即小以见大者，盖此拳岂易言哉！

着 拳乃武备中一端，其运用手足，或正或偏，或上或下，或左或右，或前或后，因其理而立法，因其法以呈形，名之曰势，即俗名所谓着。

当下功夫之时，必思此势，由何发起，中间如何运行，结尾如何收束；

表是何形，里是何劲，从心坎中细细揣摩；此势之下，与下势之上，其夹缝中，如何承上，如何启下，必须血脉贯通，不令有一丝隔阂，判成两橛，始而一势，自成一势，终而百势，连成一势。

如懒扎衣，右手从左腋前起端，手背朝上，手指朝下，先转一小圈，从下斜而上行，过上星神庭前，越右耳外，徐徐运行，胳膊展到八九分，不可满足，满则应用时必致招损，手与肩平，此是顺转圈，用缠丝劲，由腋自内往外，斜缠到指，不可后擘（音百），擘则无力；不可太弯，弯亦无力；必得不偏不倚之劲方佳。左手是倒转，用缠丝劲，由手外掌过手背，缠到肩后外腋止。两手合住劲，右手如新月半弯形，劲似停，实不停，停则气断矣。待内劲行到十分，则下势即接住，从此起矣。右足也如是，画半个圈，展开先落仆参穴，过涌泉，至大敦隐白止。其止也，实而虚。右腿用顺缠劲，由大敦起，过脚面，至足外腓，从涌泉斜缠至内踝骨，一直由内而外，逆行斜缠大腿，缠至腰。左足趾向北，用倒缠劲，内外向里缠，缠到大腿根，归丹田中极。右手与右足一齐起一齐落。说合，上下官骸一齐合住，四肢更不待言。右手内劲，充于肌肤，顶劲提起，腰劲下去，裆劲开圆，又要合住膝，合住裆，自然合住。合也者，全体皆合，无令一处不合，此是一势规矩，自为一着，其中繁颐，犹自言不尽意。

古人立法如是，用其深心，犹恐不能制胜，而况多数之着，其用心良非易矣。

大凡手动为阳，手静为阴，手背为阳，手腕为阴；前则为阳，后则为阴，亦有阴中之阳，阳中之阴；某手当令，某手为阳，某手不当令，某手为阴；亦有一势，先阳后阴，外阴内阳，一阴一阳。要必不偏不倚，无过不及，此学之者不可不留心也。

一势之微，千言万语，笔之数行，难尽其妙。当场一比，心即了然。于此，见拳之贵乎口传也。一落纸笔，皆成糟粕，弃糟粕，而取精华，则可与共学，可与适道矣！

学 以上所言，皆言拳也。不学无以知，不学无以能。惟于拳之不知者，学以求其知，拳之不能者，学以求其能。果能敏而好学，再能学而时习之，则向之不知不能者，今则无不知，无不能矣。

斯拳不外阴阳开合之理，抑扬顿挫之势，苟能百倍其功，虽愚必明，虽柔必强。孔子曰："我学不厌。"人之于拳，亦惟学而不厌而已矣！

思 思者，思其所学也。学而不思则罔，故必用其心力于所学之中，讲习研究，凡拳中之层累曲折，自起落以至于精微奥妙，不使有一毫疑惑者，则思之为功居多。故先由浅入深，由近及远，思其当然，并思其所以然；不能明晰，或问之于师，或访之于友，则所思者不患其不能明，此是格物功夫。曾子作《大学》乃曰："致知在格物。"思固不废乎学，学亦不能废乎思也，此学思不可以偏废。浅言之，凡学拳者，当用心学之，不可忽略。

恒 天地之道，惟有一恒字可以成事。恒，久也。虽一艺之微，苟能久于其道！未有苗而不秀，秀而不实者也。孔子曰："人而无恒，不可以作巫医！"此学之贵乎有恒也。志为作事之始，恒为作事有常，二字乃学拳要诀。

吾师又作五言诗，勖学者守恒、贵诚。其诗云："理镜原无尽，学拳意贵诚。三年不窥园，一志并神凝。始则从良师，继则访高朋。诱掖合奖劝，一线启灵明。一层深一层，层层竟无穷。一开连一合，开合递相承。有时引入胜，才欲罢不能。时习勤黾勉，日进自蒸蒸。一旦真积久，豁然皆贯通。"

夬 夬，决也。心贵决断，人惟犹疑不决，多败乃事。学思、恒二字虽好，苟不决断，则所学无论何事，皆办不成。惟拿定主意，一直长往，心不回惑，夫而后所学所思，加以恒久工夫，则凡事皆可有成，何况拳之一艺乎。此学拳犹贵于"夬"也。

太极拳要义之二

先严讳复元，字旭初。初学于耕云公，功成后，复从仲甡公习新架。故发手能柔如棉，坚如钢，往来口外数十年未遇敌手。子明少小侍侧习闻拳理，兹就记忆所及者，笔述一二，以成本篇。固陋如余，未能道其万一也。

开合与阴阳

动为阳，静为阴，一动一静，即为开合。阴变阳为开，阳变阴为合，此就太极拳之全体而言也。以运化而言，左手领左半身向左方连化者，开为太阳，合为太阴；右手随之而开者为少阳，合为少阴。右方亦然。刚柔即包于其中，故太极生两仪，两仪生四象。两仪者，阴阳也，亦即开合也；四象者，太阳、太阴、少阳、少阴是也。阴阳合开，互相化生，得其极致，则浑元一气循环无端，变动莫测。是以不明阴阳开合者，即不明刚柔动静之互相为用，偏刚偏柔，不能相济，则去太极拳之根本远矣。

又吾师品三先生谓：练拳之道，开合二字尽之，一阴一阳之谓拳，其妙处在互为其根而已。

又作七言诗二首。其一云："动则生阳静生阴，一动一静互为根，果能悟得环中趣，一动一静即天真。"其二云："阴阳无始亦无终，往来屈伸寓化工。此中消息真参透，太极祇在一环中。"

运化转关

运化为转关之先机，关即人之周身穴节，故转关亦曰转节。凡初学之人，多尚拙力，而无灵劲，故以运化去其滞气，使转关达于虚灵。

盖虚则有以聚，灵则有以应。虚者集，灵者感；集者静，感者动。起落旋转，开合变化，不能离乎运化转关。所谓运化转关者，即由柔筋活节而至接骨斗榫，苟不知此，即不足与言动静之虚灵者也。

虚实

太极拳动静瞬息之间，无不有虚实。故其练法中之前进、后退、左旋、右转，以举足为虚，落足为实；向左则左实，向右则右实；前进则后虚，后退则前虚。倘虚实不分，必犯抽脚拔腿之弊。精而求之，则一处自有一处虚实，练时如是，对待敌人时亦复如是。彼虚则我实，彼实则我虚，虚则实之，实则虚之，临敌乘机，切无拘泥定法，斯为得其要谛。

变化

变化者，有一手之变化，有一着之变化，有一势之变化。然无论一手、一着、一势，其变而能化，皆由简单渐至于详密。

以开合为一手之变化，以转关为一着之变化，此即上传下接之义。惟身法、步法、旋转、紧凑、方向之变，皆属一势之变化也。由开展至于紧凑，切莫逾乎范围，乱其循序，自能积手为着，着合为势，势联成套。始练似觉有界，久练功夫娴熟，自能豁然贯通，运转自如，千变万化，随心所欲矣。

步骤

先哲有言，物有本末，事有终始，知所先后，则近道矣。如无深浅之别，先后之序，即是失却根本，无论教者本领若何高强，学者定不能艺超于众。故练太极拳术之步骤有三层功夫。第一步学时宜慢，慢不宜痴呆；第二步习而后快，快不可错乱；第三步快后复缓，是为柔，柔久刚自在其中，是为刚柔相济。教者必由是而教，学者亦必由是而学，则庶乎无差忒矣。

练太极拳术者，固愈慢愈柔者为佳，不宜用力带气，又必须知至何时可以换劲，及慢至何时可以速柔，至何时可以刚。此于教授之责攸关，宜从事解释其发端而至于究竟，继则实施于法，俾易知用途之次序，为入门之阶梯。如能预定进度，因人施发，使学者精神焕发，兴趣环生，自必易得门径，进步迅速。

腰裆之开合

练太极拳者，对于腰裆两部之要点不可不知。一开一合，一动一静，腰裆各有专注，且贵互用，故宜分析明白。

腰之要点曰：拧腰、活腰、塌腰。

裆之要点曰：松裆、合裆、扣裆。

拧腰时裆须扣，不扣则散；活腰时裆须松，不松则滞；塌腰时裆须合，不合则浮。凡塌腰、活裆者为蓄劲，活腰、松裆者为柔劲，惟出劲时，须扣裆拧腰。

兹以各势各着说明之。如拳式中之掩手捶、披身捶、青龙出水、肘底看拳、闪通背、青龙戏水、二起式、踢一脚、蹬一跟、小擒拿、抱头推山、前招后招、野马分鬃、玉女穿梭、摆脚跌岔、十字脚、指裆捶、黄龙搅水、摆脚、当头炮等，均属扣裆、拧腰；金刚捣碓、懒扎衣、单鞭、白鹅晾翅、搂膝拗步及收式合式等，均属松裆、活腰。

凡姿势成时，裆宜合，腰宜塌，其义主静，即本着已停，下着未作，虚灵劲预蓄其中，动则必变、必发，故其功效无量。其时间及所趋方向，不可预定，遇左则左应，遇右则右应。上下、前后、刚柔、缓急、轻重，悉如之。

命名与取象

研究太极拳者，须分命名与取象为两点。其所云太极、两仪、四象者，乃拳法中形而上之命名也，然必知其取象原则，方能明乎实际。

太极拳之取象，即肢体练法是也。肢体之大要，不外手、眼、身、步、法；其运用之大要，则不外乎前进后退、上起下落、左旋右转。故研究此等动作，须在科学上追求，始能澈底。如开步转势及前后互换之距离，当以直中线判其远近；手足身法、上起下落之间隔，当以平中线分其高低；余如拗步姿势之旋转，为斜线及弧线之牵引，收放伸屈为来复线之纵缩。故太极拳之圈的内包，尚有直线、平线、斜线、来复线、弧线等，与力学、数学之理有密切关系，虽其取象出于形而上之命名，而在科学方面，实有相当之价值。

太极拳要义之三

太极拳之圈

闻诸先严太极拳功夫，以没圈为登峰造极。非一蹴可跻，必须循序渐进，由大圈收至小圈，小圈收至没圈，复以内劲为其统驭，连贯变化，运用神妙。技至于斯，形式上无从捉摸之矣。

吾师品三先生之言曰：太极拳，缠法也，进缠、退缠，左缠、右缠，上缠、下缠，里缠、外缠，大缠、小缠，顺缠、逆缠；而要莫非以中气行乎其间，既引既进，皆阴阳互为其根之理。世人不识，皆目为软手。手软岂能击人，是但以外面视之，皆迹象也。若以神韵论之，自己用功，与外人交手，皆以中气运行使之适得，其中非久于其道者，不能澈其底蕴。两肩鼙下，两肘沉下，秀若处女，威若猛虎。手中权衡称物，而知其轻重。打拳之道，吾心中自有权衡，以称他人之上下、左右、进退、缓急，无不悉以神明之度量使之皆中其节，而令敌之从所从而来者，抑负所负而去，是无形之权衡也。以无形之权衡有形之迹象甚矣，其孰能欺之。若第以软手视太极拳，不惟不知拳，且并不知太极之为太极。太极者，阴阳开合而已矣，必阴阳相停而后名为太极拳，夫岂偏阴无阳之谓哉。

太极拳之用

吾师品三先生之言曰：中气贯足，精神百倍。临时交战，切勿先进。如不获已，浅尝带引。静以待动，坚持壁垒。堂堂之阵，整整之旗。有备无患，常守其真。一引一进，奇正相生。佯输诈败，反守为攻。一引即进，转（转者方引而忽转之）进为风。进至七分，即速停顿。兵行诡计，严防后侵。前后左右，俱要留心。进步莫迟，不直不遂。足随手运，圆转如神。忽上（手足向上）忽下（手足向下），或顺（顺者用顺缠法）或逆（逆者用倒缠法）。日光普照，不落边际。我之进取，须令不防。人若能防，必非妙方。大将临敌，无处不慎。四面旋绕，一齐并进。斩将搴旗，绝妙如神。太极至理，一言难尽。阴阳变化，存乎其人。稍涉虚伪，妙理难寻。

练太极拳之要点

余缀父师之言，成太极拳要义三篇。又恐初学者不能得其要领，不嫌烦复，谨举其要点以为初步研究者参考。

性质

太极拳之性质，吾师品三虽言刚中寓柔，柔中寓刚，刚柔相济，运化无方，此言成手时之功夫也。初学宜以自然柔活为主，柔宜松活、宜领。柔而不松，活而不领，即不自然，安能致坚刚于将来哉？

方法

太极拳之方法，其最主要者为虚、实、开、合、起、落、旋、转八字，初学宜辨别清楚。

程序

习太极拳之程序，须先慢后快，快后复缓，先柔后刚，然后刚柔始能相济。

姿势

动作停止时之架式曰姿势。太极拳姿势之要点，不外乎手领，眼随，身端，步稳，肩平，身合。尤须注意顶、裆两部之动作，无使有失。否则必致上重下轻，周身歪斜，站立不稳之病百出矣。

动作

太极拳之动静，作势纯任自然运化，灵活循环无端，要知其虚实开合、起落旋转俱从圆形中来。凡初步入门，以大圈为法，始则柔筋活节，进则接骨斗榫。学者诚明乎此身作心，维朝斯夕斯，精而求之，进步自速。

呼吸

呼吸调气，足以发达肺部。若于早晨呼吸后练习拳术，或在练拳时有相当之呼吸，随其动静出纳以调气，则筋肉与肺部必同时发育，自无肺弱之患。

精神

太极拳之精神，以虚灵为极致。初习者固不能达此境界，然能守所举要点，锲而不舍，久久自能水到渠成。

周身相随

四肢百骸，协同动作，此之谓周身相随。故太极拳一动无有不动，一静无有不静。

变着转势

太极拳之变着与转势，原属两解。一、前着已停，下着未作，其中间之动作成一势，曰变着。如懒扎衣下练之右合式，又如搂膝拗步下练之右收式，野马分鬃、玉女穿梭前之两个左收式，均为变着。二、此着一停，要作下着，中间之一动作名曰转势。如单鞭以下之左转，又如掩手捶以下之右转等动作均属转势，均须辨别明白。

身作心维

语曰：口诵心维，读书且如此，况习武乎？故身而作、心而维，实最易使人进步之一法。太极拳之身作心维至要者，曰：身宜作其圆活，心宜维其虚灵。

无贪无妄

习太极拳最忌贪多，尤戒妄动。凡运用与姿势均须求其正确，庶练成后不致犯病，而精进自易。若贪若妄者，成就终鲜。此弊初学十九难免，切宜注意。

第三卷 杨式太极拳传谱汇集

杨露禅太极拳论

杨露禅

杨露禅

杨露禅(1799—1872)，名福魁，又名福同，字露禅，“禅”亦作“蝉”，别号禄缠。河北省永年县人。幼时家贫，约10岁到河南温县陈家沟陈德瑚家为僮，是时著名武师陈长兴每晚至陈德瑚家前厅教授族中弟子，杨露禅殷勤伺候，窥习拳艺，功力大进。

由于其聪明善悟，遂逐渐引起陈之注意。陈命杨与诸徒决，其徒皆败北。陈始惊杨为天才，喜其敏慧，遂尽授其秘术焉。而据《近今北方健者传》记载，杨露禅亦曾从学于赵堡陈清萍，同时又曾访武当而得秘谛，转益多师，融而化之；艺成后，杨归故乡，传授同里之人，从学者甚众；当时称杨拳为化拳，或曰绵拳，以其动作绵而能化，故名之；后杨至北平（昔北京）教拳，清代王公贝勒等从其学者颇多，之后成为旗营武术教师，将其拳术传于凌山、万春、全佑，民间有“凌得其筋，万得其骨，全得其皮”之说。光绪皇帝的老师翁同龢大学士在观看其精妙的武艺后大加赞赏：“杨进退神速、虚实莫测、身似猿猴、手如运球，犹太极浑圆一体也。”并书赠对联“手捧太极震寰宇，胸怀绝技压群英”相祝贺。自此，他所创之杨式太极拳名满天下，使太极拳从民间武术登上了华夏武术的大雅殿堂，成为国粹。

杨露禅性格刚强，无论何门何派，均喜与比试。经常身背一把小花枪和一小包裹，遍游华北诸省。凡所至之地，闻有艺高者则必拜访与之较量，即便有人自认不敌，亦必强与之较，但未尝伤人。因武艺高超，所向无敌，故被世人称为“杨无敌”。杨生有三子，长曰锜，早亡；次曰钰，三曰鉴，皆能传父业。杨之生平轶事甚多，兹摘录数则于后。

杨在广平时，尝与人斗于城上。其人不敌，直退至城墙边缘，足立不稳，身随势后倾，将坠落，于此千钧一发之际，杨忽于二三丈外，陡跃而前，攀握其足，得不坠死。

杨善用枪杆，物之轻者，经杆一沾濡，可即起，无稍失。其救火辄以杆头拨墙垣，使火势不至蔓延，且能在马上不用弓弦，仅以手指投箭，百无一失，亦绝技也。

一日天雨，杨坐堂上，见其女捧铜盆自外入。比及阶，帘未揭也，而苔痕泞滑，女足适跛蹶。杨即一跃而出，一手揭帘，一手扶女臂，女既未仆，而盆中之水亦竟涓滴未倾。其功力之神异，即小见大，于此可见一斑矣。

又一日，杨钓于河畔。有外家名拳师二人适于杨之背后过，因素震其名，独不敢与之当面较，今见杨正垂钓，以为有机可乘，拟从杨后推其背，使颠覆溺水，以损其名。乃相约蹑足左右，同时疾趋以为进袭。讵杨眼梢特长，已早审知有人暗算。于二人手猛力到时，遽以含胸拔背，高探马一式之法，惟见其背一隆，首一叩，二人同时被掷河中。乃曰：今日便宜汝等，否则若在地上，将欲再加一手。二人闻言，仓皇泅水而逝。

太极拳精论

站住中定，往开里打。

圈内打人，圈外推人。

注：

传说近代太极拳重要人物杨露禅收全佑为徒，传授其太极拳艺。全佑艺成后，因杨露禅年事已高，又时值春节，于是就准备告老还乡回永年故乡。全佑与杨露禅师徒情深，尾随不舍，一路跟随骡车送行。杨老对徒步扶车送行的全佑先生说：“回去吧，别送了，回去好好练，站住中定，往开里打。”全佑心中默默记下，但依旧恋恋不舍，随骡车送了一程又一程。杨老又说，回去罢，不要送了，全佑则坚持再送一程。

后来骡车到了芦沟桥，杨露禅便下车对他说:“我杨某人当天发誓，我的全部功夫都已教给你了，没有一招留下，总之以后你要记住‘圈内打人，圈外推人’便是。”也正是这两句至理箴言，如醍醐灌顶，对全佑启发颇大。后全佑将之融会贯通于拳架和推手之中，才形成后来别具一格的吴式太极拳术。

此则故事是否真实，因年代久远无法详加考证。但故老相传，未必空穴来风。仔细玩味这两句拳论，可知其的确为太极拳之真谛，相信达者必有心契。故收录于此。

杨健侯太极拳论

杨健侯

杨健侯

杨健侯（1839—1917），名鉴，字健侯，号镜湖，是太极拳一代宗师杨露禅之三子，为杨式太极拳第二代宗师。杨健侯的拳术刚柔并济，出神入化，刀、枪、剑、杆各种器械，无不精通。杨健侯先生性格温和，为人和善，是以从游者甚众，一经指点，多有成就。

健侯先生温良恭让，从不轻易与人较量比手，一旦交手。则彼多被其精妙之太极纯功所折服。当时他派中有善用刀剑者，与健侯交手，健侯仅以拂尘应敌，甫一搭手，其人就处处处于背势，多被擒拿，使人不能近其身。健侯先生又善用枪杆，任何劲力均可发于杆头，他之枪杆遇人，无不连人带杆同时跌出；亦善弹弓绝技，拿三四弹丸于手中，往往能同时击中三四只飞鸟，有弹无虚发之美誉。

其父杨露禅逝世后，杨健侯继续在京教拳为业，并将杨露禅“大架”修订为“中架”，不猛不硬，顺遂圆活，老幼强弱均可练习，所以其拳传播甚广。

健侯传人有三子少侯、兆元、澄甫及许禹生等多人。他秉性温和，宽厚仁慈，从不恃拳傲扬，有极高的武德。《永年太极拳志》说他“性情温和，德高望重，堪称一代宗师”，当实至名归。

太极拳约言

轻则伶（灵），伶（灵）则动，动则变，变则化。

又曰：彼不动，我不动；彼微动，我先动；似松非松，将展未展，劲断意不断；此语非熟练心悟，不能领会也。

注：此“约言”出自《杨家太极拳各艺要义》之“杨镜湖先生约言”，应为当年杨镜湖先生授拳时经常强调的练拳要义，收录于此，供学者参研。

太极长拳歌

太极长拳独一家，无穷变化洵非夸。
妙处全凭能借力，当场着急莫轻拿。

又曰：

掌拳肘合腕，肩腰胯膝脚。
上下九节劲，节节腰中发。

约言：

顺人能得势，借力不须拿。

注：上二首歌诀及约言，出自施调梅所著之《太极拳谱内外功研几录》。原文歌诀后曰：上二首歌诀，为予师田绍光（名兆麟，先从杨少侯学，后从杨健侯学，施调梅于民国十年春，时年三十六岁，从田兆麟先生学习五年）传授，盖得诸杨家所传，系赞叹太极拳之精妙，非一般拳脚工夫可与之比伦也。长拳即十三势，以其绵连不断，变化无穷，故曰长拳，惟杨家后亦创造一种长拳，较太极略加三分之一，然仍不出十三势之变化，其效用在增进学者养气耐久功夫耳。

杨班侯太极拳论

论太极劲

谚语“力大如牛，力猛如虎”。何以牛虎受制于人？以其力呆而滞，不能灵活运用，故易受制。劲则不然，劲如弹簧、强弩，体积虽小，伸屈变化自如；重按即弹重，轻按则弹轻。此劲与力不同者也。

力大如牛车之大轮，运转迟缓，上下不随；劲如起重之杠杆，轻巧灵活，左右自如。力为有形，壮硕筋肉凸起；劲为无形，温文儒雅，筋骨温润如处子。力乃直来直往，迟而涩；劲乃随屈就伸，速而聚。力散而钝，劲锐而捷。力为局部所发，劲为整体而生。力如崩山倒角，一发难收（公尺劲即力之所为，一公尺前即发力冲撞，即至标的，人已变，而己不即变，故曰一发难收）；劲似雷雨闪电，随发随止（寸劲也，未触敌身前，劲未发，故变化无穷，一发如扁钻强弩，一簇即至）。此乃劲与力之互异也。

劲者轻灵而捷，不见其形，全身皆可随意发出，“浑身是手、手非手”，即此意。手到劲到，未到之先无劲，既到之后，捷如闪电，一发便收（内家讲究，劲不虚发，发则必中，何能如此？寸劲也，寸化寸发，触身劲始钻也）。其发也犹如大风过处，百草俱偃（敌已摧毁或发跌）；其收也，万里碧空，神气自若，毫不费力（旁观者彷佛未见其动，挨者却如招大铁锤锥击，此即如棉裹铁棒、棉里针）。此乃拳中发劲之内家上乘功夫。

太极拳之推手，为运劲之技巧。使之成熟，随意发放，劲道千变万化，名称互相不同，手法招式，各有优异。如能懂劲，无异进入宝山，奇珍异宝，取之不尽，用之不竭，发掘愈深，得宝愈多；如不懂劲，学拳三十载，终是自欺欺人而已。

故太极拳之技巧，蕴藏无限学问。习拳者，与读书人、修道人无异，无限深度也。希学者详细品味，多加玩索，始不负前贤公开太极拳劲之期望也。

注：

此“论太极劲”一文，署名为杨班侯所撰，至于是否确为班侯先生之论，因年代久远，无法确考。但观其对太极劲之论述则既透彻且详尽，佛家曰：依理不依人，诚然！

此篇无论是否为班侯所写，均有其存在之价值，姑且收录，以俟有识者参研而有得。

杨少侯太极拳论

杨少侯

杨少侯

杨少侯(1862—1929)，名兆熊，字梦祥，晚字少侯，河北人，杨健侯之子，杨澄甫之长兄，为杨氏太极拳第三代传人，师承杨班侯，后人呼为“大先生”者。

少侯先生生于同治元年（1862年)，七岁时即习太极拳术，性刚强，亦喜发人，擅用散手，有乃伯遗风，功属上乘。其拳架小而刚，动作快而沉，处处求紧凑。因好出手即攻，学者多不能受，故从学甚少。其对于借劲、冷劲、截劲、凌空劲等劲道的研究非常深刻，富有深功，惜不愿多传，故知之者甚稀。

卒于民国十八年（1929年)，有一子，名振声。

打手五字诀

薄、顺、短、脆、远

薄

“薄”是不用骨、筋、肉之拙力练功或打手应对，而要求“松”到皮肤上，用这种“薄”去练功和打手。

顺

我顺人背的意思。在练体时要求顺遂，打手应对时，要用各种方法制人于背，以达到制胜。

短

练用架（快拳）手势要短，即两手不离胸前八寸到一尺。打手发劲必须既短又锐，避免钝拙。所谓“穿透劲”即短锐之劲，故劲愈短锐，阻力愈小，杀伤力愈大。

脆

要发寸劲，不可拖泥带水。劲要脆快，发劲时忌滞重迟拙。

远

发放时劲尚远不尚近。能放远又能攻坚，才能做到随心所欲，信手而应也。如何能放远，在发手时与能否把劲全部撒放出去有关。

发劲时劲不可回，劲不可残留在自己身上。另外，发放时自己的“意”与“神”也应配合放远，否则不易达到放远的效果。

十字诀

准、是、稳、脆、真、恰、巧、变、改、整。

准

目标要准，发手要准。势、劲、气的发放要有准。

是

所打击对方的“势”或“劲”，是对还是错。

稳

自身要稳。势要稳、劲要坚、气要沉。

脆

不拖泥带水，发劲要脆要快。

真

判断对方要“真”，不可“假”，否则出错。

恰

发打要恰当，要掌握时间和火候。

巧

功夫要实，方法要巧。

变

要多变，要善变，要应物自然。

改

不对要快改，调整技法，以求全胜。

整

无论势打、劲打、气打，都要完整一气。

太极拳使用法秘诀

擎

有将重物用力徐徐举起的意思，谓之擎。双手上举，如合太极，这时候，两眼向上望着，两手指尖斜着相对，两肘向外开，往上托住，同时两手拇、食、中三指向上翻三翻。

引

有引进的意思。如用鱼味来吸引住猫，是使对方的来去、高低、左右、上下处处被动，完全失去主动。

松

松是全身放松，而且要松净。将自己身上九节，节节放松，从有形有象，松成无形无象。

放

放是发劲。“收即是放，放即是收”，以收为放，以放为收；放不离收，收不离放；两相结合，不是单行。所谓“撒去满身都是手”，是全身完整的放，不是一手一式的放。

敷

是用两手微贴在敌身，即所谓“轻如鸿毛”，才能听得对方动静。这是在做“彼不动，己不动；彼微动，己先动”的功夫。

就是一般练其他拳术的人们所说的那样“拳打人不知”的意思。太极拳在用法上也是如此，如用重手，已失去敷字的意义了，切记！切记！因为重手反而使敌知我，我不知人，定遭失败而无疑。

盖

有“盖世无双”的精神，使敌受极大的威胁，是以神为主，显非力服，更非力胜。但是能够使敌在我身旁如鼠见猫一样，丝毫不得动弹，即拳经上所说“神如捕鼠之猫”，是鼠被猫的神盖住而待捕。

对

是指彼此互相对待的意思。如在敌我对待的时候，我能在有意无意之中，接得彼劲，彼自跌出，取得不放而放的妙用。

吞

是吸气，不是吐气。“能呼吸然后能灵活”，大有气吞山河之概，使敌时时刻刻在我控制掌握之中，不能逃脱，如鼠见猫似的。

太极拳之三要诀

盘架子

初学者宜匀，宜缓，宜正，宜展。

所谓匀者，划圈子宜圆，两圆须成切线，两圆相交，须通过圆心，盖求其整齐也。

所谓缓者，使所储之内劲，渐渐达于手指梢，求其血气舒畅也。

所谓正者，全身中正安舒，重心无倾斜之弊，求其姿势中正优美也。

所谓展者，使筋肉骨节自然开展，求其合乎生理上之运动也。

推手

架子盘熟，功夫稍进，则学推手（或曰搭手，又曰靠手）。推手者，敌我二人以一手或两手靠搭，用粘、黏、连、随四字功夫，划阴阳两圈。

其法有二：

甲划圈，乙随之而走，或乙划圈，甲随之而走。

甲乙两人各划半圆圈，合成一整圆圈。然无论一整圆圈或两半圆圈，均于此圆圈上研究掤、捋、挤、按四字要诀。

应注意者，甲乙二人，各有一重心。甲乙两人靠手时，又于靠手之交叉点，自成一重心，此第三重心点由甲乙两人互相争夺。得重心者胜，失重心者败，此一定之理也。

发劲与化劲

推手练习纯熟，然后练习发劲与化劲。初学者，可练手上发劲，所谓合掌或曰补手。功夫较深者，练习腰劲或足跟之发劲，所谓发于足根、行于手指是也。

发劲宜直，化劲宜圆，化之不尽而发之不远。初学化劲，方向宜斜；上乘功夫，则向自身化之，所谓引进落空是也，或曰“以夫子之道反制夫子”，即借敌人之力以打敌人，借敌人之劲以还制敌人也。然发劲、化劲，必须粘、黏、连、随、掤、捋、挤、按、采、挒、肘、靠，合而运用，否则不克生效也。

注：

此篇“太极拳之三要诀”出自黄文叔所著《杨家太极拳各艺要义》一书之谭梦贤序言，谭梦贤为杨少侯之弟子。

序言中言：“余对于太极拳，好学而未专研，兹承黄先生嘱，不敢推诿，谨录师语，以留纪念，并非臆造也。”由此看来，此篇为杨少侯先生亲传之太极箴言所无疑也。

陈秀峰太极拳论

陈秀峰

又名陈敬亭，生卒年不详，河北省永年县广府西何营村人，杨班侯的弟子，同时亦为郝为真之学生。1900年前后，当袁世凯闻知武式太极拳郝为真之盛名后，请郝教其子侄太极拳术，郝为真因鄙视袁世凯的为人而不愿亲往，于是荐学生陈秀峰前往天津授拳。

孙禄堂在《拳意述真》中提到的太极拳家只有四位，除武禹襄、杨露禅、郝为真外，就是陈秀峰，且书中有陈秀峰的拳论，由此可见陈秀峰的太极功夫应该是卓尔不凡的。

孙禄堂先生述陈秀峰论太极拳

陈秀峰先生言，太极八卦与六十四卦，即手足四干四枝共六十四卦也。与程廷华先生言游身八卦并六十四卦，两派之形式用法不同，其理则一也。

陈秀峰所用太极八卦或粘或走，或刚或柔，并散手之用，总是在不即不离内求玄妙，不丢不顶中讨消息；以至引进落空，四两拨千斤动作所发之神气，如长江大海滔滔不绝也。

程廷华先生所用之游身八卦，或粘或走，或开或合，或离或即，或顶或丢，忽隐忽现，或忽然一离，相去一丈余远，忽然而回，即在目前，或用全体之力，或用一手，或二指，或一指之一节，忽虚忽实，忽刚忽柔，无有定形，变化不测。

形意、八卦、太极三家，诸位先生所练之形式不同，其理皆合，其应用亦各有所当也。

太极拳说

夫拳以太极为名者，有所谓而然也。非若旁门之拳，立名以卦，而此拳独以太极为名。独占鳌头者也。

太极者，举人一身而言也。然乾为首，坤为腹，人所共知。至于腰为太极，谁得而知。何以言之。两肾为腰，腰像太极，太极生两仪，即脊骨两胯两股大筋也。两仪生四象，四象既四肢也。两仪之筋，上通两腋，下后之大筋，嵌于胳膊，下由两胯后筋，嵌于两腿。四象生八卦，八卦既四肢八节也。八八六十四卦。即手足指节五十六节，合四肢八节，即六十四卦也。

至于手指则分春夏秋冬。食指为春属木。中指长为夏属火，象夏之长。无名指与食指一般长为秋属金，象春秋昼夜相停。小指短为冬属水，象冬日之短。大拇指为四季属土，运用于四时，与四肢皆相配合，所以能拿物也。

夫此拳名太极，以力由腰发，至于两仪筋，由两仪之筋，发于四肢，此为用心法。由四肢八节，发于手足指节，此为用手、用足法。是此拳皆以身法玩四肢，而旁门皆以四肢玩身法也。此拳言身法者，是命意源头在腰隙，刻刻留心在腰间，云耳已矣。

杨澄甫太极拳论

杨澄甫

杨澄甫

杨澄甫（1883—1936），名兆清，光绪九年六月初八日（1883年7月11日）生于广平府南关（今永年广府南关）。与其祖父杨露禅、伯父杨班侯、父亲杨健侯均为太极名家。

杨澄甫先生幼承家学，早悟太极之理。长而体形魁伟，专事太极拳，练就一身外柔内刚、“棉里裹铁”之纯正太极拳功夫，年未弱冠即在北京走上职业教拳之路。并得其父杨健侯刻意栽培，常亲自指点澄甫的弟子，如田兆麟、牛春明、李雅轩、张钦霖等。1917年，杨健侯去世，时杨澄甫已名闻京城，虽为一介布衣，却有许多上层社会的人士拜于门下。因其前妻去世，1919年，回永年老家与续弦侯助清结婚，旋应邀南下上海，担任第二次国术比赛裁判工作。1925年，弟子陈微明征得其同意，公开出版《太极拳术》。该书图文并茂，并发表了杨澄甫一套太极拳动作照片，这是太极拳史上第一套太极拳动作照片，对于世人认识太极拳和太极拳在社会上的普及产生了巨大的推动作用；书中还发表了古典拳论数篇和杨澄甫的《太极拳术十要》。

1928年，南京国民政府成立中央国术馆，杨澄甫应馆长张之江之邀赴中央国术馆担任太极拳教员。这个时期，杨澄甫众弟子也相继南下，太极拳随之向南方传播开来。1929年，杨澄甫又应浙江省省长兼浙江国术馆馆长张静江之邀，转赴杭州任浙江国术馆教务长。在杭州，摄影家依其所演示的一个个“定式”，拍摄下一组太极拳动作照片。期间，褚桂亭也在浙江国术馆任教，有意与杨澄甫之太极拳一试，后一较而钦服，遂拜于门下。

1930年，杨澄甫安家上海，住圣母院路（今瑞金二路）圣达里6号，后迁至巨籁达路（今巨鹿路）大德村20号。1931年1月，经弟子董英杰协助整理，著有《太极拳使用法》一书，由文光印务馆印刷，属内部发行，是为杨氏同门之凭证，杭州所拍照片被收录在册。1932 年正月，杨澄甫夫人侯助清染病，多方求治无果，郑曼青妙手回春，深得杨家感谢；而郑曼青也久仰杨澄甫之拳艺，愿列门墙，遂被杨澄甫收为弟子。1934 年 2 月，上海大东书局公开出版杨澄甫著作《太极拳体用全书》，该书是以《太极拳使用法》为基础，由郑曼青校注。书中有许多当时国民政府要员的题词，留下了鲜明的时代印记。年底，开设致柔拳社广州分社的陈微明，受广州军政界委托，邀师南下授拳。杨澄甫携傅钟文来到广州，考察后返沪，次年二下广州，开始在此授艺。时广东法学院院长曾如柏请陈济棠在其总部为杨澄甫谋一咨议职务，使其能安心施教。又按传统礼仪正式向杨澄甫拜师。未及一年，杨澄甫因水土不服，潮热难当，竟患上疝气，群医束手，遂返上海治疗，住福照路（今延安中路）安东村5 号。1936 年 3 月 3 日（民国二十五年农历二月初十）病逝，终年 53 岁。其灵柩由家人及傅钟文、傅宗元、郭子荣等护送，先运至南京，与杨少侯灵柩一起，再运回河北永年闫门寨杨氏祖墓安葬。

太极拳要点

身法

提起精神，虚灵顶劲，含胸拔背，松肩坠肘，气沉丹田，手与肩平，胯与膝平，尻道上提，尾闾中正，内外相合。

练法

不强用力，以心行气，步如猫行，上下相随，呼吸自然，一线串成，变换在腰，气行四肢，分清虚实，圆转如意。

指明法

用劲不对，不用力（劲）不对，绵而有刚对；
丢不对，顶不对，不丢不顶对；
粘不对，不粘不对，不即不离对；
浮不对，重不对，轻灵松沉对；

胆大不对，胆小不对，胆要壮而心要细对；

打人不对，不打人不对，将敌制心服对。

大小太极解

天地为一大太极，人身为一小太极。人身为太极之体，不可不练太极之拳。本有之灵而重修之，良有以也。

人身如机器，久不磨而生锈，生锈而气血滞，多生流弊。故人欲锻炼身体者，必先练太极最相宜。

太极练法，以心行气，不用浊力，纯任自然，筋骨鲜折曲之苦，皮肤无磋磨之劳。

不用力何能有力？盖太极练功，沉肩坠肘，气沉丹田，气能入丹田，为气总开关，由此分运百骸，以气周流全身，意到气至。练到此地位，其力不可限量矣！

此不用浊力，纯以神行，功效著矣！先师云："极柔软，然后极刚强。"盖此意也！

注：此篇"大小太极解"出自杨澄甫所著之《太极拳使用法》，原文未署作者姓名，疑为由杨澄甫口述，其徒笔录之作，具体如何，待有心之学者去研究考证。

太极拳术十要

——杨澄甫口述　陈微明笔录

第一，虚灵顶劲

顶劲者，头容正直，神贯于顶也。不可用力，用力则项强，气血不能流通，须有虚灵自然之意。非有虚灵项劲，则精神不能提起也。

第二，含胸拔背

含胸者，胸略内涵，使气沉于丹田也；胸忌挺出，挺出则气拥胸际，上重下轻，脚跟易于浮起。

拔背者，气贴于背也。能含胸则自能拔背，能拔背则能力由脊发，所向无敌也。

第三，松腰

腰为一身之主宰，能松腰然后两足有力，下盘稳固。虚实变化皆由腰转动，故曰："命意源头在腰隙。"有不得力必于腰腿求之也。

第四，分虚实

太极拳术以分虚实为第一义，如全身皆坐在右腿，则右腿为实，左腿为虚；全身皆坐在左腿，则左腿为实，右腿为虚。

虚实能分，而后转动轻灵，毫不费力；如不能分，则迈步重滞，自立不稳，而易为人所牵动。

第五，沉肩坠肘

沉肩者，肩松开下垂也。若不能松垂，两肩端起，则气亦随之而上，全身皆不得力矣。

坠肘者，肘往下松坠之意。肘若悬起，则肩不能沉，放人不远，近于外家之断劲矣。

第六，用意不用力

太极拳论云：此全是用意不用力。练太极拳全身松开，不使有分毫之拙劲以留滞于筋骨血脉之间以自缚束，然后能轻灵变化，圆转自如。

或疑不用力何以能长力？盖人身之有经络，如地之有沟壑，沟壑不塞而水行，经络不闭则气通。如浑身僵劲满经络，气血停滞，转动不灵，牵一发而全身动矣。

若不用力而用意，意之所至，气即至焉，如是气血流注，日日贯输，周流全身，无时停滞。久久练习，则得真正内劲。即太极拳论中所云："极柔软，然后极坚刚"也。

太极拳功夫纯熟之人，臂膊如棉裹铁，分量极沉；练外家拳者，用力则显有力，不用力时，则甚轻浮，可见其力乃外劲浮面之劲也。不用意而用力，最易引动，不足尚也。

第七，上下相随

上下相随者，即太极拳论中所云："其根在脚，发于腿，主宰于腰，形于手指，由脚而腿而腰，总须完整一气"也。

手动、腰动、足动，眼神亦随之动，如是方可谓之上下相随。有一不动，即散乱也。

第八，内外相合

太极拳所练在神，故云："神为主帅，身为驱使。"精神能提得起，自然举动轻灵。架子不外虚实开合。所谓开者，不但手足开，心意亦与之俱开；所谓合者，不但手足合，心意亦与之俱合。能内外合为一气，则浑然无间矣。

第九，相连不断

外家拳术，其劲乃后天之拙劲，故有起有止，有续有断，旧力已尽，新力未生，此时最易为人所乘。

太极拳用意不用力，自始至终，绵绵不断，周而复始，循环无穷。原论所谓"如长江大河，滔滔不绝"，又曰"运劲如抽丝"，皆言其贯串一气也。

第十，动中求静

外家拳术，以跳掷为能，用尽气力，故练习之后，无不喘气者。

太极拳以静御动，虽动犹静，故练架子愈慢愈好，使则呼吸深长，气沉丹田，自无血脉贲张之弊。学者细心体会，庶可得其意焉。

田兆麟太极拳论

田兆麟

田兆麟（1891—1959），字绍先，太极拳名家。生于北京，兄妹四人，排行第二，幼年丧父，长兄走失，田兆麟便成家中唯一男丁，当时全家仅靠母亲缝补艰辛度日。八岁时，因不忍见母亲过于劳累，主动退学私塾，于自家门前设摊贩卖水果养家糊口。当时北京太极名门杨府离田兆麟家不远，杨健侯老先生经常经过田兆麟家门前，天长日久，逐渐引起老先生的关注。

1904 年，在田兆麟十三岁那年，一日，杨健侯问田兆麟是否喜欢学拳，田兆麟虽很喜欢拳术，但虑于一家生计，甚是犹豫。后经与其家人商议，从而进入杨府，与杨健侯的两个儿子杨少侯、杨澄甫同宿共餐，并由杨建侯亲自执教，三人日夜勤练太极。

1912 年，提倡健身强国运动，并首次在南京创办全国南北武术擂台赛，田奉命代表杨家参赛，一举成名。

1917 年，田兆麟尊师命正式拜帖在杨少侯门下。杨少侯素有“千手观音”之美誉，田兆麟手法多变而步法灵巧，颇有杨少侯之风格。

1921 年，田兆麟随杨少侯至杭州，此时田兆麟已尽得杨门绝技真传，一身兼谙杨氏大、中、小拳架精粹，以及推手、大捋、散手、刀、剑、枪、棍，还有杨家秘传之八段锦、闭身撇身捶、错骨分筋、点穴诸技艺。由于田兆麟曾经得到健侯以及少侯、澄甫几位明师亲传口授，功夫不同凡响，曾在杭州国术比赛擂台一举夺魁。

20 世纪 30 年代初，田兆麟在上海南市珠宝公所设馆授拳，工商界人士慕名而来者甚众。后田兆麟又在外滩公园（现称黄浦公园）设立拳场，公开授拳，历数十年之久。当时上海地区知名的太极拳高手叶大密、陆恒昌等名家皆是出自其拳场的弟子。

1956年，田兆麟任全国第一届武术大赛裁判。

1960年，逝世。

田兆麟是较早把太极拳传到南方的拳师，毕生为弘扬太极拳事业而辛勤劳作。因文化关系，本人没有著作传世，他早年的学生蔡翼中曾编著《太极拳图解》，1933年由上海吴承记书局出版。书中对田兆麟所授91式杨派太极拳式予以图解，说明练法用法，文字浅显，动作规范，拳照清晰，便于读者学习。其徒陈炎林编著的《太极拳刀剑杆散手合编》（1949年1月上海国光书局出版），介绍的拳势是按田兆麟的弟子石焕堂等人的拳照勾描出来的，拳理部分则大半源于杨健侯赠予田兆麟的《太极拳谱解》，书中对杨澄甫的“大架子”、杨健侯的“中架子”、杨少侯的“小架子”都有具体说明，这两本书基本上能代表田兆麟先生的拳术艺业，为后人留下了宝贵的文字资料。

太极拳详解

太极拳原理

太极拳主旨

以心行气，以气运身，自能从心所欲，毫无阻滞，等后天之力化尽，先天之内劲自然增长，由习惯而成自然，则一切意想力，自能支配生理作用。故曰：“势势存心揆用意，得来全不费功夫。”又云：“默识揣摩，渐至从心所欲。”

以心行气——意到气亦到

务令沉着，久则内劲增长，但非格外运气。

以气运身——气动身亦动。

气要顺遂，则身能便利从心。

心神宜内敛

不论在盘架子或推手时，心神必须专一，万不可心神散乱，否则气必散漫，益处毫无。因为太极拳的要点，全在一个“静”字。故曰：“内固精神，外示安逸。”

行气宜鼓荡

此有不许硬压丹田之意。气之行走，或沉丹田，或贴脊背，均当徐徐行之。

气以直养而无害。养先天之气，养气则顺乎自然，故无有穷尽。非运后天之气，运气则流弊甚大，是有穷尽。

周身宜轻灵

初学练架子宜慢，方能时时皆有意识引导动作俱进，并且慢则呼吸深长，气沉丹田，方不致有气脉贲张之弊。

轻：一切动作，固宜以心意为主，如举手，虽微微一动，便作一举，如无意识续示，即不再进，方谓真轻。

灵：如手由低处举高，处处作无数一举想，而时时有随意变化之妙，方谓真灵。

心为令，气为旗，腰为纛

心为主帅，身为驱使。精神能提得起，自然举动轻灵。如手足开时，心意与之俱开，合时心意与之俱合，内外一起，浑然无间，则其动犹静也(即能到虚静境界)。

心为令，如主帅发令。

气为旗，如表示其令之旗；又气如车轮。

腰为纛，如大使旗，中正不偏；又腰如车轴。

气为旗，腰为纛。腰为一身枢纽，腰动则先天之气如车轮旋转，气遍全身而不少滞，因为无处不随腰运动圆转。

动作与呼吸

动作时当呼则呼，当吸则吸；呼时先天气下沉，吸时先天气上升。故曰：“能呼吸，然后能灵活。”

眼神注视

意之所至，眼神贯之，不然意东视西，有何效用？故曰：“仰之则弥高，俯之则弥深。”

太极拳姿势

总体要求

太极拳姿势总体上要做到：根于脚，发于腿，主宰于腰，形于手指。

动作由脚、而腿、而腰、而手，宜上下相随，完整一气。其贯穿一气处，所谓：“运劲如抽丝，迈步如猫行。”进退自然得机得势，但用意不用力，始终绵绵不断，周而复始，循环无穷，如长江大河滔滔不绝，故太极拳也称长拳。

若有一处不贯穿则断，断则当旧力已尽，新力未生之际，最易为人所乘，故曰：“无使有凹凸处，无使有断续处，无使有缺陷处。”有一不动，则必致散乱。故曰：“命意源头在腰际。”

初学者宜先求开展，后求紧凑，使腰腿皆动，无微不至，然皆是意，所谓“内外相合，上下相连。”又谓：“一动无有不动，一静无有不静。”如是则于肢体任何部分，皆无偏重之虞。

个别要求

手法

分虚实：出手能分阴阳虚实，则收发均可奏效，人既不易制己，而己反易使人落空。故曰：“人不知我，我独知人。”又曰：“阴阳相济，方为懂劲。”

含折叠：往复所变之虚实，外看虽似未动，其中已有折叠。

具圆形：手随腰腿旋转，须式式含有圆形，不离太极原则。

步法

分虚实：即虚步、实步要分清。虚步，以能随意起落为度；实步，即腿弯曲而不伸直。如全身都坐在右腿，则右腿为实，左腿为虚；反之亦然。如此才能转换轻灵，毫不费力，否则迈步重滞，自立不稳。又须做川字步，即当两脚前后立时，脚尖都宜向前。

有转换：进退必须变换步法，故曰退仍是进。

躯干

含胸：胸略内涵，使气沉丹田，否则气拥胸际，上重下轻，脚跟易浮。

拔背：使气贴于背，有蓄势待发之功。

坐腕：使内劲沉稳，不至浮飘。

伸指：使内劲发出舒畅，不至滞留。

中枢

虚灵顶劲：头容正直，神贯于顶，谓之领劲。须有虚灵自然之意，不可用力，又名“顶头悬”，谓头顶如悬空中。同时宜闭口，舌抵上腭，忌咬牙怒目。

尾闾中正：尾闾宜中正，否则脊柱受影响，精神也难于上达。

立身

立身应稳如泰山。

中正：由于中枢姿势的正确。

安舒：由于周身松净。

圆满：由于精神饱满，内劲充足。

太极拳松净

松净是太极拳的一个重要原理。周身无处不松净，即在用意而不用力。意之所至，气即至焉；气之所至，身即动焉。如此则气血流注全身，毫无停滞，所谓：“意气须换得灵，乃有圆活之趣。”并且欲沉着，必须松净，故曰：“沉重不浮，静如山岳，周流不息，动若山河。”

两臂松

沉肩：使两肩松开下垂，以为沉气之助，否则两肩端起，气亦随上，全身皆不得力。

垂肘：使两肘有往下松垂之意，否则肩不能沉，近于外家之断劲。手指也宜舒展，握拳须松，才符合全身悉任自然之旨。

又手掌表示前推时，手心微有凸意，为引申内劲之助，但勿用力。

腰松

松腰则气自能沉，能使两足有力，下盘稳固。上下肢的虚实变化有不得力处，全靠腰部转动合宜，以资补救，且感觉灵活，转动便利。蹲身时注意垂臀，忌外突。

胯松

补松腰的不足。有时腰虽松净，转动仍觉不太合宜，则非同时松胯，以资补救不可。

全身松

全身松才能沉着，因此才不致有分毫拙劲滞留以自缚，自能轻灵变化，圆转自如。

太极拳应用

太极拳化劲

太极拳全尚外柔内坚之劲，具伸缩性，如铁似棉，有时坚如铁，有时柔似棉，其柔虚坚实之分，全视来势而定。彼实则我虚，彼虚则我实，实者忽虚，虚者忽实，反复无端，彼不知我，我能知彼，使人高深莫测，自然散乱，则我发劲，无不胜敌。

欲探其妙，须明了化劲之法，曰“黏”曰“走”。走以化敌，黏以制敌，二者交相为用。

黏劲

即“不丢”，不丢者，不离之谓。交手时，须黏住彼劲，即在粘黏连随处应付之，不但两手，须全身各处均能黏住彼劲。我之缓急，但随彼之缓急而为缓急，自然黏连不断，感觉彼劲，而收我顺人背之效。所谓“动极则极应，动缓则缓随”也。惟必须两臂松净，不使有丝毫拙力，方能巧合相随。否则遇彼动，便无复活之望，且有力则喜自作主张，难以处处舍己从人。

初学者戒性急，久之用劲自有似松非松、将展未展之意，自能随意应用，百无一失。

走劲

即“不顶”。不顶者，不抵抗之谓。与彼黏手时，不论左右手，一觉有重意，与彼粘处即变为虚，松一处而偏沉之；稍觉双重，即速偏沉。因彼之动作必有一方向，吾但随其方向而去，不稍抵抗，使彼处处落空，毫不得力。所谓“左重则左虚，右重则右杳”也。

初学者非大劲不走，是尚有抵抗之意，若相持不下，则力大者胜。故曰：“偏沉则随，双重则滞。”技之精者，感觉异常灵敏，稍触即知，有“一羽不能加，蝇虫不能落”之妙。练不顶法，首在用腰，腰有不足时，方可济之以胯或以步。

“粘劲”与“走劲”合而用之，则曰“化劲”。走主退，粘主进，进退相济不离，方为“入门”。进言之，由粘而听，由听而懂，由懂而走，由走而化。用走劲能使彼重心倾斜不稳，用粘劲能使彼不能由不稳复归于稳。因不丢不顶，彼之重心稳定与否，皆由我主之，彼之弱点我皆能知之，总须以静待动，随彼之动而动，所谓“彼不动，己不动；彼微动，己先动”。若用纯刚之劲，则逆而不顺，不顺则无由走，不走，则无由化。

太极拳发劲

引劲

由化劲用逆来顺受之法，先引进，然后从而制之。彼屈则我伸，彼伸则我屈，虚实应付，毫厘不爽，忽隐忽现，变化不测。以劲之动作俱作圆形，一环之中即含有无数走黏，随机应变，纯恃感觉，其要点则不外一“顺”字。我顺彼背，则彼虽有千斤之力，亦无所用，故有“四两拨千斤”之句。能引，遂后能拿，能发，故有“引进落空合即出”之句。

拿劲

引后能拿，则人身无主裁，气难行走。拿人须拿活节，如腕、肘、肩等处。拿之枢纽，全在腰腿；拿之主使，全在意气。欲能发人，必先知拿人，不能拿，即不能发，故拿较发重要。

能引、能拿，随后能发。发之不佳，多由引之不合，或拿之不准，故引拿与发有莫大关系。而发的机势、方向、时间，也颇重要。若机势确当，方向不误，时间适合，则发人犹如弹丸脱手，无往不利。其法掤、捋、挤、按、采、挒、肘、靠等，式式能发人。其用掌、拳、肘、合腕、肩、腰、胯、膝、脚，处处能击人。其劲开、合、提、沉、长、截、卷、钻、冷、断、寸、分，各劲咸能攻人。

总之，随屈就伸，逆来顺受，乘人之势，借人之力，变化无穷。其理则一，得一，则万事毕。

太极拳基本特点

1. 虚灵顶劲。
2. 眼神注视。
3. 含胸拔背。
4. 沉肩垂肘。
5. 坐腕伸直。
6. 身体中正。
7. 尾闾收住。
8. 松腰松胯。
9. 膝部如松非松。
10. 足掌贴地。
11. 分清虚实。
12. 上下相随，周身一致。
13. 内外相合，呼吸自然。
14. 用意不用力。
15. 气遍周身，分行上下（贴于脊背，沉于丹田）。
16. 意气相连。
17. 式式势顺，不拗不背，周身舒适。
18. 式式均匀（不快不慢），绵绵不断（外式如此，意与内劲亦然）。
19. 姿势无过不及，当求其中正。
20. 用法含而不露。
21. 动中求静（心静无思无虑），静中求动（内气运用）。
22. 轻则灵，灵则动，动则变。

张钦霖太极拳论

张钦霖

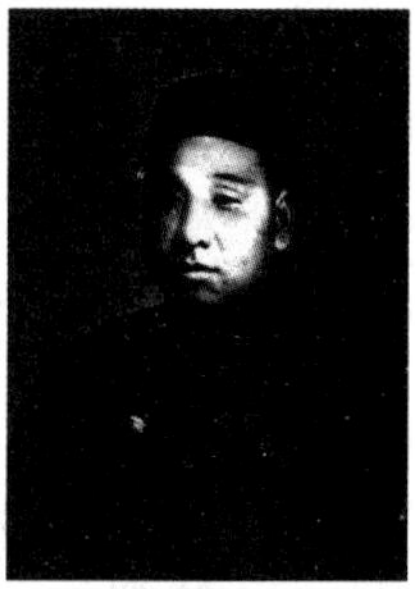
张钦霖

张钦霖（1896—1969），河北省邢台县大石头庄村人，父母早亡，家境贫寒，因喜爱武术，十四岁即至杨健侯家中为佣工，清扫庭院。偶有余闲，便从杨澄甫（健侯之子）学习太极拳法，间或与诸师兄弟相互较量，藉收切磋观摩之效（师兄弟有田兆麟、杨兆鹏、武振海、董英杰、褚桂亭等），自是技艺大进。

1914年秋季，有湖南名拳师万某，由两湖北上遍访名师问艺。有一天来到杨家门前，口口声声要与杨澄甫切磋较量，杨澄甫当时不明对方来意，未急切出手，众弟子亦茫然无所适从。时张钦霖随师在侧，毅然出阵相持，盖两拳相接时，万之手腕已为钦霖所挫，使杨家英名不坠。杨澄甫见钦霖年少气勇，机智沉着，且知爱师之诚，认为可造之才，于深夜唤之密室中，乃以祖传之秘宗授予异族，故传其拳路与众门生不同，自是真传不为人知。

后张钦霖又得理教友人之推介，得识金丹派左一峰先生，学习道家内功，练习吐纳之术，因其能与太极拳贯通运用，自是拳术更精，左一峰赐以道号“无畏”。

民国十四年，张至山西营商，时家道已跻小康。

迨至民国十八年，中央举办国术会考，由全国各省、市均推选徒手及器械各一人，至南京参加比赛。张经友人劝说报名，轻取山西省徒手冠军。在首都比试时，又获全国徒手冠军；郑曼青即于此时，向张学得推手。另有胡耀贞者，原学形意拳，人称“三省无敌”，年犹长于张，因与张比邻而居，知张已得太极真传，坚欲拜列门墙，请之再三，方得如愿。又有河北王善之、李云龙、山西刘志亮等人，先后求教师门，亦仅学得推手，未能尽其所传。

张钦霖一生中先后共收七位弟子，即王善之、郑曼青、胡耀贞、刘志亮、苏起赓、王延年、李云龙；其中胡耀贞、王延年、郑曼青、李云龙四位门生均有建树。

张钦霖所传太极拳与其师杨澄浦不同。他把左一峰所传“金丹派”内功与太极拳融为一体，“俾学者可藉先天呼吸，能收延年益寿之奇效”，形成了自己独特的风格。

新中国成立初期，周恩来、贺龙等领导都曾看过张钦霖的太极拳表演。1960年，张钦霖随女儿、女婿回到宁晋县郝庄村养老。张钦霖道德高尚，一生轻财重艺，视拳如珍宝，去世时身无余财，家无长物，只留下了一套与世不同的太极拳套路和习练方法。

哈气便走歌

立身中正神内藏，松腰落胯撑圆裆。
形神内外弥六合，手中八卦似捧香。
太极之道寓万象，阳中阴来阴中阳。
脚下五行妙变化，腰腿微错敌已伤。
先贤之言金石良，留与后人细参详。
依法修行莫懈怠，哈气便走术中王。

陈微明太极拳论

陈微明

陈微明

陈微明（1881–1958），著名武术家，又名慎先，湖北省蕲水县（今浠水）人，清光绪二十八年（1902年）壬寅科举人，曾任清史馆纂修。1915年从孙禄堂精习形意、八卦等拳艺；后从杨澄甫专习杨式太极拳8年，并得到杨健侯亲自指点，深得杨式太极之精髓，明杨式拳之势、理、法、诀。

乙丑年(1925年)，陈微明先生南下上海，于宁波同乡会内创办致柔拳社，传授太极、八卦、形意诸拳，主要推广杨式太极拳。沪上名人王一亭、聂云台等均来就学。并集结多年习拳心得，于同年出版《太极拳讲义》《太极拳问答》二书；此二书堪称早年所出版之杨式太极拳诸书中，最具权威之著作，内并有澄甫先生早年拳架照片，可谓是弥足珍贵。太极拳能从北京南传至上海、广州等地，与陈微明积极推广宣传息息相关，陈先生应居首功。

陈微明先生性情豁达，胸怀坦荡，无门户之见，常邀吴鉴泉、杨健侯、杨澄甫、孙禄堂等到致柔拳社任教，人称“好好先生”。1931年曾为国术团体筹组联合委员会起草会章。1942—1943年亲任致柔拳社社长。1948年由台湾回大陆，介绍台湾同胞学习太极拳情况，为两岸武术交流作出了很大的努力。可以说陈微明先生是一位文武兼备的优秀武术家，为太极拳的推广和发扬做出了杰出的贡献。

太极合老说

老子曰：“常无欲以观其妙，常有欲以其观其徼。”

与之黏随，观其化之妙，忽然机发，是谓观其徼。

老子曰：“有无相生，前后相随。”

是谓左重则左虚，右重则右杳；进之则愈长，退者则愈促。

老子曰：“天地之间，其犹橐龠乎？”

虚而不屈，动而愈出，故太极无法，动即是法。

老子曰：“绵绵若存，用之不勤。”

绵绵若存者，内固精神；用之不勤者，外示安逸。

老子曰：“后其身而身先，外其身而身存。”

后其身而身先者，彼不动，己不动，彼微动，己先动也；外其身而身存者，由己则滞，从人则活也。

老子曰：“上善若水。居善地，心善渊，事善能，动善时；夫惟不争，故无尤。”

居善地者，得机得势；心善渊者，敛气敛神；事善能者，随转随接；动善时者，不后不先。太极之无敌惟不争耳。

老子曰：“抱一，能无离乎？专气致柔，能婴儿乎？”

是谓极柔而至刚，万法而归一。

老子曰：“曲则全，枉则直。”

是谓曲中求直，蓄而后发。

老子曰：“将欲歙之，必固张之；将欲弱之，必固强之；将欲夺之，必固与之。是谓微明。”

太极黏连绵随，不与之抗。彼张我歙，彼强我弱，彼夺我与，然后能张能强能夺。

老子曰：“反者道之动。”

故有上必有下，有前必有后，有左必有右。

老子曰：“天下之至柔，驰骋天下之至坚。无有入于无间。”又曰：“不争而善胜，不召而自来。”

是谓引进落空，四两拨千斤也。

第四卷 武式太极拳传谱汇集

武禹襄太极拳论

武禹襄

武禹襄

武河清(1812—1880)，字禹襄，号廉泉，清代直隶广平府人，为武氏太极拳创始人。禹襄曾祖静远以武庠生授卫千总职；祖父大勇，弱冠游武摩；父烈，邑摩生。长兄澄清，举人，官河南舞阳县知县；次兄汝清，进士，官刑部四川司员外郎。伯仲三人幼受家教，均学文习武。

约1850年，同乡杨露禅（1799—1872）自河南温县陈家沟学艺返乡，禹襄兄弟爱其术而从学，得其大概。1852年禹襄先生亲赴河南，从温县赵堡镇陈清平学习太极拳月余，得其精妙，并从长兄武澄清处得王宗岳《太极拳谱》，读后大悟。在钻研太极拳不同拳架的基础上，结合《太极拳谱》之精华，通过自身练拳之体会，融会贯通，功臻化境。并集毕生之体会，创出姿势紧凑，动作舒缓，身法端正，步法轻灵，内气潜转，以气成式的太极练法。此太极拳式既不同于陈式老架和新架，也不同于杨氏大架和小架，无一虚招，自成一派，后人称之为“武氏太极拳”。

武式太极拳，手不过眉，足不远出；双手各管半边身子，互不逾越；讲究内外三合；进退须有折叠，以内潜之气支配外形；与人交手，注重接劲打劲。拳势讲究起、承、开、合，动作连贯顺随，要求“神宜内敛”，

“先在心、后在身”，“以心行气，以气运身，意动身随，意动气随，意到气亦到”，最终达到意、气、势三者合一。武式太极拳因其拳架朴实无华，走架时脚后跟有很多拧脚的动作，一次拧脚就出现一朵梅花，所以一套拳架走完，地上会出现朵朵梅花，因此被世人誉为“干枝老梅”。

武禹襄先生一生精研太极拳，诚笃务实，不尚空谈，首创试验之法，每招大力乡勇以自验其技，并将其心得反复笔录修订，故拳式中式式可用，无一空架，无一虚招。武氏一生虽然研究太极拳术最为精深，但终身均以教读自任，故其拳传人较少，仅传其甥李亦畬、李承纶，而尤以李亦畬拳艺为最精。

杨露禅曾把其子杨班侯送到禹襄处念书，禹襄对班侯的评价是“读书不甚聪敏，习拳则颇有颖悟”。所以名震京城的班侯拳技，除了得其父之真传外，也曾受教于禹襄先生。

武禹襄终生研究太极拳，及至到老，病卧床榻，犹为侍疾者讲论拳术，孜孜不倦。

武氏论著较多，先后著有《十三式行功要解》《太极拳解》《太极拳论要解》《十三式说略》《四字秘诀》《打手撒放》《身法八要》等。武氏著作皆根据其自身体验而写成，微言大义，直指真诠，所以已故著名武术家顾留馨先生称武氏著作为“简练精要，无一浮词”。

太极拳解

身虽动，心贵静，气须敛，神宜舒。心为令，气为旗，神为主帅，身为驱使。刻刻留意，方有所得。先在心，后在身。在身，则不知手之舞之，足之蹈之，所谓一气呵成、舍己从人，引进落空，四两拨千斤也。

须知一动无有不动，一静无有不静，视动犹静，视静犹动，内固精神，外示安逸。须要从人，不要由己，从人则活，由己则滞。尚气者无力，养气者纯刚。

彼不动，己不动；彼微动，己先动。以己依人，务要知己，乃能随转随接；以己粘人，必须知人，乃能不后不先。

精神能提得起，则无双重之虞；粘依能跟得灵，方见落空之妙。往复须分阴阳，进退须有转合。机由己发，力从人借。发劲须上下相随，乃能一往无敌；立身须中正不偏，方能八面支撑。静如山岳，动若江河。迈步如临渊，运劲如抽丝，蓄劲如张弓，发劲如放箭。

行气如九曲珠，无微不到；运劲如百炼钢，何坚不摧。形如搏兔之鹄，神如捕鼠之猫。曲中求直，蓄而后发。收即是放，连而不断。

极柔软，然后能极坚刚；能粘依，然后能灵活。气以直养而无害，劲以曲蓄而有余。渐至物来顺应，是亦知止能得矣。

十三式行功要解——打手要言

解曰：

以心行气，务沉着，乃能收敛入骨。（所谓命意源头在腰隙也。）

意气须换得灵，乃有圆活之趣。（所谓变转虚实须留意也。）

立身中正安舒，支撑八面，行气如九曲珠，无微不到。（所谓气遍身躯不稍痴也。）

发劲须沉着松静，专注一方。（所谓静中触动，动犹静也。）

往复须有摺叠，进退须有转换。（所谓因敌变化是神奇也。）

曲中求直，蓄而后发。（所谓势势存心揆用意，刻刻留心在腰间也。）

精神能提得起，则无迟重之虞。（所谓腹内松静气腾然也。）

虚灵顶劲，气沉丹田，不偏不倚。（所谓尾闾正中神贯顶，满身轻利顶头悬也。）

以气运身，务顺遂，乃能便利从心。（所谓屈伸开合听自由也。）

心为令，气为旗，神为主帅，身为驱使。（所谓意气君来骨肉臣也。）

十三势行功心解

以心行气，务令沉着，乃能收敛入骨。以气运身，务令顺遂，乃能便利从心。

精神能提得起，则无迟重之虞，所谓头顶悬也。意气须换得灵，乃有圆活之趣，所谓变转虚实也。

发劲须沉着松静，专注一方。立身须中正安舒，支撑八面。行气如九曲珠，无往不利（气遍身躯之谓）。运动如百炼钢，无坚不摧。

形如搏兔之鹄，神如捕鼠之猫。静如山岳，动如江河。蓄劲如开弓，发劲如放箭。曲中求直，蓄而后发。

力由脊发，步随身换。收即是放，断而复连。往复须有折迭，进退须有转换。

极柔软，然后极坚刚。能呼吸，然后能灵活。气以直养而无害，劲以曲蓄而有余。

心为令，气为旗，腰为纛。先求开展，后求紧凑，乃可臻于缜密矣。

太极拳论要解

先在心，后在身，腹松，气敛入骨，神舒体静，刻刻存心。

切记一动无有不动，一静无有不静；视静犹动，视动犹静，动牵往来，气贴背，敛入脊骨，要静。

内固精神，外示安逸；迈步如猫行，运劲如抽丝。

全身意在蓄神，不在气，在气则滞；有（尚）气者无力，无（养）气者纯刚。

气如车轮，腰如车轴。

又曰：

彼不动，己不动；彼微动，己先动。似松非松，将展未展，劲断意不断。

十三势说略

每一动，惟手先着力，随即松开，犹须贯串，不外起承转合。始而意动，既而劲动，转接要一线串成。

气宜鼓荡，神宜内敛。无使有缺陷处，无使有凹凸处，无使有断续处。其根在脚，发于腿，主宰于腰，形于手指。由脚而腿而腰，总须完整一气，向前退后，乃得机得势；有不得机势处，身便散乱，必至偏倚，其病必于腰腿求之。上下前后左右皆然。

凡此皆是意，不是外面。有上即有下，有前即有后，有左即有右，如意要向上，即寓下意，若物将掀起，而加以挫之之力，斯其根自断，乃坏之速而无疑。

虚实宜分清楚，一处自有一处虚实，处处总此一虚实，周身节节贯串，勿令丝毫间断。

身法八要

涵胸、拔背、裹裆、护肫、提顶、吊裆、腾挪、闪战。

四字密诀

敷 敷者，运气于己身，敷布彼劲之上，使不得动也。

盖 盖者，以气盖彼来处也。

对 对者，以气对彼来处，认定准头而去也。

吞 吞者，以气全吞，入于化也。

此四字无形无声，非懂劲后，练到极精地位者，不能知全。是以气言，能直养其气而无害，始能施于四体。四体不言而喻矣。

打手撒放

掤（上平）、业（入声）、噫（上声）、咳（入声）、呼（上声）、吭、呵、哈

武澄清太极拳论

武澄清

武澄清(1800—1884)，字霁宇，号秋瀛，进士出身，主讲秀洺书院，

成材甚多；曾任河南舞阳县知县，清正廉洁，政声远播，深得民心，去官之日，县民为之立石颂德。武澄清为武式太极拳创始人武禹襄的哥哥，载有《太极拳论》《十三势行功歌》等文章的手抄本，就是他在舞阳任上时发现并收集的。他原习武氏家传武艺，后亦习太极拳。他于舞阳县北舞渡盐店获得山西王宗岳《太极拳谱》，将其赠与胞弟禹襄带回永年研究，可以说，他所收集到的王宗岳拳谱为武禹襄先生日后创立武式太极拳是功不可没的。

在太极拳研究上，武澄清亦颇有心得，先后著有《释原论》《打手论》等文。其中《释原论》是最早解释王宗岳《太极拳论》之作，虽言简意赅，但皆阐发精到，说理透彻；其文对太极拳研究的学术意义也非常之大，同时其论述也是研究早期太极拳理论思想非常珍贵的文字资料之一。

释原论

动之则分，静之则合。

分，谓阴阳分；合，谓阴阳合；太极之形，如此分合，皆谓己而言。

人不知我，我独知人。

懂劲之谓也，揣摩日久自悉矣；引劲落空，四两拨千斤；合即拨也，此字能悟，真有夙慧者也。

左重、右重、仰之、俯之、进之。

是谓人也。

左虚，右杳，弥高，弥深，愈长。

是谓己，亦谓人也。虚，杳，高，深，长，人觉如此；我引其落空也。

退之则愈促。

乃人退我进，促迫彼无容身之地，如悬崖勒马，非懂劲不能走也。

偏沉则随，双重则滞。

是比活似车轮而言，乃己之谓也。

一边沉则转，两边重则滞，不使双重，即不为人制矣，是言己之病也。

硬则如此，软则随。

随则舍己从人，不致胶柱鼓瑟矣。

打手论

初学打手，先学搂、按、肘。此用搂，彼用肘；此用按，彼用搂；此用肘，彼用按。二人一样，手不离手，互相粘连，来往循环，周而复始，谓之“老三着”。

以后高势、低势，渐渐增多，周身上下，打着何处，何处接应，身随劲（己之劲）转。论内劲，不论外形。此打手摩练之法，练得纯熟时，能引劲（人之劲）落空合（拨也）即出，则艺业成矣。

然非懂劲（此“劲”字兼言人、己）不能。人之劲怎样来，己之劲当怎样引，此中巧妙，必须心悟，不能口传。

心知才能身知，身知胜于心知。徒心知尚不能适用，待到得身知，方为懂劲。懂劲，洵不易易也。

注：搂，本音楼，牵也。又，龙珠切，拽也，挽使伸也，俗音吕。

八法打手歌

掤捋挤按须认真，采挒肘靠就屈伸；
进退顾盼与中定，粘连黏随显实分；
手脚相随腰腿整，引进落空妙入神；
任他巨力向前打，牵动四两拨千斤。

武汝清太极拳论

武汝清

武汝清（1804—1887），字酉堂，号兰畹，道光庚子（1840年）进士。官四川员外郎，为人廉正。时曾国藩署刑部侍郎，谓某大臣曰：“武某清正，若辈不如也。”其与兄及弟有“三武”之称，其德行才学皆为时人所称道。八十四岁卒于故里。

汝清亦善太极拳术，并著有拳论传世。另外，也是他首荐乡友杨露禅于京西小府张宅及旗营教拳，才使杨氏之拳艺流传于京城，进而闻名于世。其举荐之义，对太极拳的传播发展，可谓是功不可没。

太极拳论

夫拳名太极者，阴阳，虚实也。阴阳明，然后知进退。进固是进，进中有退，退步仍是进，退中隐有进机。此中转关，在于身法。

虚领顶劲，则精神提得起；气沉丹田，而裹裆护肫，则周转便捷。

肘宜曲，曲而能伸，伸则支撑得势；膝宜曲蓄，蓄而后发，则发劲有力。

至与人交手，手先着力，只听人劲。务要由人，不要由己；务要知人，不要使人知己。知人由上下、前后、左右，自能引进落空，则人背我顺。此中转关，在于松肩，主宰于腰，立根在脚，但听命于心。一动无有不动，一静无有不静，上下一气，即所谓立如枰準，活似车轮，支撑八面，所向无敌。

人劲将来，未能发出，我既打去，谓之打闷劲；人劲已到，我早静待，着身便随打去，所谓打来劲；人劲已落空，将欲换劲，我随打去，此谓打回劲。由此体验，留心揣摩，自能从心所欲，阶及神明焉。

太极拳工劲用法

肘宜曲，曲则能伸，则支撑得势；膝宜曲蓄，蓄而后发，则发劲有力。

至与人交手，手先着力，只听人劲。务要知人，不要使人知己。知人则上下、前后、左右自能引劲落空，则人背我顺。此中转关，在于松肩，主宰于腰，立根在脚，但听命于心。

人劲将来，未能发出，我即打去，谓之打闷劲。

人劲已动，我早静待，着身便即打去，所谓打来劲。

人劲已落空，将欲换劲，我随打去，此谓之打回劲。由此体验，留心揣摩，自能从心所欲，阶及神明焉。

李亦畬秘传太极拳论汇集

李亦畬

李亦畬

李亦畬（1832年9月—1892年11月），名经纶，字亦畬。河北永平人。咸丰元年（1851年）为岁贡生，候选训导，同治举人。亦畬先生是继太极哲人武禹襄后，为太极拳理论与实践的发展作出杰出贡献的一代宗师。

李先生性敏慧，工小楷，得其书者，多珍而宝之。父名世馨，字诒斋，同治间军兴永年修城竣池，举办团练，世馨助之力为多。亦畬有弟三人，长弟承纶，字启轩，光绪元年乙亥（1875年）举人，勤著述，好考古；次弟曾纶，字省三；三弟兆纶。亦畬和启轩皆从其母舅武禹襄习太极拳，以亦畬最有成就，启轩次之。

1853年亦畬年二十二，始从刚由河南之行返里的武禹襄母舅习拳，一经学习即兴趣盎然，精心钻研，以至竟放弃仕进，身体力行数十年而能神乎其技，功臻化境，成为武式太极拳承上启下的一代宗师。

亦畬躯干短小，目近视，而数十年纯功，始于守中，中于行气，归于凝神致虚。以虚灵为体，以因循为用，比手时变脸变色，静以待动，当之者辄腾空而出，应手而仆，六神无主，莫能自持。

亦畬对拳艺潜心默识，悉心体认，仿其母舅禹襄总结体会之法，日常心得随时记录，粘贴于墙壁，精益求精，反复修订，最后将其体会整理成文。所阐述之拳论皆从身体力行之经验总结而来，所以无一浮词，言简意赅，直露真诠。亦畬为了便于学习，特将其中之“心静、身灵、气敛、劲整、神聚”各要点编为《五字诀》，同时还著有《撒放秘诀》《走架打手行工要言》等其他太极拳精论。

1881年，他将王宗岳、武禹襄拳论并参以己作，汇而辑之，手抄三本，一本自藏，一本交胞弟启轩，一本交门人郝和，后人称之为“老三本”。此谱为迄今为止发现最早的太极拳理论文献集成，其文所阐之妙义微言一直以来都被太极拳界奉为圭旨，广而传之。

亦畬先生拳艺精湛，名震一方，拜门者众。如清河、磁州、临清、彰德与本境人士均从其学，其最有心得者，如葛福来、葛顺成、姚洛朝、李洛同、魏庆祥，本境则以郝和、王明德尤为精巧。子宝廉、宝让亦习是术。

太极拳小序

太极拳不知始自何人，其精微巧妙，王宗岳论详且尽矣。后传至河南陈家沟陈姓，神而明者，代不数人。

我郡南关杨某，爱而往学焉。专心致志，十年有余，备极精巧。旋里后，市诸同好，母舅武禹襄见而好之，常与比较，伊不肯轻易授人，仅能得其大概。

素闻豫省怀庆府赵堡镇，有陈姓名清平者，精于是技。逾年，母舅因公赴豫省，过而访焉；研究月余，而精妙始得，神乎技矣。

予自咸丰癸丑，时年二十余，始从母舅学习此技。口授指示，不遗余力。奈予质最鲁，廿余年来，仅得皮毛，窃意其中更有精巧。兹仅以所得笔之于后，名曰五字诀，以识不忘所学云。

光绪辛巳中秋念六日亦畬氏谨识

十三势架

懒扎衣、单鞭、提手上势、白鹅亮翅、搂膝拗步、手挥琵琶势、搂膝拗步、手挥琵琶势、上步搬拦捶、如封似闭、抱虎推山、单鞭、肘底看捶、倒辇猴、白鹅亮翅、搂膝拗步、三甬背、单鞭、纭手、高探马、左右起脚、转身踢一脚、践步打垂、翻身二起、披身、踢一脚、蹬一脚、上步搬拦捶、如封似闭、抱虎推山、斜单鞭、野马分鬃、单鞭、玉女穿梭、单鞭、纭手、下势、更鸡独立、倒辇猴、白鹅亮翅、搂膝拗步、三甬背、单鞭、纭手、高探马、十字摆连、上步指裆垂、单鞭、上步七星、下步跨虎、转脚摆连、弯弓射虎、双抱捶、手挥琵琶势。

十三刀

按刀、青龙出水、风卷残花、白云盖顶、背刀、迎坟鬼迷、振脚提刀、拨云望日、避刀、霸王举顶、朝天一炷香、拖刀败势、手挥琵琶势。

十三杆

掤一杆、青龙出水、童子拜观音、饿虎扑食、拦路虎、拗步、斜劈、风扫梅花、中军出队、宿鸟归巢、拖杆败势、灵猫补鼠、手挥琵琶势。

四刀法

裹剪腕、外剪腕、挫腕、撩腕。

四枪法

平刺心窝，斜刺膀尖，下刺脚面，上刺锁项。

以上刀法、枪法，务要身法不散，讲究跟劲。

五字诀

一曰心静

心不静则不专，一举手，前后左右全无定向，故要心静。

起初举动未能由己，要息心体认，随人所动，随屈就伸，不丢不顶，勿自伸缩。

彼有力，我亦有力，我力在先；彼无力我亦无力，我意仍在先；要刻刻留心，挨何处，心要用在何处，须向不丢不顶中讨消息。从此做去，一年半载，便能施于身。此全是用意，不是用劲，久之则人为我所制，我不为人制矣。

二曰身灵

身滞，则进退不能自如，故要身灵。举手不可有呆像，彼之力方碍我皮毛，我之意已入彼骨里。两手支撑，一气贯穿。左重则左虚，而右已去；右重则右虚，而左已去。气如车轮，周身俱要相随，有不相随处，身便散乱，便不得力，其病于腰腿求之。

先以心使身，从人不从己。后身能从心，由己仍是从人。由己则滞，从人则活。能从人，手上便有分寸。秤彼劲之大小，分厘不错。权彼来之长短，毫发无差。前进后退，处处恰合。功弥久而技弥精矣。

三曰气敛

气势散漫，便无含蓄，身易散乱。务使气敛入脊骨，呼吸通灵，周身罔间。

吸为合、为蓄；呼为开、为发。盖吸则自然提得起，亦拏得人起；呼则自然沉得下，亦放得人出。此是以意运气，非以力使气也。

四曰劲整

一身之劲，练成一家。分清虚实，发劲要有根源；劲起于脚跟，主于腰间，形于手指，发于脊背；又要提起全副精神，于彼劲将出未发之际，我劲已接入彼劲，恰好不后不先，如皮燃火，如泉涌出；前进后退，无丝毫散乱，曲中求直，蓄而后发，方能随手奏效；此谓“借力打人，四两拨千斤”也。

五曰神聚

上四者俱备，总归神聚。神聚则一气鼓铸，炼气归神，气势腾挪，精神贯注，开合有致，虚实清楚。左虚则右实，右虚则左实；虚非全然无力，气势要有腾挪；实非全然占煞，精神要贵贯注；紧要全在胸中腰间运化，不在外面。

力从人借，气由脊发。胡能气由脊发？气向下沉，由两肩收于脊骨，注于腰间，此气之由上而下也，谓之合；由腰行于脊骨，布于两膊，施于手指，此气之由下而上也，谓之开。合便是收，开即是放。

能懂开合，便知阴阳。至此地位，功用一日，技精一日，渐至从心所欲，罔不如意矣。

走架打手行工要言

昔人云，能引进落空，能四两拨千斤；不能引进落空，不能四两拨千斤。语甚赅括，初学者未由领悟，予加数语以解之，俾有志斯技者，得所从入，庶日进有功矣。

欲要引进落空，四两拨千斤，先要知己知彼；欲要知己知彼，先要舍己从人；欲要舍己从人，先要得机得势；欲要得机得势，先要周身一家；欲要周身一家，先要周身无有缺陷；欲要周身无缺陷，先要神气鼓荡；欲要神气鼓荡，先要提起精神，神不外散；欲要神不外散，先要神气收敛入骨；欲要神气收敛入骨，先要两股前节有力，两肩松开，气向下沉。

劲起于脚根，变换在腿，含蓄在胸，运动在两肩，主宰在腰，上于两膊相系，下于两腿相随；劲由内换，收便是合，放即是开；静则俱静，静是合，合中寓开；动则俱动，动是开，开中寓合；触之则旋转自如，无不得力，才能引进落空，四两拨千斤。

平日走架，是知己工夫。一动势，先问自已周身合上数项不合，少有不合，即速改换，走架所以要慢不要快。

打手是知人工夫。动静固是知人，仍是问己，自己安排得好，人一挨我，我不动彼丝毫，趁势而入，接定彼劲，彼自跌出；如自己有不得力处，便是双重未化，要于阴阳开合中求之。所谓知己知彼，百战百胜也。

胞弟启轩尝以球譬之，如置球于平坦，人莫可攀跻，强临其上，向前用力——后跌，向后用力——前跌。譬喻甚明，细揣其理，非舍己从人、一身一家之明证乎？得此一譬，引进落空、四两拨千斤之理，可尽人而明矣！

撤放密诀

擎、引、松、放

擎起彼身借彼力（中有灵字），引到身前劲始蓄（中有敛字），

松开我劲勿使屈（中有静字），放时腰脚认端的（中有整字）。

擎、引、松、放四字，有四不能：

脚手不随者不能。

身法散漫者不能。

身不成一家者不能。

精神不团聚者不能。

欲臻此境，须避此病，不然终身由之，莫得其妙矣。

虚实图解

第一圖

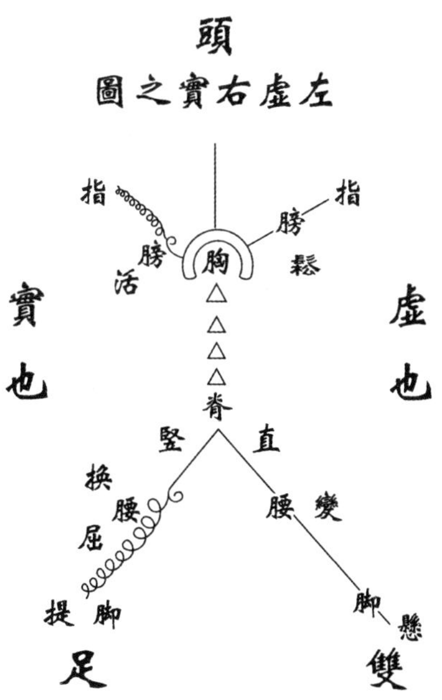

第二圖

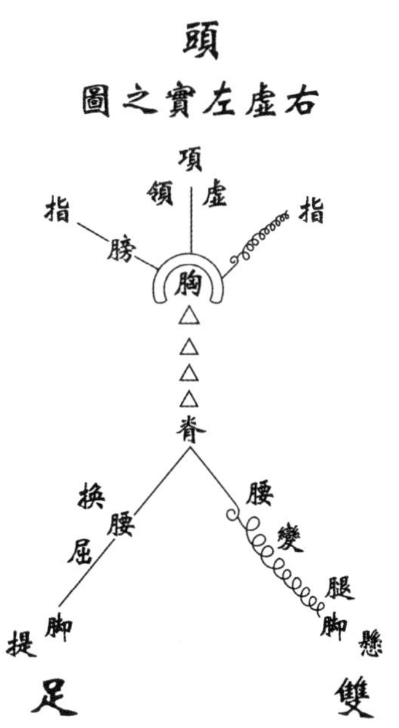

实非全然站煞，实中有虚；虚非全然无力，虚中有实。上图举一身而言，虽是虚实之大概，究之周身，无一处无虚实，又离不得此虚实；总要联络不断，以意使气，以气运劲，非身子乱挪，手脚乱换也。

虚实，即是开合。走架打手，着着留心，刻刻留意，愈练愈精，功弥久，技弥巧尚矣。

身备五弓图解

五弓者，上有两膊，下有两腿，中有腰脊，总称五弓。五弓者，总归一弓。一弓张，四弓张；一弓合，四弓合；五弓为一弓，才好实用。

大弓张，四弓张；大弓合，四弓合。总须节节贯穿，一气呵成，方能人为箭，我为弓。

附：此图为后人所绘，不一定正确，是否为原图亦值得商榷，仅供参考。

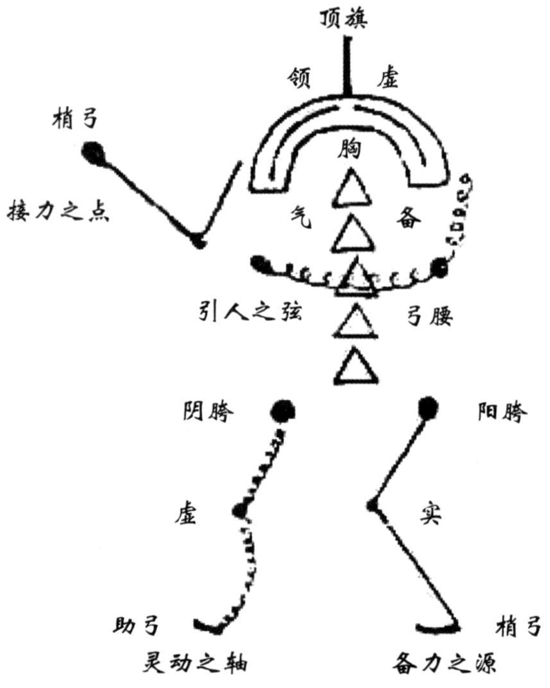

太极拳五弓图释

武式打手法

两人对立，作双搭手（即左手咬腕，右手扶肘；或右手咬腕，左手扶肘），搭手之足（左手搭手则左足；右手搭手即右足）在前，一进一退（进者先进前足，退者先退后足），至末步（即第三步），退者收前足成虚步，进者跟后足成跟步。

换手时，搭腕之手不动，扶肘之手由上而换。如此进退搭换，循环不已。练发劲时，一般皆在应退步而不退时作准备。

练熟后，前进、后退，都可化发。进用按挤，退用掤捋。

一字定军诀

涌（下），源渊不断，力源久远。

壮（中），气海坚实，丹田充沛。

飘（上），着力轻灵，用力圆活。

解曰：底气足、中气运、上气灵，三气合一，方能着手奏效也。

太极拳体用歌

妙哉太极拳，运行法自然。看着太极图，绵绵如玉环。
浑身如一气，上下无斜偏。迈步如猫行，运气把丝盘。
一动无不动，一静俱寂然。上要顶头悬，下气沉丹田。
松肩与沉肘，拔背把胸含。尾闾要正中，体松气腾然。
用意不用力，持腰把身翻。根在脚上升，腿腰认端的。
劲由脊中发，膀臂到指尖。伸筋与拔骨，坐腕展指端。
手指觉微胀，气到体自显。此全是心意，莫当拙力言。
虚实分清楚，刚柔随变迁。阴阳要相济，往返须转变。
气随势鼓荡，神要内中敛。动从静中升，虽动静犹然。
神领气随到，腰动掌腕连。步随势变化，手眼照当前。

快慢随人动，单沉势勿延。不丢与不顶，势势要领先。
引进落空后，发劲似涌泉。四两拨千斤，胜他金刚汉。

十三式歌

十三总式诀，自古少人学。有缘深造化，破格为君说。
掤臂要圆活，出手问知觉。敌空我使挤，敌实沉肘拨。
由外斜掤上，后仰站不着。捋按掤臂后，松肩转腰肋。
捋着随化走，诱敌入空穴。挤多偏莫用，下沉敌惊愕。
转动向前打，远侧地平坡。按中要带合，先下后回折。
上转再前按，丈外把敌挫。采必用实力，过轻无效果。
从上先沉下，平采身旁过。挒打平旋转，快刀斩额脖。
迫近来打我，挒手为先着。肘在近处使，屈臂指胸肋。
敌若按我肘，开花无处躲。靠先找三角，插裆眼下斜。
腰身一起转，送他见阎罗。进步抢中宫，逼势人难容。
相近上半步，免被敌人乘。退步先后擦，寻隙无踪影。
顾在三前使，盼在七星用。中土不离位，涵胸把腰松。
细体十三式，式式妙无空。

八字诀

掤臂斜出月上弦，前臂微拱后掌圆。对方斤两有多少，掤臂触之似秤盘。
敌劲出头我封采，对方凹陷我挤先。上下浑身一团气，犹如长蛇摸地盘。
捋手好似鹿回头，掌高手低势自由。神意全在掌中现，腰腿一致顺水舟。
粘黏不离中土位，捋中带引是要由。有捋无挤空自捋，无捋有挤枉出头。
挤手打出赛拱桥，斜中带摸意气豪。逢按打挤先捋化，引进落空单臂找。
拱桥闭着敌膀臂，先沉后前势无绕。挤又从捋先引进，捋后无挤是空着。
打按好似虎扑羊，腰腿手臂各相当。先沉后带再按出，定将敌人掷当阳。
按掤捋化须注意，肘不过膝略无妨。对方撤步来采我，进步肘靠将敌伤。
采似猿猴摘仙桃，沉后斜带引敌讨。退步采腕要老辣，不倾不脆枉徒劳。

无论掤按与拳掌，采用遇之似冰消。用采切防敌肘靠，守着中宫任意抛。
挒打横劲出惊弹，避开中门走螺旋。单手平扫敌颈顶，手似快马摧磨转。
挒手还须挒手破，彼以礼来我礼还。肩随腰转龙转身，切忌迟呆不天然。
肘打好似牛低头，开花连环任自由。此是近取一辣手，远距用之气人羞。
对方封采随势用，肘指肋胁一命休。用肘最怕琵琶式，遇之转身找咽喉。
进步打靠赛游龙，靠腿直入敌裆中。由下斜上急转身，肩打敌胸不容情。
切忌一腿不顶(钉)住,致使对方有余容。靠打多由采手变,敌闪我采招法成。

神气运行歌

气如长江水，滔滔向东流。来自涌泉穴，路经脊背过。
来到泥丸宫，回到印堂阙。心意将气领，从不稍离别。
譬如右拳举，意气到臂腋。随劲意气到，觉之到肘窝。
顺势一反拳，气到内关穴。右拳前按出，掌心微突越。
气经掌阴面，直到五指尖。单双皆一样，手足无二般。
只能举一隅，应以三隅反。照此练下去，周身一线穿。
心意导气力，肢体动周全。一动无不动，一静俱寂然。
一快无不快，一慢皆迟缓。呼合发放出，吸开归丹田。
行如九曲珠，处处运周全。切忌行太速，由脊跳指尖。
未经步步点，未经各各关。定要按步走，内外合天然。
心意力调合，久练自过关。一年复一年，金刚铁罗汉。

意气为君，骨肉为臣，腰腿为主帅，手掌为先锋，眼神、皮肤为侦探。君令臣使，将令君使，侦察速报与军将，军将命令与臣军。主从相依，上下相随，浑身一气。

乱环歌

圆里乾坤大，粘黏日月长。
阴阳百变化，刚柔任消长。
粘黏亦是圆，乱环无丢抗。

脚随手进步，腰腿全主张。
上下相随和，运化在两掌。
前后与左右，随机任端详。
出掌摸前胸，乱环势难挡。
动摇敌根本，一发气远扬。
敌若用挑手，采按不离行。
敌若手按下，随下再升堂。
我上莫忘采，敌旁封闭忙。
左右无参差，出手显高强。
太极真玄妙，乱环术中王。

太极散手赞

祖师传我真妙法，刚柔虚实随机变。
个中有语细参求，表里精粗问根由。
彼欲来势我引进，彼欲出时我逐中。
虚中无实不为虚，实中无虚枉出头。
虚实随机变，妙在圆中求。
挤时可捋化，迫近出挒手。
采按互变化，攻手有来由。
周身如一气，浑如太极球。
处处有引进，满身都是手。
攻守不分明，虚实无凭证。
恍如中元月，光霞照九州。
练到虚无处，无攻亦无守。

李启轩太极拳论

李启轩

李启轩

李启轩(1835—1899)，名承纶，字启轩。出身书香门第，广府西大街举人李世馨之次子，光绪乙亥年（1875 年）恩科举人，己丑科（1889 年）大挑二等，候选训导。

启轩勤于著述，喜爱考据之学，淡泊名利，无意仕途。与兄亦畬同学太极拳于母舅武禹襄，终生研习，遂臻神明之境。与杨班侯为多年好友，同学于其母舅处，私下常相比试交流，共同研究揣摩，曾将“王宗岳拳论”及武禹襄等人秘传之拳论抄赠班侯以供其研究学习。

其拳论流传下来的有《敷字诀解》《各势白话歌》，并得兄手抄之太极拳谱一册，史称“启轩本”。

因李家世代诵读为业，不以教拳为生，传其艺者，仅清河葛顺成与南宫马静波，而尤以清河葛顺成得其精妙，拳艺最精。有三子宝琛、宝箴、宝恒，俱为庠生，皆精太极拳。

敷字诀解

敷，所谓一言以蔽之也。人有不习此技，而获闻此诀者，无心而白于余，始而不解，及详味之，乃知敷者，包获周匝，人不知我，我独知人，气虽尚在自己骨里，而意恰在彼皮里膜外之间，所谓气未到，而意已吞也。妙绝！妙绝！

各势白话歌

提顶吊裆心中悬，松肩沉肘气丹田。裹裆护肫须下势，涵胸拔背落自然。
初势左右懒扎衣，双手推出拉单鞭。提手上势望空看，白鹅亮翅飞上天。
搂膝拗步往前打，手挥琵琶躲榜边。搂膝拗步重下势，手挥琵琶又一番。
上步先打迎面掌，搬拦捶儿打胸前。如封似闭往前按，抽身抱虎去推山。
回身拉成单鞭势，肘底看捶打腰间。倒撵猴儿重四势，白鹤亮翅到云端。
搂膝拗步须下势，收身琵琶在胸前。按势翻身三甬背，扭颈回头拉单鞭。
纭手三下高探马，左右起脚谁敢拦。转身一脚栽捶打，翻身二起踢破天。
披身退步伏虎势，踢脚转身紧相连。蹬脚上步搬拦打，如封似闭手向前。
抱虎推山重下势，回头再拉斜单鞭。野马分鬃往前进，懒扎衣服果然鲜。
回身又把单鞭拉，玉女穿梭四角全。更拉单鞭真巧妙，纭手下势探清泉。
更鸡独立分左右，倒撵猴儿又一番。白鹅亮翅把身长，搂膝前手在下边。
按势青龙重出水，转身复又拉单鞭。纭手高探对心掌，十字摆莲往后翻。
指裆捶儿向下打，懒扎衣服紧相连。再拉单鞭重下势，上步就排七星拳。
收身退步拉跨虎，转脚去打双摆莲。海底捞月须下势，弯弓射虎项朝前。
怀抱双捶谁敢进，走遍天下无人拦。歌兮歌兮六十句，不遇知己莫轻传。

郝为真太极拳论汇集

郝为真

郝为真

郝为真(1849—1920)，名和，字为真，河北永年人。他体貌魁伟，敦厚刚毅，嗜好武术。先习外家拳，观看李亦畬打手后，深为叹服，遂改从李亦畬学习太极拳。他勤学苦练，六年如一日，李亦畬观其诚笃，遂悉心授其秘谛，自此，郝为真功力日进；能置椅寻丈外，无所倚傍，投人安坐其上，略不倾跌，屡试不一爽。

又能手引壮士，使摇晃不能自主，而仍黏随不脱；爱观剧，尝见邻童被挤号泣，亟排众人，掖至身前，环两臂翼蔽之，众涌激若潮，屹立不稍动。

相传永年有罗建勋者，矫健多力，能超距登屋，踵门请角，为真再三却谢而后许焉。勋作势疾进，为真静以待之，逮其近身，振手触之，勋身掷起数尺而堕，乃大服而去。凡为真胜人多类是，不使负者受创伤。

为真本业米号，大车运米来，辄左右手各平举袋米重百斤卸之以练力，故其力倍于常人，自得亦畬指授蓄发提放之术，以虚灵为体，以因循为用，是以善胜而能服人之心。

民国初年，郝为真去北京访亲友杨健侯等，卧病逆旅，举目无亲之际，孙禄堂为其延医治疗，郝为真感其诚，遂收其为徒，授以其武式太极拳之秘谛。

郝为真有四子，惟郝文桂（字月如，1877—1935）得其拳艺。当时，武、李两家为书香门第，不以传拳为业，很少有传人。郝月如则开始以教拳为业，武式太极拳方得以通过郝家父子向外广泛传播。如今，郝为真所传太极拳经过发展创造已自成一体，人们称其为“郝式太极拳”。

走架境界

自初发悟，至于有成，走架之境凡三变。

初若身立水中，随水波之推荡。

歌诀：

如站水中至项深，身体中正气下沉。

四肢动作有阻力，姿势变换要慢匀。

稍进，则如善游者与水相忘，故走架有足不履地，任意浮沉之概。

歌诀：

如在水中身悬空，长江大河浮游中。

腰如车轴精神涌，滔滔不断泅水行。

又进，则步愈轻灵，若自忘其身，直如行于水面，飘然为凌云之游也。

歌诀：

身体如在水上行，如临深渊履薄冰。

全身精神须贯注，稍微不慎坠水中。

又曰：方走架，必精神专一，若有敌当前也。及遇敌，又当行所无事，如未尝有人也。

拳经云："神气四肢，总要完整，一有不整，身必散乱，必至偏倚，而不能有灵活之妙用"，即此意也。

又云：知己功夫，在练十三式。或欲知人，须有伴侣。二人每日打四手（即掤、捋、挤、按也），工久即可知人之虚实、轻重，随时而能用矣。

倘若无人与自己打手，与一不动之物，当为人，用两手或身体与此物相较，视定物之中心，或粘、或走、或靠，手足总要相合，或如粘住他的意思，或如似挨未挨他的意思，身子内外总要虚空灵活，工久身体亦可以能灵活矣。

或是自己与一个能活动之物，物之动去，我可以随着物之来去，以两手接随之，身体屈伸往来，上下相随，内外一气，如同与人相较一般。仍是求不即不离，不丢不顶之意也。如此，心思会悟，身体力行，功久引进落空之法，亦可以随心所欲而用之也。此是自己用工，无有伴侣之法则也。

太极拳二十字诀

披、闪、担、搓、敛、粘、随、拘、拿、扳、

软、掤、搂、摧、掩、撮、坠、续、挤、摊。

披：分也。闪：避也。担：负也。搓：磨也。敛：收也。

粘：缠绕不脱也。随：从也。拘：执取也。拿：牵引也。扳：牵制也。

软：柔也。掤：架也、托也，使其不得进也。搂：握持也。摧：挫也。掩：盖也。

撮：采取也。坠：落也。续：连也。挤：排也。摊：开也。

太极拳十三要义

虚领顶劲

虚领，非实领也；以意达到，并非着实用力也。

顶劲者，神贯于顶也。用力则顶必硬，血气不能流通。以意达到于顶，头额正直，则精神自能提起，而血气亦流畅矣。

涵胸拔背

涵胸者，胸要内含，便气往下沉也。胸忌挺出，挺出则气往上提，脚跟易浮，且易被攻击之。

拔背者，气贴于背，使脊骨如张弓也。能涵胸，则能拔背，则能力由脊发也。

松腰、胯动、膝活

太极拳之动作，主宰于腰，凡上下、前后、左右、虚实变化皆由腰转动。能松腰，然后转动灵活，所谓腰似车轴也。

松腰，重心则下沉，下盘乃稳固也。胯不动则腰不灵，膝不活则足不轻。言卫生，则气血淤滞；言御敌，则身足转动迟钝。

气沉丹田

丹田，小腹也，道家名为丹田。其位置在人体中部，若涵胸松腰，使横膈膜下压，则气蓄于此，则重心得中，精力团结，为时既久，金丹既蓄于此，道家所谓之丹田也。且横膈膜下压，则肺部往下伸张，呼吸和顺，气血自然流畅于全体，大有裨益也。

尾闾中正上提

尾闾者，脊尾骨也。涵胸拔背，使横膈膜下压，自然气蓄丹田，然必尾闾中正上提，而后蓄气乃结实也。

又将全身重量由左腿移压右腿，或由右腿移压左腿；往前挪后时，必须尾闾中正上提，庶重量容易转移，满身轻利顶头悬也。

沉肩坠肘

沉肩者，肩松开下沉也；坠肘者，肘往下垂也。筋若悬直，则肩不能沉，两肩提起，则气亦随上；全身皆轻浮，而发出力，仅为两臂之力，非内劲也。

腿忌双重

太极拳处处皆分阴阳，即处处皆分虚实。如体重寄于右腿，则右腿实，而左腿虚；体重寄于左腿，则左腿实，而右腿虚。虚实分清，而后转动轻灵，变化容易，腿若双重，则虚实不分，迈步重滞，倘被人牵动一腿，全身倾倒矣。

两足落轻

两足落重，则全身被震动，血脉贲张；且脑部受震动之刺激，脑神经不能静，精神遂因而散乱。故曰落足如落叶，其轻也。

用意不用力

人身有一部分用力，其用力之部分，则肌肉紧张，盖气血凝聚于其间也。气血凝聚其间，则此间气血不流通矣。

用意不用力者，全身松开，不用拙力，意到则气行，气行则血活。气血流畅，遂能轻灵变化，圆转自如。又不用力，则气不外浮，血往内运，久习之，收敛入骨。骨髓充实，自得真正内劲。

上下相随

足动、腰动、手动、眼神亦随之动，谓之上下相随，总须完整一气。

内外相合

太极拳之主旨，在于以神运体，以体养神，神在内，体在外，必内外相合，始能内外兼修。若神与体違，失其旨也。

缠绵不断

绵绵不断者，即天行健，自强不息之义也。断则息矣。且断续之际，力不贯串，最易为人所乘，绵绵不断，自然无懈可击也。

动中求静

儒释道三教，有静坐之法，皆静中求动也。惟身体静而后知血脉之动是否合度，思想之动是否合理也。

太极拳则动中求静焉。随身体手足之动，注其目光于一点，循环不已，使之无暇他顾，精神自然而静。静则不散不乱，常守其规，习惯成自然。若遇外侮之来，虽目不及见，身不及触，精神早已感觉，即能自救矣。

太极拳的修炼层次

欲得太极拳技之要秘，非有明师指点不可。入门后，还要动脑筋，巧练苦练，日久方能学得真功夫。技击之道，师传各异，本无定法。武学的最高层次，其理一致，千流而终归大海。

太极拳法十层功夫修炼层次，内外兼修，动静相宜，一层有一层景致，一层有一层之灵验，绝非虚语。

一至三层，是入门之阶段，由松柔入手，化刚为柔，以身变手。它要求身体各部位松柔的劲力，能集中反应到手上来。此阶段练精化气，为初关，属下乘功夫。

四至六层，是登堂入室之阶段。积柔成刚，以气变手。此阶段练气化神为中关，属中乘功夫。

七至八层，是炉火纯青之阶段。刚复柔归，以意变手。此阶段练神还虚，为上关，属中乘到上乘阶段。

九至十层，是登峰造极之阶段。千变万化之神通，其功夫已达出神入化。此阶段练虚还道，空而不空，形神俱妙，与道合真。

第一层　一圆即太极

此层从背丝缠丝分出阴阳；其练是缠法，其用是捆法。此层化僵硬为柔和，勉强转圈，圈力多而化劲少。

练习时，以单操为主，懂得拳势的基本要领、要求；要求身型、步法、手眼等合乎规矩；架势以求开展、舒适。

第二层　上下分两仪

此层阳升阴降，阳轻阴重；其练是波澜法，其用是就法。此层化刚为柔，由勉强转圈变为自然转圈，圈力少而化劲多，内气渐聚，丹田鼓荡。

练习时，将熟练的单操架式串连成套路习练。

第三层　进退呈四象

此层半阴半阳，纯阴纯阳，互为往来；其练是懂法，其用是伏贴法。此层走圈柔化，不丢不顶，开始懂劲，并由大圈渐至小圈，是退圈之前一阶段。

内气渐增，牵动往来。要求身体放松的松劲转为柔和的内劲，其劲源能反应到手上，即由脚到腿而腰达于手指，总需完整一气。

第四层　开合是乾坤

此层是天地相合；阴阳交合；其练是抽扯法，其用是撑法。此层内气运行，打通任督二脉；熟练并掌握其技击方法，诱敌深入，引进落空；开始具有发劲和寸劲；出手无圈，而处处皆有圈，即出手无形而有形。

练习时，在化、引进退中，贴身逼进，用内劲贯于手指，贴住对方发寸劲。

第五层　出入综坎离

此层火降水升，水火沸腾；其练是催法，其用是回合法。此层内气渐增，在任督二脉循环运行，积柔成刚，是由寸劲逐渐向分劲发展之初。

练习时发放劲力，练诱敌入囊中之技法。

第六层　领落错震巽

此层雷风鼓动，有起有伏；其练是抑扬法，其用是激法。此层贴身即化，可以将对方力点引向自身泄力转化发出，顺势借力，抖搠弹放凌厉的冷劲，即见肉分离法；属分劲阶段。

此层内气循行四肢，八脉皆通。此层需长期修炼，修炼到“豁然贯通”

之时，运用自如的劲力，左右逢源，舍己从人。此时“入门引路”阶段结束，步入“功夫无息法自修”之层次。

第七层 迎抵推艮兑

此层为口、为耳，能听能问，彼此通气；其练是称法，其用是虚灵法。此层刚复归柔，知己知彼，分明虚实；内劲达含而不露，一沾即发之境地；全身无处不柔，无处不刚，处处能化，处处能发，挨着何处何处击，内气循行奇经八脉，功力一日胜似一日。

第八层 背丝扣

此层阴阳自分，虚实分明，刚柔相济，进入无极而太极；此层内气完整一体，能在意念的指导下，达到身体任何一点，进行收闭穴道和发劲弹放。

交技时，不摆架子，不露形意，沾着即打，一点之处，有化有发，可柔可刚；就柔即柔，说刚即刚。引进落空，四两拨千斤，变化莫测。

第九层 高手

此层周身一太极，已入化境；“人不知我，我独知人”；“一羽不能加，蝇虫不能落”。

交技时只在一哼一哈之凌空无形弹放，犯者应声立仆，甚至未见其动，未觉其动，而对手已伤。

第十层 妙手

此层出神入化，登峰造极，其技达神乎其神之境界。武学永无止境，“功夫无息法自修”，练形练意求养神。此时始悟万拳终归一理。

太极拳学习问答

问：太极拳命名之原因从何而定?

答：此拳基本原理分横竖劲、轻重劲、刚柔劲、快慢劲，此外又有左右转，左右进，斜线形，弧线形，环线形，螺丝形并生，一动手，一转身，互相往来，处处周而复始，万法归一，统统循环不已，生生不息，此理吻合太极阴阳之道，故而命名之。

问：太极拳只见柔软，从未见其刚硬，但不知刚劲有无，在于何点，如何应用？

答：此拳分轻、软、绵、柔、慢、快、重、刚八劲，分述如下。

轻。一抬手，一动脚，以及各样动作，纯用自然支配天然力，毫不用后天勉强之力。俗谓不用力，又谓不用劲。轻入骨，硬刚反是。

软。如按在棉花堆上，其质极软，毫无抗力，此指进攻时我破敌而用。俗谓软化。又软形随，息息相挨，时时不离，即软中有随之意，然有随而不软之变。

绵。在进退动作变化时，绵绵不断，使对方无隙可乘，但我进攻对方，使其感觉困难，辨别不清而用。

柔。慢之进攻，或一点一点加重天然力，这叫柔，缓进也是柔，又叫柔和劲。此法使对方感觉不出我进攻利害，和他危险之需。又叫暗攻，或叫暗手。

慢。动作迟缓，一防御危险，谨慎而用，二视对方动作，以便趁机进攻。俗谓听着劲。此法多用在推手内。

快。速也，与敌交手时，我顺人背，乘隙进攻。必须快速，迟则失机。如我被人制，变换要快。迟则受损，故快如电也。

重。稍用后天勉强之力；或用力而慢是也。犹如山岳之重也。

刚。尽量用后天勉强之硬力。而且急烈速快如雷，一往无回，不顾一切危险是也；又不轻谓之重，重大谓之硬，太硬不顾一切，谓之刚。

此拳推手或对敌时，完全以破人为首，攻人为末；以柔软随为主，快重刚为辅；以轻虚为先，以重实为后；以弯曲为君，竖直为臣。此太极拳攻守，运用各劲时基本原则。此八字互相连带，彼此扶助，并不单独行动。譬如棉柔中混含轻，重刚中混含快。

问：外家拳各种动作快而刚，不知太极拳用何法破之？

答：外家拳虽快，多数皆舍本求末，绕远而来，虽快不快。太极拳坐等，以逸待劳，虽慢不慢；且各招皆走弓弦，省事又近，更为迅速。外家拳手法重刚，似乎可畏，不知太极拳有卸力之法，吉能破之，卸力有三，如下。

随或转对方之力，其中混含拐弯。敌方之力集中，我方用随或软之法，将其力分散，失去能力。对方力大用随法，力小用软法，便能破之，即力大则圈大，力小则圈小也。

彼不动，己不动；彼微动，己先动之法，即在彼刚动意而未达目的时。我趁此时先动手制彼，使其招法及力量均不能用出。不得动作，任我运用，自然易于取胜矣。

对方进攻，顺伊之方向着拐弯，如铁路之岔道，摇动彼之重心，重心摇动，全身失主，则彼易于跌倒矣。

问：凡外家拳皆有秘密绝招，奉为拿手，用其打人，但不知太极拳之绝秘神招何在?

答：太极拳以软、随、粘、黏为绝技，软、随二法前已述明，兹不再赘。粘、黏二劲，用其制敌之重心，使其下部如同醉后之腿脚一般，黏劲是连、随两劲相合而成。粘劲是弧线形劲，斜线形劲，螺丝形劲。以上各劲用时处处扶助，时时连环关照，不是各个独立而行。

问：何谓太极拳中心功夫、重要课目?

答：太极拳以推手术为中心功夫，重要课目。原因推手法术，千变万化，无头无尾，弯弯曲曲，无孔不入。并且运动相恰，丝丝入扣，彼此适当，毫厘准确，如此方能尽其奥妙，显其神奇。于此足见，推手之难，不易运用，没有真传手法，及相当时期，何能奏效。故推手程度高深，尽得绝妙，运用神奇，则其他一切何难之有。

问：推手术中以何为中心工作，紧要手法。推手术是否有比武性质?

答：推手术中以练习软、随、粘、黏为中心工作，使之全身感觉灵敏，运劲恰当，无过不及为主旨。如此追求，细中求精，始能出神入妙。如果认为推手为比武性质，以胜负为得失，则轻巧日失，拙力日长，根本错误，门路入左，进益毫无，何能奥妙？韶光不再，光阴虚舍，良可叹也。故习者，三思斯理，而后行之。

问：金肩、银胸、锡拉肚怎么解释?

答：此指推手中易于制彼而言。原因制肩部容易借力，且能使对方全身拧着，动转不变，自然易于取胜，此之谓金肩是也。胸部次之，肚部则无可取。又回对方直而硬，制梢即可，软轻制根则易。此指动手或推手之臂膊而言。

问：太极拳何处与科学暗合？

答：共分两种。

力学。此拳首要明劲（俗谓懂劲）。劲之起点、落点，以及当中经过情形，必须分明认识清楚。然后胸有成竹，知重知轻，则易于取胜矣。明劲的原理与机械学的办学暗合。

重心。对方动手时，趁势使其身体歪斜，腿脚动摇，全身失主，则易于攻打矣。要使其身不自主、腿脚动摇，须运用重心之法，使其身体不能保持体重平衡，则彼自然摔倒矣！

问：推手术中，练习运用各劲，但不知练习全身何部分为紧要？

答：练习掌、肘、肩三部分为紧要，原因是动手时，三部用处最广，动作最多，所以在练习时要特别注意。

手眼身法精神

手者，气势腾挪，即有预动之势，无丝毫散漫之意。两肩松开，不使丝毫之力。手势本无一定，不管抬起、垂下、伸出、曲回，只要有相应之意，何时意动，何时手到。所谓得手应心，腾挪之势，即是意气精神也。意中生气，气中能精是小微也，精而愈精，谓神。神而愈神，则灵。领悟此理，则有神之妙也。

眼者，神聚也。眼是心之苗，心从意中生。我意欲向何处，则眼神直射何处，周身亦直对何处，一转眼即周身全转。视静犹动，视动而静，总须从神聚而来。

身法，需要护肫。护肫即是“脊骨根向前”也。不然竖不起腰来，则一身无主也。我意欲向何处，脊骨根便对向何处。变转在腰眼中，左转则左腰眼抽回，右转则右腰眼抽回，自然中正。身法是永远不许错的，千变万化总此一身法也。

步法，虚实分清。虚，非全然无力，内有腾挪；实，非全然占煞，精神贯注；腾挪谓之虚，虚中有实；精神谓之实，实中有虚；虚实相应，即此意也。

太极者，阴阳之气也，无微不至，无过不及，不偏不倚，阴不离阳，阳不离阴，阴阳相济，始终不离。

习太极拳者，须悟太极之理。夫欲知太极之理，先要提起全副精神，神不外散，精神内固，外示安逸，气势腾挪，腹内鼓荡。

太极即是周身，周身即是太极。如同气球，前进不凸，后退不凹，左转不缺，右转不陷，变化万端，绝无断续之时。意义赅括，恐难领会，再加数语以解之。欲要知其意义，我意先要在彼之力先，挨我何处，我之意用在何处，彼之力方挨我皮毛，我之意已入彼骨里；以己之意，接彼之力，非以己之力顶撞彼之力，恰好不后不先，我之意与彼之力相合。

左重则左虚，右重则右杳。仰之则弥高，俯之则弥深。进之则愈长，退之则愈促。一羽不能加，蝇虫不能落，人不知我，我独知人。所谓粘连黏随，不丢不顶者是也。

太极者，阴阳相济也。动之则分，静之则合。分者，开大也；合者，缩小也。其中皆有阴阳之气也。开也，大也，非顶撞也；缩小也，非躲闪也。

一动无有不动，一静无有不静。动者，气转也；静者，预动之势也；所谓视静犹动，视动犹静。气如车轮，腰如车轴，车轮阴阳两气相应也。车轴，腰隙上下旋转也；非两手乱动，身体乱挪也。

紧要全在蓄劲。蓄劲如张弓，发劲如放箭。无蓄劲，则无发箭之力。发劲要上下相随，劲起于脚根，注于腰间，形于手指，由脚而腿而腰，总须完整一气。

腰如弓把，脚手如弓梢，内中要有弹性，方有发箭之力也。自己安排好，彼一挨我皮毛，我意接定彼劲。挨皮毛，即是不丢不顶，用意去接，即是顺随之势。

能顺随，则能借力。能借力，则能打人。此谓借力打人，四两拨千斤。到此地步，手上便有分寸，能称彼劲之大小，能权彼来之长短，毫发无差。前进后退，左顾右盼，处处恰合，所谓“知己知彼，百战百胜”也。

平日走架打手，须要从此做去。走架即是打手，打手即是走架，此皆一理。走架每一势要分四字，即起、承、开、合是也。一字一问合上规矩不合，少有不合，即速改换。差之毫厘，谬之千里。能领悟此意，坐立行卧，皆是太极，学者不可不详辨焉。

习斯技者，先求尾闾中正。中正者，脊骨根对脸之中间也。迈左步，左胯向回抽，迈右步，右胯向回抽，则尾闾自然中正。能中正，则能八面支撑，能八面支撑，则能旋转自如，无不得力。

次须虚实分清。虚，非全然无力，内中要有腾挪，即预动之势；实，非全然占煞，内中要贯精神，即上提之意也。切记不要两足全然占煞前蹬，此谓双重之病。

松肩沉肘。两肩松开，不用丝毫之力。用力，则不能舍己从人，引进入空。沉肘时，即两股前膊注意内中，要有腾挪之势。无腾挪，则不灵活，不灵活，则无圆活之趣。

又须护肫。肫不护，则无竖尾之力。鹄有竖尾之力，人有竖尾之能，此乃躯之主宰。肫不护则一身无主宰也。

又须蓄劲。劲以曲蓄而有余，要蓄敛于骨之内也。

更须养气。气以直养而无害，直养，谓呼吸之气通畅也。吸则合，为蓄；呼为开，为发。盖吸则自然提得起，亦拏得人起；呼则自然沉得下，亦放得人出。此是以意运气，非以力使气，即呼吸之功也。

国术之道义

国术者，巧妙之法也，非大力手快也。夫力大手快则先天自然而有，何须学焉？俾有欲学其术者，宜先从规矩而求之。

规矩者，涵胸、拔背、裹裆、护肫、提顶、吊裆是也。先将规矩求对，再求敛气。气敛脊骨，注于腰间，然后再求腾挪。腾挪者，即精气神也。精气神在两脚、两腿、两手、两膊前节之间也。

彼挨我何处，我何处注意。然周身无一寸无精气神，无一寸非太极，而自如规矩，丝毫不乱。再求动静之术，静则无，无中生有，即有意也。意无定向，能八面支撑。故单练之时，每一势分四字，即起、承、开、合；一字一问能八面支撑不能？不能八面支撑，即速揣摩之。

如二人打手，我意在先，彼手快不如我意先，彼力大不如我气敛。彼以巨力打来，我以意去接，微挨皮毛不让打着，借其力，趁其势，四面八方何处顺，即向何处打之。

切记不可用力，不可尚气，不可顶，不可丢；须要从人，不要由已，得机得势，方能随手而奏效。动亦是意,步动而身法(规矩)不乱,手动而气势不散。

单练之时,每一动要问能否能由动中向八面换转不能?不能八面转换,即速揣摩之。

如二人打手,我欲去彼,先将周身规矩安排好,意仍在先,对定彼之重点,笔直去之。我之意方挨彼皮毛,如能应手,一呼即出。如彼力顶来,不让其力发出,我之意仍借彼力,不丢不顶,顺其力而打之;此即借力打人,四两拨千斤之妙也。此全是以意运气,非以力使气也。

能以意打人,久之则意亦不用,身法无所不合。到此境界,已臻圆融精妙之境。说有即有,说无即无,一举一动,无不从心所欲。不知手之舞之,足之蹈之,规矩讲究，一概不知，即在无意之中，此所谓太极而无极也。

郝月如太极拳论

郝文桂

郝文桂（1877—1935），字月如，少时体质孱弱，三岁头犹倾欹，及十余岁，习太极拳，颖悟异常，体力转强。月如既得家传，又从李亦畬读书，常观其演势及打手，潜心默识，多有所悟。年二十，已通晓太极拳之意，然习之不若其父之勤。其后，或在军幕，或司税收，所至辄思物色颖悟弟子以尽授以学，不可得，甚为憾。

1929年，孙禄堂任江苏国术馆副馆长于镇江，荐月如为教习，年余，共事或嫉之，月如乃辞职去南京。时南京有为真之弟子李香远，以1930年至南京授拳，江苏张士一和陕西冯卓从学焉。及1931年，月如至南京。人莫知其拳之内蕴，惟士一与卓识为真传，二人既从受学，且为揄扬，从学者日众，然或月余即去，或数月去，惟张士一、徐震、冯卓相从为久。1935年春，由士一言于中央大学校长，得聘为兼任教员。其年秋，患足肿，至十一月而剧，子少如方在上海授拳，闻讯去南京侍疾，半月后月如殁，享年五十九岁。

太极拳义

太极者，阴阳相济也。

动之则分，静之则合。分者，开大也；合者，缩小也。其中皆有阴阳之气也。开也，大也，非顶撞也；缩也，小也，非躲闪也。

一动无有不动，一静无有不静。动者，气转也；静者，有预动之势也，所谓“视静犹动，视动犹静”。

气如车轮，腰如车轴。车轮者，阴阳两气相应也；车轴者，腰隙上下旋转也，非两手乱动，身体乱挪也。

紧要全在蓄劲。蓄劲如张弓，发劲如放箭。无蓄劲，则无放劲之力。发劲，要上下相随，劲起于脚根，注于腰间，形于手指，由脚而腿而腰，总须完整一气。腰如弓把，脚手如弓梢，内中要有弹性，方有发箭之力也。自己安排得好，彼一挨有皮毛，我意即接定彼劲。挨皮毛，即是不丢不顶。用意去接，即是顺随之势。能顺随，则能借力；能借力，则能打人；此谓借力打人、四两拨千斤。到此地步，手上便有分寸，能称彼劲之大小，能权彼来之长短，毫发无差，前进后退，左顾右盼，处处恰合，所谓“知己知彼，百战百胜”也。

平日走架打手，须要从此做去。走架即是打手，打手即是走架，此皆一理。走架每一势要问自己：合上规矩不合？少有不合，即速改换。差之毫厘，谬以千里。能领悟此意，行住坐卧，皆是太极，学者不可不详辨焉。

习斯技者，先求尾闾中正。中正者，脊骨根对脸之中间也。迈左步，左胯向后抽，迈右步，右胯向后抽，则尾闾自然中正。能中正，则能八面支撑。能八面支撑，则能旋转自如，无不得力。

次须虚实分清。虚，非全然无力。内中要有腾挪，即预动之势也。实，非全然占煞，内中要有精神，即上提之意也。

又须松肩沉肘。两肩松开，不用丝毫之力。用力，则不能舍己从人，引进入空。沉肘，即两膊前节内中要有腾挪之意，无腾挪，则不灵活。不灵活，则无圆转如意之趣。

又须护臀。臀不护，则一身无主宰也。

更须养气。气以直养而无害，直养，谓呼吸之气通畅也。吸则合，为蓄；呼为开，为发。盖吸则自然提得起，亦拏得人起；呼则自然沉得下，也放得人出。

又须蓄劲。劲以曲蓄而有余，要蓄敛于脊骨之内也。

总之，须以意运气，非以力使气也。

身法要点

太极拳身法主要有涵胸、拔背、裹裆、护肫、提顶、吊裆、松肩、沉肘、腾挪、闪战、尾闾正中、气沉丹田、虚实分清，共十三条。

何谓涵胸

曰：心以上为胸，胸不可挺，要往下松，两肩微向前合，谓之涵胸。能涵胸，才能以心行气。

何谓拔背

曰：两肩中间脊骨处，似有鼓起之意，两肩要灵活，不可低头，谓之拔背。

何谓裹裆

曰：两膝着力，有内向之意，两腿如一条腿，能分虚实，谓之裹裆。

何谓护肫

曰：两肋微敛，取下收前合之势，内中感觉松快，谓之护肫。

何谓提顶

曰：头颈正直，不低不昂，神贯于顶，提挈全身，谓之提顶。

何谓吊裆

曰：两股用力，臀部前送，小腹有上翻之势，谓之吊裆。

何谓松肩

曰：以意将两肩松开，气向下沉，意中加一静字，谓之松肩。

何谓沉肘

曰：以意运气，行于两肘，手腕要能灵活，肘尖常有下垂之意，谓之沉肘。

何谓腾挪

曰：有动之意而未动，即预动之势，谓之腾挪。

何谓闪战

曰：身、手、腰、腿相顺相随，一气呵成，向外发出，劲如发箭，迅若雷霆，一往无前，谓之闪战。

何谓尾闾正中

曰：两股有力，臀部前收，脊骨根向前托起丹田（小腹），谓之尾闾正中。

何谓气沉丹田

曰：能做到尾闾正中、涵胸、护肫、松肩、吊裆，就能以意送气，达于腹部，不使上浮，谓之气沉丹田。

何谓虚实分清

曰：两腿虚实必须分清。虚非完全无力，着地实点要有腾挪之势。腾挪者，即虚脚与胸有相吸相系之意，否则便成偏沉。实非全然占煞，精神贯于实股，支柱全身，要有上提之意。如虚实不分，便成双重。

武式太极拳要点

手、眼、身、步、精、气、神

手法须要气势腾挪，有预动之势，无散漫之意。两肩亦须松开，不使丝毫之力。手势本无一定，不管抬起垂下，伸出屈回，总要有相应之意，何时意动，何时手到，所谓“得心应手”是也。腾挪之势，即“有意”、“运气”、“精神贯注”是也。以意运气，久而能精，精而愈精则神，神而愈神则灵。领悟此理，当有神明之妙。

神聚于眼。眼是心之苗，心从意中生。我意欲向何处，则眼神直射何处，周身亦直对何处，一转眼则周身全转。视静犹动，视动犹静，总须从神聚而来。

身法先求尾闾正中。正中者，即是脊骨根向前也。又须护肫，肫不护则竖尾无力，一身便无主宰矣。我意欲向何处，脊骨根便直对何处。转变在两腰眼中，左转则左腰眼微向上抽，用右腰眼托起左腰眼；右转则右腰眼微向上抽，用左腰眼托起右腰眼，则尾闾自然正中。

总之，各条身法必须一一求对，结合起来只有一个身法，一处不合，全身都乖，所以身法是永不许错的。虽千变万化，总难越出此身法也。

所谓步法虚实分清，虚非全然无力，内中要有腾挪；实非全然占煞，必须精神贯注。腾挪谓之虚，虚中有实。精神谓之实，实中有虚。虚虚实实，实实虚虚，即此意也。

起、承、开、合

太极拳走架，每一架势分四个动作，第一个动作是“起”（如左懒扎衣第一式），第二个动作是“承”（如左懒扎衣第二式），第三个动作是“开”，也即是发(如左懒扎衣第三式)，第四个动作是“合”，也即是收，收是蓄的意思（如左懒扎衣第四式）。但不是呆板的，有开中寓开，有合之再合，所谓不丢不顶，处处恰合也。

折叠转换

太极拳有折叠之术，有转换之法。折叠者，是对称的，有上即有下，有前即有后，有左即有右。如意要向上，即寓下意；意要向下，即寓上意；前后左右，皆是如此。此即谓之折叠。

转换者，步随身换。命意源头在腰眼之间。向左转换，左腰眼微向上抽，用右腰眼托起左腰眼；向右转换，右腰眼微向上抽，用左腰眼托起右腰眼。此即所谓命意源头在腰隙也。

舍己从人

太极拳有舍己从人之术，挨何处，何处灵活。假使挨手，手腕灵活；挨肘，肘能灵活；挨胸，胸能灵活。周身处处如此。

又，挨手意在肘，挨肘意在肩，挨肩意在胸，挨胸意在腰，挨腰意在股；以此推之。如粘连黏随，不丢不顶，引进落空，借力打人，皆此意也。

太极拳的走架打手

太极拳不在样式而在气势，不在外面而在内。平日行功走架，须研究揣摩空松圆活之道，要神气鼓荡，全身好似气球，气势贵腾挪，身体有如悬空。两手无论高低屈伸，一前一后，一左一右，皆能灵活自如。两腿不论前进后退，左右旋转，虚实变换，无不随意所欲。日久功深，有不知手之舞之、足之蹈之之境。明白原理，练熟身法，善于用意，巧于运气，到此地步，一举一动，皆能合度，无所谓不对。

习太极拳者，必先求尾闾正中。正中者，脊骨根对脸之中间也。迈左步，左胯微向左上抽，用右胯托起左胯；迈右步，右胯微向右上抽，用左胯托起右胯，则尾闾自然正中。能正中，则能八面支撑。能八面支撑，则能旋转自如，无不得力。

次则步法虚实分清。虚非全然无力，内中要有腾挪，即预动之势也；实非全然占煞，内中要贯注精神，即上提之意也。切记两足在前弓后蹬时不要全然占煞，应该分清一虚一实，否则即成双重之病。

两肩须要松开，不用丝毫之力，用力则不能舍己从人、引进落空。沉肘，即肘尖常向下沉之意。前膊和两股注意内中要有腾挪之势，无腾挪则不灵活，不灵活则无圆活之趣。

又须护肫，肫不护则竖尾无力，便一身无主宰矣。又须养气，气以直养而无害，即沉于丹田，涵养无伤之谓也。

又须蓄劲，劲以曲蓄而有余，并须蓄敛于脊骨之内。吸为合、为蓄；呼为开、为发。盖吸则自然提得起，亦拿得人起；呼则自然沉得下，亦放得人出。此是以意运气，非以力使气，是即太极拳呼吸之道也（此中所说“呼吸”，专指太极拳的开、合、蓄、发而言，与吾人平常呼吸不同，切莫误会）。

太极拳之为技也，极精微巧妙，非特力大手快也。夫力大手快者，先天自然赋有，又何须学焉。是故欲学斯技者，宜先从涵胸、拔背、裹裆、护肫、提顶、吊裆、松肩、沉肘、虚实分清求之。这些对了，再求敛气。气敛脊骨，注于腰间。然后再求腾挪。腾挪者，即精、气、神也，精气神贯注于两脚、两腿、两手、两膊前节之间；彼挨我何处，我注意何处，周身无一寸无精气神，无一寸非太极。而后再求进退旋转之法。旋转枢纽在于腰隙。能旋转自如，丝毫不乱，再求动静之术。静则无，无中生有，即有意也；意无定向，要八面支撑。

单练之时，每一势分四字，即起、承、开、合。一字一问能否八面支撑，不能八面支撑，即速揣摩之。如二人打手，我意在先，彼手快，不如我意先；彼力大，不如我气敛；彼以巨力打来，我以意去接，微挨皮毛，不让打着，借其力，趁其势，四面八方何处顺，即向何处打之。切记不可用力，不可尚气，不可顶，不可丢；须要从人，仍是由己，得机得势，方能随手而奏效；动亦是意，步动而身法不乱，手动而气势不散。

单练之时，每一动要问能否由动中向八面转换，不能八面转换，即速揣摩之。如二人打手，我欲去彼，先将周身安排好，意仍在先，对定彼之重点，笔直去之。我之意方挨彼皮毛，如能应手，一呼即出。如彼之力顶来，不让其力发出，我之意仍借彼力，不丢不顶，顺其力而打之，此即借力打人，四两拨千斤之妙也。此全是以意运气，非以力使气也。能以意打人，久之则意亦不用，身法无所不合；到此境界，已臻圆融精妙之境；说有即有，说无即无，一举一动，无不从心所欲；真不知手之舞之、足之蹈之矣。

习太极者，须悟太极之理。欲知太极之理，于行功时先要提起全副精神，外示安逸，内固精神，气势腾挪，腹内鼓荡。太极即是周身，周身即是太极。如同气球，前进不凸，后退不凹，左转不缺，右转不陷，变化万端，绝无断续，一气呵成，无外无内，形神皆忘，乃能进于精微矣。

在打手时，我意须要在先。彼之力挨我何处，我之意用在何处，彼之力方挨我皮毛，我之意已入彼骨里。以己之意接彼之力，非以己之力顶撞彼之力，恰好不后不先，我之意与彼之力相合。左重则左虚，右重则右杳；仰之则弥高，俯之则弥深；进之则愈长，退之则愈促；一羽不能加，蝇虫不能落；人不知我，我独知人；所谓粘连黏随，不丢不顶者是也。

习太极拳者，须悟阴阳相济之义。动之则分，静之则合。分者，开大也；合者，缩小也。其中皆由阴阳两气开合转换，互相呼应，始终不离也。开是大，非顶撞也；缩是小，非躲闪也。

一动无有不动，一静无有不静。动者，气转也；静者，有预动之势也。所谓视静犹动，视动犹静。气如车轮，腰如车轴。非两手乱动，身体乱挪。紧要全在蓄劲，蓄劲如张弓，发劲似放箭。无蓄劲，则无发箭之力。发劲要上下相随，劲起于脚根，注于腰间，形于手指。由脚而腿而腰，总须完整一气。腰如弓把，脚手如弓梢，内中要有弹性，方有发箭之力也。自己安排好，彼一挨我皮毛，我意接定彼劲。挨皮毛，即是不丢不顶；用意去接，即是顺随之势；能顺随，则能借力；能借力，则能打人，此所谓借力打人，四两拨千斤是也。到此地步，手上便有分寸，能称彼劲之大小，能权彼来之长短，毫发无差；前进后退，左顾右盼，处处恰合，所谓“知己知彼，百战百胜”也。

平日走架打手，须要从此做去。走架即是打手，打手即是走架，此皆一理。走架每一势要分四字，即起、承、开、合是也；一字一问对不对，少有不对，即速改换。差之毫厘，失之千里。能领悟此意，行住坐卧，皆是太极，学者不可不详辨焉。

平日走架行功时，必须以意将气下沉，送于丹田（以意非以力、非努气、非用呼吸），存养涵蓄，不使上浮，腹内松静，气势腾然。依法练习，日久自能敛气入骨（脊骨）。然后用意将脊骨之气由尾闾从丹田往上翻之。达此境界，就能以意运气，遍及全身。彼挨我何处，我意即到何处，气亦从之而出，如响斯应，疾如电掣。周身无一处不是如此，此即所谓“行气如九曲珠，无微不到；运劲如百炼钢，何坚不摧”，亦即“意到气即到”是也。

又丹田之气，须直养无害，才能如长江大海之水，用之不竭，取之不尽。迨至功夫纯熟，炼成周身一家，宛如气球一样，左重则左虚，右重则右杳，物来顺应，无不恰合。凡此皆是以意运气，非以力使气，在内不在外，亦即尚气者无力，养气者纯刚是也。

操手十五法

（一）以手指敌人中心；手不能用，肩肘指之，肩肘不能用，心意指之。

（二）遇刚则柔，而刚要紧在其后。

（三）进手时要用螺旋力，静动不离，粘连黏随，追风赶月之意。

（四）彼螺旋，我亦螺旋而进之；进时须垫步。

（五）不得已而退时，须用己手掩护敌手，整身则退之为要，所谓“雀跃”也。

（六）两手用力要平均，如抱球状；不可此手有力，彼手无力。

（七）如甲手势败时，则须快进乙手为佳。

（八）敌手击来时，不必惧他；只须顺其势、借其力而击之。

（九）顺敌劲之梢节，直到敌之中节，进击敌之根节要紧。

（十）动手时，务以周身一家为要，不可用局部力。

（十一）敌人取我之中节时，须用全体变中以应之。

（十二）手不得到敌之根节时，不可发；周身圆动力打去。

（十三）全身动作，时时以划圆圈为主，然圈越小越佳。

（十四）手腕要灵活，如蛇吸食之状。

（十五）腰要灵活，如蛇缠物之形。

孙禄堂太极拳论

孙禄堂

孙禄堂

孙禄堂（1860—1933），名福全，字禄堂，晚号涵斋。河北望都县东任疃村人，清末民初蜚声海内外的著名武学大家。13 岁时孙禄堂拜河北省名拳师李魁元为师，学习形意拳，同时文武兼学。两年后，孙的武艺出类拔萃，李魁元便把他推荐给自己的师父郭云深继续深造拳艺，不久他便把形意拳的真功学到手。然而他并不满足，继续寻师学艺，到北京跟八卦掌名师董海川之得意弟子程廷华学艺。由于孙禄堂本来功底深厚，又得程师竭力指教，苦练年余，尽得八卦掌的精髓。1912 年孙禄堂在北京偶遇太极名家郝为真，仰慕其技，遂拜郝为真为师学习武式太极拳，郝将自己所习太极拳之心得悉数传于孙禄堂。此时孙禄堂集三大内家拳之真传于一身，武功卓绝，功臻化境，德高望重，誉满京城。

1918年，孙禄堂将三家拳艺合冶一炉，融会贯通，革故鼎新，创立了孙氏太极拳，卓然自成一家。孙禄堂一生罕遇敌手，在世名家皆为叹服，曾信手击昏挑战的俄国著名格斗家彼得洛夫。年愈花甲时，力挫日本天皇钦命大武士板垣一雄。古稀之年，又一举击败日本五名技击高手的联合挑战。故在当时武林中享有“虎头少保，天下第一手”之盛誉，堪称一代武学宗师。

太极拳之名称

人自赋性含生以后，本藏有养生之元气，不仰不俯，不偏不倚，和而不流，是为真阳，所谓中和之气是也。其气平时洋溢于四体之中，浸润于百骸之内，无处不有，无时不然，内外一气，流行不息。

于是拳之开合动静，即跟此气而生；放伸收缩之妙，即由此气而出。开者为放、为伸、为动，合者为收、为缩、为静；开者为阳，合者为阴；放伸动者为阳，收缩静者为阴。开合像一气运阴阳，即太极一气也。

太极即一气，一气即太极。以体言，则为太极；以用言，则为一气。时阳则阳，时阴则阴，时上则上，时下则下。阳而阴，阴而阳。一气活活泼泼，有无不立，开合自然，皆在当中一点子运用，即太极是也。古人不能明示与人者，即此也。不能笔之与书者，亦即此也。

学者能于开合动静相交处，悟澈本原，则可在各式圜研相合之中，得其妙用矣。圜者，有形之虚圈○是也；研者，无形之实圈●是也。斯二者，太极拳虚实之理也。其式之内，空而不空，不空而空矣。此气周流无碍，圆活无方，不凹不凸，放之则弥六合，卷之则退藏于密，其变无穷，用之不竭，皆实学也。此太极拳之所以名也。

太极拳学序言

乾坤肇造，元气流行，动静分合，遂生万物，是为后天而有象。先天元气，赋予后天形质；后天形质，包含先天元气。故人为先后天合一之形体也。

人自有知识情欲，阴阳参差，先天元气渐消，后天之气渐长，阳衰阴盛，又为六气所侵（六气者，即风、寒、暑、湿、燥、火也），七情所感。故身躯日弱，而百病迭生。

古人忧之，于是尝药以祛其病，静坐以养其心。而又惧动静之不能互为用也，更发明拳术，以求复其虚灵之气。迨达摩东来，讲道豫之少林寺，恐修道之人久坐伤神，形容憔悴，故以顺逆阴阳之理、弥纶先天之元气，作易筋、洗髓二经，教人习之，以壮其体。至宋岳武穆王，益发明二经之体义，制成形意拳而适其用。八卦掌之理，亦含其中。此内家拳术之发源也。

元顺帝时，张三丰先生修道于武当，见修丹之士兼练拳术者，后天之力用之过当，不能得其中和之气，以致伤丹而损元气。故遵前二经之义，用周子太极图之形，取洛河之理，先后易之数，顺其理之自然，作太极拳术，阐明养生之妙。

此拳在假后天之形，不用后天之力，一动一静，纯任自然，不尚血气，意在炼气化神耳。其中本一理、二气、三才、四象、五行、六合、七星、八卦、九宫等奥义，始于一，终于九，九又还于一之数也。

一理者，即太极拳术起点，腹内中和之气，太极是也。

二气者，身体一动一静之式，两仪是也。

三才者，头、手、足，即上、中、下也。

四象者，即前进、后退、左顾、右盼也。

五行者，即进、退、顾、盼、定也。

六合者，即精合其神、神合其气、气合其精，是内三合也；肩与胯合、肘与膝合、手与足合，是外三合也。内外如一，是成为六合。

七星者，头、手、肩、肘、胯、膝、足，共七拳，是七星也。

八卦者，掤、捋、挤、按、采、挒、肘、靠，即八卦也。

九宫者，以八卦加中定，是九宫也。

先生以河图洛书为之经，以八卦九宫为之纬，又以五行为之体，以七星八卦为之用，创此太极拳术，其精微奥妙，山右王宗岳先生论之详矣。

自是而后，源远派分，各随己意而变其形势。至前清道咸年间，有广平武禹襄先生，闻豫省怀庆府赵堡镇有陈清平先生者精于是技，不惮远道，亲往访焉。遂从学数月，而得其条理。后传亦畬先生。亦畬先生又作五字诀，传郝为真先生。先生以数十年之研究，深得其拳之奥妙。余受教于为真先生，朝夕习练数年之久，略明拳中大概之理。又深思体验，将夙昔所练之形意拳、八卦拳与太极拳三家汇合而为一体。一体又分为三派之形式。三派之姿势虽不同，其理则一也。

惟前人只凭口授，无有专书。偶著论说，亦无实练入手之法。余自维浅陋，不揣冒昧，将形意拳、八卦拳、太极拳三派各编辑成书，书中各式之图，均有电照本像。又加以图解，庶有志于此者，可按图模仿，实力作去，久之不难得拳中之妙用。

书中皆述诸先生之实理，并无文法可观。其间有舛错不合者，尚祈海内明达，随时指示为感。

民国八年十月河北完县禄堂孙全福谨序

李香远太极拳论

李香远

李香远

李香远(1889—1960)，名景清，字香远，乳名宝玉，光绪十五年生，邢台城西会宁村人。父亲李德恒以行医为业。李自幼爱武，曾从任县著名镖师刘瀛州学三皇炮捶。后经刘介绍，与其子刘东汉一同拜刘的好友杨振远门下学太极拳。杨振远，字兆林，是杨露禅之长子杨凤侯之子。凤侯早逝，振远之拳学于叔父班侯，其拳势异于少侯、澄甫。据董英杰介绍，振远先生之拳系紧凑之架子，打来不快不慢，澄甫先生系宽大柔绵而缓，少侯先生则紧凑而速。因杨振远先生有阿芙蓉癖，卒于民初，故其事迹鲜为人知。

1903年李香远听说郝为真已到邢台，遂经人介绍投入郝为真先生门下，学习开合太极拳。因基础好、天份高，又尊师好学，肯下功夫，遂得授真传，名震一时。因李先生1923年击败过驻军师长胡景翼，后又南下苏州、南京等地教拳，因而名气很大，邢台民间至今留传有不少关于他的传闻轶事，更是被时人誉为“太极圣手”。

太极阴阳论

太极阴阳造化功，身心意气得贯通。
任他千方和妙计，谁知内转如神灵。
开合变化少人知，犹需指破于名师。
既然知晓其中理，尚需数年勤操持。
阴阳开合变化意，功用无息以无疑。
心为主宰身为用，知己知彼意成奇。
功用无息在数年，数年如同一日间。
自强不息格天地，从心所欲一贯串。
贯串一气周身通，通开穴妙周身灵。
玲珑之体常锻炼，时间持久乃神明。
神明变化有万端，来自数年苦中寒。
春夏秋冬时常用，贵在日月不间断。
时间持久是神功，太极武术通神灵。
神灵不测虚无体，浩然正气在致中。
致中之气通天地，人身本属三才体。
不得通灵惟无志，志气昂昂培根基。

第五卷　吴氏太极拳传谱汇集

吴公藻太极拳论

吴公藻

吴公藻

吴公藻（1900—1985），名润沛，字雨亭，太极拳名家吴鉴泉先生之次子，吴式太极拳第三代传人，家学渊源，尤以理论见长，著作甚多。自第一届北京体育讲习所毕业后，任国民革命军第十三军教练。1929 年于上海精武体育会任教。1933 年随吴稚辉等赴长沙，在欢迎会上表演太极拳，得到了省长何健器重，聘为湖南国术训练所教官兼省党部教习。1934 年南京中央国术馆举办第二届全国武术考试，任湖南省教练，成绩斐然。1937 年南下香港，与其兄吴公仪共同建立香港及澳门鉴泉太极拳社。1943 年香港沦陷后回国。

吴公藻一生著作甚多，1980 年在香港出版了《吴家太极拳》一书，堪为吴氏太极拳之经典著作。此书之最重要意义，在于第一次以全本影印形式向全社会展示在其家珍藏多年的《杨家传抄太极拳老谱》，且是完全公开。此谱对太极拳理论研究方面具有非常重要的意义，公开此谱，可谓是厥功至伟，善莫大焉！

太极拳总论

拳术一道，不外强健筋骨，调和气血，修养身心，却病延年，实为后天养生之术。

太极拳，乃循太极动静之理以为法，采虚实变化之妙而为用。其姿势也中正安舒，其动作也轻灵圆活，故一动无有不动，一静无有不静。其动静之理，与道家之坐功，互相吻合，实道家之行功，在拳理言之，故称内家。因与道本为一体，老幼妇孺，均可练习，其功用纯任自然，学之毫无痛苦，诚有益无害之运动也。

苟能精勤研究，历久不懈，则愈练愈精，愈精愈微，由微入妙，由妙入神，不但有益于身心，更能增进智慧，获益殊非浅鲜也。

太极拳十三势大义

十三势者，按五行八卦原理，即推手之十三种总劲，非另有十三个姿势。

五行者，即进、退、顾、盼、定之谓。分为内外两解。行于外者，即前进、后退、左顾、右盼、中定；行于内者，即粘、连、黏、随、不丢顶。

八卦者，亦分内外两解。行于外者，即四正、四隅；蕴于内者，即掤、捋、挤、按、采、挒、肘、靠，八法也；行于外者为势，蕴于内者为劲。

学者以拳为体，以推手为用。

经曰其根在脚，发于腿，主宰于腰，形于手指，实为太极拳之精义，学者不可不留意焉。

五行要义详解

五行者，金、木、水、火、土也；五行之劲曰粘、连、黏、随、不丢顶。

兹将各劲详解于后。

粘者

如两物互交，粘之使起，在太极拳语中谓之“劲”。此劲非直接粘起，实间接而生。含有劲、意双兼两义。

如推手或交手时，对方体质强大，力气充实，桩步稳固，似难使其掀动或移其重心。然以粘劲，能使其自动失中。用意探之，使其气腾，全神上注，则其体重而足轻，其根自断，此即彼之反动力所致，吾则顺势撒手，而以不丢、不顶之劲，引彼悬空，是为粘劲。

夫劲如粘球，一抚一提之间，运用纯熟，球不离手，粘之即起，所谓粘即是走，走即是粘之谓也。

意者，设想之谓。以虚实之理，使敌出其不意，攻其不备。对方虽实力充足，据险以守，不畏攻击，不畏力敌，然最忌诱敌。吾若以利诱之，使其弃守为攻，实力分散，吾则分而击之，是诱而杀之，亦其自取败亡。所谓攻其所不守，守其所不攻之道也，学者务须时时体会，久而自验。

连者

贯也，不中断，不脱离，接续连绵，无停无止，无息无休，是为连劲。

黏者

粘贴之谓，彼进我退，彼退我进，彼浮我随。彼沉我松，丢之不开，投之不脱，如粘如贴，不丢不顶，是谓之黏劲。

随者

从也，缓急相随，进退相依，不即不离，不先不后，舍己从人，是谓之随。

不丢顶

丢者，开也；顶者，抵也。不脱离，不抵抗，不抢先，不落后，五行之源，轻灵之本，是为不丢顶劲。

太极拳八法秘诀

掤劲义何解，如水负行舟。先实丹田气，次要顶头悬。
全体弹簧力，开合一定间。任有千斤重，飘浮亦不难。
捋劲义何解，引导使之前。顺其来时力，轻灵不丢顶。
力尽自然空，丢击任自然。重心自维持，莫被他人乘。
挤劲义何解，用时有两方。直接单纯意，迎合一动中。
间接反应力，如球撞壁还。又如钱投鼓，跃然声铿锵。
按劲义何解，运用似水行。柔中寓刚强，急流势难当。
遇高则澎满，逢洼向下潜。波浪有起伏，有孔无不入。
采劲义何解，如权之引衡。任你力巨细，权后知轻重。

转移只四两，千斤亦可平。若问理何在，斡捍之作用。
挒劲义何解，旋转若飞轮。投物于其上，脱然掷丈寻。
君不见漩涡，卷浪若螺纹。落叶堕其上，倏尔便沉沦。
肘劲义何解，方法有五行。阴阳分上下，虚实须辨清。
连环势莫挡，开花捶更凶。六劲融通后，运用始无穷。
靠劲义何解，其法分肩背。斜飞势用肩，肩中还有背。
一旦得机势，轰然如捣碓。仔细维重心，失中徒无功。

慢与不用力

太极拳慢而无力，学者多怀疑之，或谓不能应用，徒能锻炼身体。盖练拳之道，首宜研究学理，学理了然，再学方法，方法精熟，始能应用。非拳术之不能应用，实功夫之尚未练到耳。如炼钢然，由生铁而炼成熟铁，由熟铁而炼成纯钢，非经过长时间之火候不为功。

夫太极拳之所以由慢而成者，其练习时间，纯任自然，不尚力气，而尚用意，用力则笨，用气则滞，是以沉气松力为要。

太极拳，以静制动，以柔制刚，无中生有，有若无，实若虚，逆来顺受，不丢不顶，均系虚实之变化也。慢者缓也，慢所以静，静所以守，守之谓定，此即心气之中定也。心定而后静，静而后神安，神安而后气沉，气沉而后精神团聚，乃能聚精会神，一气贯通。

慢由于心细，心细则神清，神清则气爽，乃无气滞之弊。快由于心粗，心粗由于急，急则气浮，气浮不沉，心急不静，不沉不静，心无所守，则散乱之病生。虚灵二字，更无由求。以静制动，以柔克刚者，由于感觉使然，故其拳架系锻炼身心以为体，功夫出自推手而为用。

推手之初步，专在摩练感觉，身有所感，心有所觉，感应精微，致用无穷，故能知己知彼。其滋味则心领神会，非笔墨所能形容。其变化之无穷，皆由感觉之灵敏，故能知其虚实，而便利从心，此慢与不用力之义也。

中定

伸屈开合之未发，谓之中。寂然不动，谓之定。心气清和，精神贯顶，不偏不倚，是为中定之气，亦道之本也。

虚领顶劲

顶劲者，即顶头悬。头顶正直，腹内松净，气沉丹田，精神贯顶，如不倒翁，上轻下沉；又如水中浮漂，漂然不没之意。歌曰：神清气沉任自然，漂漂荡荡浪里攒。凭你风浪来推打，上轻下沉不倒颠。

感觉

身有所感，心有所觉，有感必有应，一切动静皆为感。感则必有应，所应复为感，所感复有应，所以互生不已。感通之理，精义入微，以致用也。

推手初步，专在摩练感觉，感觉灵敏，则变化精微，所以无穷也。

听劲

听之谓权，即权其轻重也；在推手为侦察敌情，听之于心，凝之于耳，行之于气，运之于手。

所谓以心行意，以意行气，以气运身，听而后发。听劲要准确灵敏，随其伸，就其屈，乃能进退自如。

问答

我有所问，彼有所答，一问一答，则生动静，既有动静，虚实分明。在推手则以意探之，以劲问之，俟其答复，再听其虚实。若问而不答，则可进而击之；若有所答，则须听其动静之缓急，及进退之方向，始能辨其虚实也。

虚实

兵不厌诈，以计胜人也。计者，虚实之谓；拳术亦然。姿势，动作，用意，运劲，各有虚实。知虚实而善利用，虽虚为实，虽实犹虚，以实望虚，避实望虚，指上打下，声东击西，或先重而后轻，或先轻而后重，隐现无常，沉浮不定，使敌不知吾之虚实，而吾处处求敌之虚实。

彼实则避之，彼虚则望之。随机应变，听其劲，观其动，得其机，攻其势。如医者视病而投药，必先诊其脉，观其色，察其声，问其症。

故曰虚实宜分清楚，一处自有一处虚实，处处总此一虚实也。

量敌

兵法云："知己知彼，百战百胜。"是故整军行旅之初，当先审己量敌，而计其胜负之情也。诚哉斯言，胜负之机，在知与不知耳。

拳虽小道，其理亦然。以己之短，当人之长，谓之失计；以己之长，当人之短，谓之得计。取胜之道，在得失之间，故量敌最关重要也。

太极拳之所谓问答，即问其动静，目的在听其劲之方向与重心，即侦察敌情之意，所谓量敌也。彼我在未进行攻击以前，吾应以静待动，以逸待劳，毫无成见。彼未动，我不动，彼微动，我先动。贵在彼我相交一动之间，即知其虚实而应付之。此均由于感觉、听劲、虚实、问答、量敌而来，学者应注意致力焉。

知机

机者，阴阳未分，虚无缈茫，谓之机，先机之谓也。即是无声无臭，无形无象，在应用时，是未有动静，未成姿势，是无机会也。功夫高者，皆能知机，能知机，能造势。所谓无中生有，乘机而动；下者，不知机，故不得势，所谓先知先觉，后知后觉，不知不觉，此为吾道之三大境界。

凡属吾门，一经推手，自然领会。彼我之高下，无须相角胜负。譬如围棋，高者每下一子，皆有用意，眼光远大，着不虚发，气俱连贯，而占局势，其胜负之情已定；下者，眼光浅近，心无成竹，不得先手，随人摆脱，而自顾不暇，其必败也已知。推手之理亦然。高者，心气沉静，姿态大雅，逆来顺受，运用自如；下者，进则无门，退则无路，攻之不可，守之无术。此即知机与不知机之分耳。

重心

凡人有四肢躯干，头为首，其站立俯仰，亦各有姿势。姿势立，则生重心。重心稳固，所谓得机得势；重心失中，乃有颠倒之虞，即不得机，不得势也。

拳术，功用之基础，则在重心之稳固与否，而重心又有固定与活动之分；固定者，是专主自己练习拳术之时，每一动作、一姿势，均须时时注意之，或转动，或进退皆然。重心与虚实本属一体，虚实能变换无常，重心则不然。虽能移动，因系全体之主宰，不能轻举妄动，使敌知吾虚实。

又如作战然，心为令，气为旗，腰为纛。太极拳以劲为战术，虚实为战略，意气为指挥，听劲为间谍，重心为主帅，学者应时时揣摸默识体会之，此为斯道全体大用也。重心，活动之谓，系在彼我相较之间，虽在决斗之中，必须时时维持自己之重心，而攻击他人之重心。即坚守全军之司令，而不使主帅有所失利也。

双重

双重者，无虚实之谓也。双重之病，有单方与双方及两手两足之分。经云:“偏沉则随，双重则滞。”又云:“有数年纯功而不能运用者，率为人制，双重之病未悟耳。”故双重之病，最难自悟自觉，非知虚实之理，不易避免。能解此病，则听劲、感觉、虚实、问答，皆能融会贯通焉。

脚踏车之所以能行动弯转自如者，均力学也。人坐于车上，手拂之，足踏之，目视之，身随之，其重心在腰，而司顾盼，以手辅助之。其轮盘置于车之中心，两足踏于脚蹬之上，一踏一提，则轮齿绞练而带动前进矣。

若使两足同时用力踏之，则车即行停止前进，此盖双重之病耳。

夫推手亦然。对方用力推我，吾若仍以力相抵抗之，因而相持，则谓之滞，此即双方之双重也；若我或彼，各顺其势，不以力抵抗，而顺对方来力之方向撤回，引之前进，然须不丢不顶，则必有一方之力落空，此即偏沉所致。

如我拟攻对方之侧面，使其倒地，若以两手直接推之，而对方气力强大，不可挫其锋；须以虚实之法，双手抚其肩，我左手由彼之右肩下捋，同时我右手击其左肩，此时我之两手作交叉之势，同主一方，而发劲成一圆形，则彼可侧斜而倒，因彼同时不能上下相顾而失利也，此即吾发劲偏沉所致也。学者悟一而知十，所谓由着熟而渐悟懂劲也。

舍己从人

舍己从人，是舍弃自己的主张，而依从他人动作。在太极拳中，为最难能之事。因两人在交手之时，胜负之观念重，彼我决不相容，何况互相攻击；或在相持之中，而弃其权利，所谓舍己从人，不仅作字面解释而矣。

在吾道中，其寓意至深，学者当于“惟务养性”四字下功夫。经云：无极而生，动静之机，阴阳之母也。动静为性，阴阳为理，故性理为道之本源。养性之说，是学者应时时致力修养，潜心揣摩，心领神会，久之自能豁然贯通矣。

又云：“由着熟而渐悟懂劲，懂劲后而阶及神明。”此乃循环之理，归宗之意。盖所谓超以象外，得其寰中。功夫练到精微，能造机造势，不愁无得机得势处。能处处随曲就伸，则无往不利，如此乃能舍己从人。

鼓荡

气沉，腰松，腹净，含胸，拔背，沉肩，垂肘，节节舒展；动之，静之，虚之，实之，呼之，吸之，开之，合之，刚之，柔之，缓之，急之，此种混合之劲，乃是鼓荡也。是故以心行意，以意行气，以气运身，乃生鼓荡之劲。由心气贯串，阴阳变化而来。如飓风骇浪，云行水流，如鸢飞鱼跃，兔起鹘落，载沉载浮，忽隐忽现；大气鼓荡，风云莫测者也。

太极推手，最后功夫有烂采花者，又名采浪花，全以鼓荡之劲鼓动对方。使之如海船遇风，出入波涛之中，眩晕无主，倾斜颠簸，自身重心，难以捉摸，即鼓荡之作用也。

基础

太极拳以拳架为体，以推手为用。在初学盘架时，基础最关重要，其姿势务求正确而中正安舒，其动作必须缓和而轻灵圆活。此系入门之径，学者循序而进，不致妄费功夫，而得其捷径也。

中者，心气中和，神清气沉，其根在脚，即是立点。重心系于腰脊，所谓“命意源头在腰隙”，精神含敛于内，不表于外，乃能中定沉静矣。

正者，姿势端正。每一姿势，务宜端正，而忌偏斜。然各种姿势，各不相同，或仰，或俯，或伸，或屈，非尽中正。是以其发劲及其用意之方向，而求其重心。盖重心为全体枢纽，重心立，则开合灵活自如；重心不立，则开合失其关键。如车轴为车轮之枢纽，若使车轴置于偏斜，而不适于车身之重心处，则车轮转动，进退失其效用矣。故拳架之姿势，务求正确，则重心平稳，要不自牵扯其重心，而辨别虚实也。

安者，安然之意，切忌牵强。由自然之中，得其安适，乃无气滞之弊，而能气遍身躯矣。此由于姿势安稳，动作均匀，呼吸平和，神气镇静所致。

舒者，舒展之谓。故云先求开展，后求紧凑。初学盘架时，姿势动作，务求开展，使全体关节，节节舒展之。然非故意用力伸张筋骨，于自然之中，徐徐松展，久之自然松活沉着矣。

轻者，轻虚之意，然忌漂浮。在盘架时，动作要轻灵而和缓，往复乃能自如，久之自生松活之劲，进而生粘黏之劲。故轻字是练太极拳下手之处，入门之途径。

灵者，灵敏之谓。由轻虚而松沉，由松沉而粘黏。能粘黏，即能连随。能连随，而后方能灵敏，则可悟及不丢不顶矣。

圆者，圆满之谓。每一姿势一动作，务求圆满，而无缺陷，则能完整一气，而免凸凹断续之病；推手运用各劲，非圆不灵，能圆则活，处处能圆，则无往不利。

活者，灵活之谓，无笨重迟滞之意。上述各节贯通后，则伸屈开合、进退俯仰，无不自由。所谓能呼吸，而后能灵活也。

授受

夫人之性情，各有不同，大抵可分为两种，曰刚与柔是也。刚性急而烈，上者为强，下者为暴。强者喜争，故其学拳时多务于刚，以其性喜争强斗胜，不屈人下也。柔者，性和而顺，上者心气中和而笃敬，故其学拳时，多务于柔，以其性喜和平，多涵养也。暴者，性燥而鲁莽，故其学拳时，专务于猛，而无精细之趣。柔之下者，性柔而弱，意志不强，少进取心，故其学拳时不求甚解。然武人贵志刚而性柔，有智，有仁，有勇，方为刚柔相济，如此乃能进德修业矣。

上述性别，关乎学者之本性，应注意之。学者以性情之不同，而所得结果亦异。间尝窃观，学太极拳者，虽同一师承，而其拳之姿势，与理论之解释各异，因而遗下多少窦疑及误会。凡此盖亦教授者因其人之性情而授受之耳。所谓差之毫厘，谬以千里。故特表而出之，以解释群疑，而资参考焉。

第六卷 赵堡太极拳传谱汇集

蒋发太极拳论

太极拳功

师传曰：太极行功法，在调阴阳，合神气，止心于脐下，乃曰凝神。敛神入气穴，使阴阳交感，浑然一气。

夫太极拳者，静而始动，动而至静，动静相因，连而不断。神形互依，意气相聚。拳未到，而意先到。拳不到，而意亦到。上下相随，内外相合，虚实分明，用意不用力，乃拳功之要，学者不二法门也。

太极拳要诀

筋骨要松，皮毛要攻。节节贯串，虚灵在中。

陈清平太极拳论

陈清平

陈清平（1795—1865），或名陈清萍、陈青萍，赵堡镇人，为赵堡太极拳第七代传人，太极拳承上启下之一代宗师。少年时拜于有“太极拳神手”之称的赵堡太极拳第六代宗师张彦门下，系统地学习太极拳全部技艺。其勤学善悟，理法均能融会贯通，是以武学造诣可谓神乎其技，臻于上乘。

陈清平先生志气清朗，不拘门户之见，具有豁达的心胸和开明的教育思想。勇于跳出封闭狭隘的框框，深知“太极拳不出村”之守旧思想严重地束缚了太极拳的发展与创新，所以他打破门规，广授门徒，坦然将太极秘技公布于众。其门下从学者最多时逾八百之众，所收学生也并不只是局限在陈氏家族范围内，且其最知名的学生几乎都不姓陈，但个个均身怀绝技。由此可见，陈清平先生是将太极拳看作人类共有的财富，而不将其视为私人或家族财产，在当时封建守旧的时代背景下，能有如此豁达开明的胸襟，实属不易，亦非常难能可贵。

陈清平在教学上不拘泥守旧，非常灵活。根据每个弟子的资质，因材施教，所授徒弟，均能在其点拨下举一反三，获益良多。所授弟子在陈清平所传太极拳的基础上，吸取其他门派之精髓，结合自身之体悟，各自发挥，融而化之，逐渐演变出风格多变的太极拳流派和套路。如其弟子武河清（禹襄）系河北省永年县人，少年在家习练杨式太极拳，后得知杨式来源于陈氏，遂借去河南舞阳探兄之便，专程到赵堡镇向陈清平请益，并以其过人之天资，经数月言传身教，潜心默识，得授真传而归。回乡后，暇则致力于太极拳的研究，将杨、陈两家所传之拳艺融而化之，自成一家，即今之武式太极拳；又如其弟子和兆元（赵堡镇人）新创的和氏太极拳；又如其弟子李景炎（又名李盾，陈辛庄人）所创的忽灵架（又名忽雷架）等等。由其徒衍化出的这些太极拳流派在国内外均具有很高的声誉，且爱好者众。

可以说陈清平除了是一位拳术大家之外，更是一名大彻大悟的太极智者，在拳艺上超越有形的灵魂塑造者，他一个人竟然能教出好几个太极拳流派的始创者，纵溯古今，均是非常难得稀有之事，将其称为太极拳承前启后的一代名师，当实至而名归。

太极拳论解

溟溟浑沌，窥窟莫测，虚而无象，焉知其极，故曰无极；即曰由无极而生，须明无极之义。自无而有，一气动荡，虚无开合，化生于一。浑圆廓象，阴阳感如，喻而名之，是为太极。故曰：若论先天一事无，后天方要着功夫。

太极者，为万物初始也。太极为浑圆之一气，怀阴阳之合聚。此气动而阴阳分，此气静而阴阳合。动静有机，阴阳有变。

太极阴阳之理，贯串于拳势之中，有刚柔之义，顺背之谓，曲伸之分，过与不及之谬也。习者与人相搏，须随其势曲而旋化蓄劲，引其过与不及而击之。击伸发劲以直达疾速，此圆化为方之义。彼刚攻而以柔虚应，此谓走化。彼欲抽身则粘缠，缓随急应，彼莫测而胆寒。虚实互换，彼崩溃而心惊。理用俱明，方悟劲之区别，熟而生巧，渐能随心所欲。故曰：知彼知己，百战不殆。

虚领顶劲，气沉丹田句，实拳法之内功也。师传曰：寅时面南，松身神凝；吐纳自然，撮抵桥通；阴阳和合，攒簇五行；子午卯酉，朔望漾应；慎而密之，久行功成。人身中者不偏，二脉隐于身内，气畅无须倚，气行现心意。浑圆一漾而贯全身，虚感之物而寓灵动。击左左空，击右右空，如充气而圆，无处受力；似簧机受压，反弹随势；压之重而弹愈强，力之沉而空愈深。

武技之道，门派各异，惟内家者，势别劲异，浑身一气，如轮之圆活，虚实转换，旋化随势。不明此者，久难运化，堂室难窥。理用相合，太极真谛，习者不可不详思揣摩焉。若理能守规，久恒自成也。

总歌兼体用连联解

一圆即太极

此层从背丝、缠丝分出阴阳，其练是缠法，其用是捆法。

上下分两仪

此层阳升阴降，阳轻阴重，其练是波澜法，其用是就法。

进退呈四象

此层半阴半阳，纯阴纯阳，互为往来，其练是懂法，其用是伏贴法。

开合是乾坤

此层天地相合，阴阳交合，其练是抽扯法，其用是撑法。

出入综坎离

此层火降水升，水火沸腾，其练是催法，其用是回合法。

领落错震巽

此层雷风鼓动，有起有伏，其练是抑扬法，其用是激法。

迎抵推艮兑

此层为口为耳，能听能问，彼此通气，其练是称法，其用是虚灵法。

命名十三式，总而合为十三，因各有效用，故不得不别之为十三。

此是真秘诀，其中所包一圆、两仪、四象、八卦。各有秘诀，一丝不紊。一太极图之中，而十三式俱现，秘莫秘于此矣，万万勿轻施。秘戒学者，慎重传人，切忌滥授。

是歌均绘有图有解，有练法、有通俗、有由体达用，共分七层连联，而为八联。虽不归致用，不列歌内，其实为致用之母。况歌中七层皆由此而生，此层为练拳鸿蒙之世，如初学时，自始至终，无非混混沌沌，莫明其故。迨炼至背丝扣，心中恍惚，才有一点明机，而太极之生，实肇于此矣，故歌从一圆即太极起。

太极拳总论附歌

歌云：

举步轻灵神内敛，莫教断续一气研。

左宜右有虚实处，意上寓下后天还。

举步轻灵神内敛

一举步周身俱要轻灵，尤须贯穿。气宜鼓荡，神宜内敛。

莫教断续一气研

勿使劲路有凹凸处，勿使有断续处。其根在脚，发于腿，主宰于腰，形于手指。由脚而腿而腰总须完整一气，向前退后乃得机得势。有不得机得势，其病必于腰腿间求之。

左宜右有虚实处

虚实宜分清楚，一处自有一处虚实，处处总此一虚实。上下左右前后皆然。

意上寓下后天还

凡此皆是意，不在外面。有上即有下，有前即有后，有左即有右。如果意要向上，即寓下意，若将物掀起而加以挫之之力。斯其根自断，乃坏之速无疑。总须周身节节贯穿，勿令丝毫间断尔。

背丝扣为太极拳之母，是此拳彻如彻终功夫，此论此歌是教人单做背丝扣顺逆动作之法，故以总称之。

太极拳十三式手法起源之图

图首文字

本太极拳十三式手法，始由天道起，中包六十四势，每势要练够十三字，即一圆、两仪、四象、八卦是也，末以天道终。

余师云：苟非其人，道不虚传。

图中文字

流行者气，对待者数，主宰者理。

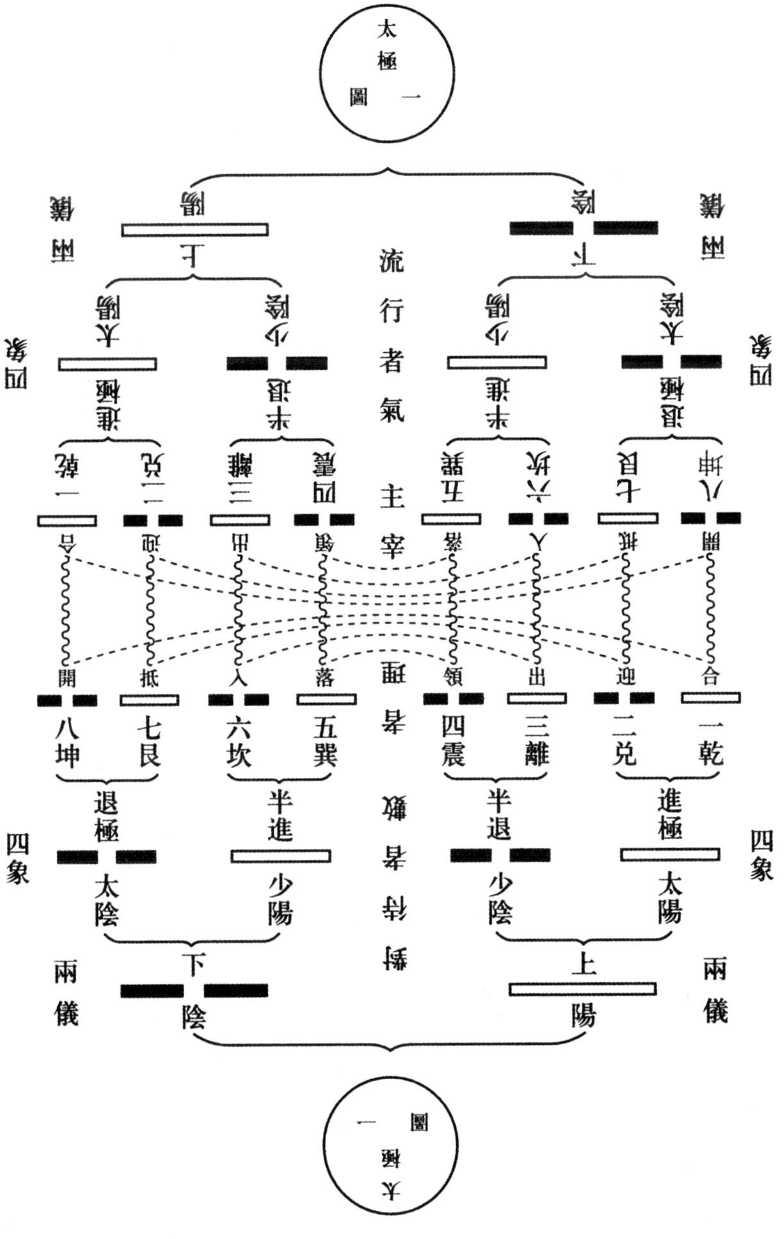

和兆元太极拳论

和兆元

和兆元

和兆元(1810—1890)，字育庵，和式太极拳创始人。

和兆元出生于一个医林世家，其父讳彦方，精通中医内科，善治疑难杂症，在当地有一定影响。为使兆元公能秉承家学，振兴家业，其父嘱其习文学医。和兆元十五岁时，时值清王朝后期，社会动荡，其姐夫李棠阶劝其兼习武技。1825年冬，和兆元拜于赵堡镇一代太极拳名师陈清平门下，开始习练太极拳。因他天资聪颖，活泼机敏，有习武的天分，并且能尊师重道，勤奋好学，功夫出类拔萃，深得清平师的赏识，成为陈清平的入室弟子，全面继承了师传太极拳理法。习太极拳十载，悉心苦练，尽得真传。

之后，太极神手陈清平之师张彦（赵堡人）云游归乡后，和兆元又得精心指点，悟通拳理，其功夫出类拔萃，刀、枪、剑、棍无所不精，终成一代太极名师。

耍拳论

——和兆元传 和庆喜整理

太极拳用功之为“耍拳”，此是吾和式太极拳独特之处。它的取法是根据老庄自然之道，《易》学阴阳之理及“以弱胜强”“无为之为”之论。以柔中求刚为目的，以轻灵自然为原则，以中正平圆为用功方法，此三者为和氏“耍拳”之准则。

此拳由起步学习，至精、气、神一元化，始终要求自然、松柔、轻灵，像顽童玩耍那样随便。不要用意使气，更不可显示发劲。如能由幼童学起，一生不间断地用功，即到年高百岁，仍可保持亦能达到幼童般的体质。因此，按和氏太极拳耍拳准则用功者，可获返老还童的功效。

和氏“耍拳”之用功准则，可使任、督二脉畅通，丹田劲随姿势运转而运行。所谓劲由脊发，膂力无限，是奠定内劲之基础，惟以此准则用功始有此硕果。

和敬芝太极拳论

和敬芝

和敬芝(1850—1918)，字式甫，和式太极拳创始人和兆元三子，拳术上得其父亲传。同治年间，随李建（李棠阶之子）参赞政务，官授文林郎。曾在河朔书院讲书。辛亥革命后曾传弟子多人，文武兼资。著有《高手武技论》等太极拳论。

高手武技论

手之高名，百发百中矣。手所在，即高所在也，百发有不百中者乎？且拳勇之势，固贵乎身灵也，尤贵乎手敏。盖身不灵，则无以为措手之地。而手不敏，亦无以为动身之处。惟身与手合，手与身应，夫而后虽不能为领兵排阵，亦可为交手莫敌矣。

今世之论武技者，动曰：某为快手，某为慢手，某为能手，某为拙手。知慢手不如快手，拙手不如能手。他人不能送出者，彼则从而送出之，夫不是低手，而为高手也。故吾思之，高者人人所造也。当此高之会，此以一高，彼以一高，均于使高焉。而自有此高，直以一人之高，敌千人之高，而众人之高不见高也，夫惟有真高而已矣。

抑又思之，手者人人所有也，值交手之际，此以一手，彼以一手，均不让手焉。而自有此手，又以独具之手，当前后之手，当左右之手，而众人之手如无手也，夫惟有束手而已矣。吾于是为乃高手也。幸夫一推见倒，推推见倒，其以引进落空，过劲击人，彼如悬壁束手，发之数仆，真不啻天上将军也，安有不制胜也哉！且于是为是手慰也。慰夫神妙莫测，灵动手知，其逐势进退者，又不啻于人间神仙也！安有不争雄也哉！呼引入胜，高手一同神手，一动惊人。高手宛妙手，人亦法高手焉可已！夫法高者，功也！手敏身灵，也于神乎。阴阳之拳，数载纯功，安有不高者乎？

然武技贯于理也，习者思之，深必悟焉，至为高手也。

和庆喜太极拳论

和庆喜

和庆喜（1857—1936），字福棠，和润芝长子。河南温县赵堡镇人，赵堡太极拳第八代和兆元之孙，为赵堡太极拳第九代传人。

和庆喜

和庆喜生活在一个封建军阀混战的黑暗年代，少年时期开始跟随祖父和兆元学习赵堡太极拳，苦练数年，拳术纯正，技压群雄。穷文富武，在那战乱黑暗的封建社会，因家庭生活所迫，32 岁被迫弃武经商，踏上了日夜奔波走南闯北的养家糊口之路。

在经商的艰苦岁月中，和庆喜始终牢记祖父的临终教诲："福棠（和庆喜乳名），日后与人交手，挨打也不要改拳架，挨打怨你没功夫，为啥挨打在自己身上找原因。"沧桑岁月，衣食为天，和庆喜为了全家老小生计，将太极拳一丢就是四十个年头。民国十七年（1928 年）国家提倡发扬国术，和庆喜时年已 72 岁。他"老骥伏枥，志在千里"，"烈士暮年，壮心不已"，仅用八个月时间就凭记忆把赵堡太极拳套路全部恢复，并于 1928 年起开山收徒。和庆喜为人和善，因材施教，一经开门授徒，即从学者如流。在短短数年内，教出了一大批如郑伯英、郑悟清、郭云、郝玉朝、和学信、柴玉柱等身怀绝技的优秀门徒。1931 年 74 岁高龄的和庆喜踌躇满志，精神矍铄，亲自率徒去开封打擂，以赵堡拳太极拳之精湛拳艺，技压群雄，威震武坛，其弟子郑伯英获得此次五省国术擂台拳王称号。他靠拳拳爱国之情，以垂暮之年的勃勃雄心，奋力延续赵堡太极拳香火，终于在乱世中保全了太极拳的传承接续，并将其发扬光大，功莫大焉。

习拳大歌

习拳之道多留心，神敛肌松态自然。
腰脊中正虚领顶，气达周身督脉贯。
虚虚实实明阴阳，身灵步活弗缰绊。
拳守四法晓六合，上走下随意欲先。
松肩沉肘气蓄下，妙运精气润心田。
招路多拟立圆行，缠绵软柔劲相连。
节节体骸归一元，能分易合臻化境。
循势舍己借彼力，遂阳就阴达真玄。
入门捷径须口授，功夫真善凭自修。
盘架有时贵于恒，子卯时分莫间断。
学好太极岂曰难，老幼强弱皆宜练。
若问习拳有何益，延年益寿身自安。

习拳歌

习拳之道多留心，神敛体松法自然，
腰脊中正顶劲领，气遍周身任督行。
虚虚实实阴阳理，身灵步活周身功。
拳守九法知六合，上下相随功自成。
张弓蓄劲气贴背，妙在中气腹内行。
招法内劲圆为宗，顺遂轻灵刚柔用。
节节体骸归一元，静分动合臻化境。

循势舍己借彼劲，因阳就阴显奇能。
盘架行功贵有恒，子午卯酉顺时应。
摇而不极气血畅，延年益寿太极功。
习拳须明拳中理，谨记代理不虚名。
学好太极岂曰难，详示口授功自修。

注：此“习拳歌”出自和有禄编著之《和式太极拳谱》，观其内容当为第一篇“习拳大歌”的演绎版本，姑且收录之，以待有识者考证辨析。

杜元化太极拳论

杜元化

杜元化（1869—1938），字育万，河南省沁阳县（今沁阳市）义庄人。1905—1910年师承于温县西新庄任长春学习太极拳，是赵堡太极拳的再传弟子。

1931—1934年在河南省国术馆任教期间，著有《太极拳正宗》一书，于1935年在开封出版，其中收录了不少罕见的太极拳论，尤其是书中关于“背丝扣”的提法更是首次见诸文字，非常值得研究。

杜元化太极拳启蒙序

窃闻余师述蒋夫子所传赵堡镇太极拳，只“太极之先，天地根源”二语尽之。何则太极，即天地也，太极之先，即无极也。天地根源，天地仍太极也，根源即无极中之背丝扣也。背丝扣既为天地根源，即太极之母也。

今编述太极拳第一册，名曰启蒙。因其中动作着着混圆，与天地之无极同。由着着混圆，历三直、四顺、六合等等。本人之身之混圆，而造为背丝扣，既于天地之根源同，则人身之背丝扣非即为人身练太极之母乎？既为人身练太极之母，则太极拳之基，实肇于此。太极拳之基既肇于此，则其中所练之两仪、四象、八卦，诚无不肇于此矣。

然此册本名曰联，实为太极拳入门之初步，所以名曰启蒙；撮其要旨，则曰纲领；举其全体，则太极拳正宗。

太极拳练法

当鸿蒙之时，天地未分，无边无际，混圆而已；恍恍惚惚，其中含有三直、四顺、六合、四大节、八小节，虽在恍惚之中，绝未见其气有撇有停、毫无主宰而踏流水，此天地未分之现象也。人身亦然，如天地是混圆，人身无处不是混圆。天地有三直，是上、中、下；人身亦有三直，是头、身、腿。天地有四顺，是寒、温、暑、凉，人身亦有四顺，是手、身、腿、脚。天地有六合，是上、下、四方，人身亦有六合，是手、脚、肘、膝、膀、胯。天地有四大节，是春、夏、秋、冬，人身亦有四大节，是两膀、两胯。天地有八小节，是四立（立春、立夏、立秋、立冬）、二分（春分、秋分）、二至(夏至、冬至)；人身亦有八小节，是两手、两肘、两膝、两胯。

天地旋转，未见有撇有停，是气数；人身动作亦是，不撇不停，亦是气数。不过未免有时嫌滞。天地有主宰是理，而不流水是节候。人身亦是，有主宰是心，而不流水是节制，不过未免有时稍混。所以，吾人本太极以造拳，必须从三直、四顺、六合、四大节、八小节、不撇不停、不流水做起。为练拳鸿蒙之时，所以名曰无极。虽说与天地斤斤有关，并非外铄强为牵拉也。然非修炼经过者不知。

若将此数层练过，其中之混圆一变，即是背丝扣，斯拳之联备矣。再由背丝扣一变即成太极。练至此，正气机变化之机也。然此是未变太极以前之事，故号曰无极，亦名曰联。

太极拳启蒙规则

任长春（杜元化之师）云："练太极拳者若不知此中秘诀与各层图解，虽朝夕用功或整年累月，甚至练数十年之久，在彼意谓只要有工夫就能造成高手妙手，吾（杜元化）谓徒妄想耳；可为之下一断语：譬如愚人妄想升仙路，瞎汉夜走入深山。不惟无益，甚且有损。"

空圈

一势一势都练成空圆圈，即是无极，即是联。故每势以转圆为主，不须断续，不须堆注，如此做去，方为合格。

三直

头直、身直、小腿直，三者何以能直？细分之，是不前俯，不后仰，不左歪，不右倒，不扭膀，不掉胯，自然上下成直。

四顺

顺腿、顺脚、顺手、顺身，四者何以能顺？细分之，是手向左去，身顺之去。腿向左去，脚亦顺之去。惟顺脚时，先将脚尖撩起，随势而动，切记不可抬高，移动身之重点，向右顺亦然。

六合

手与脚合，肘与膝合，膀与胯合，心与意合，气与力合，筋与骨合。

四大节八小节

两膀、两胯为四大节，膀为梢节之根，胯为根节之根，周身活泼，全赖乎此。八小节：两肘、两膝、两手、两脚，节节随膀随胯，挨次运动，勿令死滞，自能顺随，与膀胯为一。

不撇、不停

每动一招，左手动，右手不动，为撇；右手动，左手不动，亦为撇。脚之作用与手同，不到成势时止住，是为将劲打断，名曰停。犯此，无论如何锻炼，劲不接连，终无效用。

不流水

每一招到成时一顿，意贯下着，是为势断意不断。如不停顿，一混做去，谓之流水。犯此，到发劲时，因势无节制，劲无定位，必致劲无从发，此宜深戒。

总括

四梢：每一动作，行于四梢，此为练拳之必要。有歌为证。
歌曰：牙齿为骨梢，舌头为肉梢，指甲为筋梢，毛孔为气梢。

郑悟清太极拳论

郑悟清

郑悟清

郑悟清（1895—1984），字凤臣，汉族，曾用名郑梧卿，河南温县赵堡镇人，武当赵堡太极第十代传人。1938—1947年间，在西安警备司令部、黄埔军校七分校、国民党军政部西安办事处、西北补给处司令部、陕西省政府等处任国术教官；并任西安国术馆委员。1949年后，任西安市体委委员。

郑悟清先生自而立之年因患不治之疾（童子痨、胃出血）医药无效，从学于赵堡太极拳名师和庆喜。先生立志钻研、刻苦修炼、持之以恒，深得太极之真谛。并结识享盛誉于黄河两岸的堪舆家安伯一先生，郑悟清先生在理、数、象学方面多受益于安先生。郑悟清先生深究易理，博览群书，将儒、释、道、医、兵、书法、文史等诸子百家学说融于太极拳之中，并运用经络学说、人体力学，根据自己的实践心得，进一步升华太极拳养生延年之功效，使自己30岁的不愈之体，至90岁无疾而终，生命又延续了六十年，并将养生健身之法传给众人，使更多人受益。

郑悟清先生对太极理论有独到见解，拳艺上富有革新精神，拳艺精湛、内功深厚，从未穿过滑冰鞋，却能穿滑冰鞋在冰上练拳，运停自如；并可水中投石而不起花波；同时郑先生亦精于点穴，技艺非凡，其在技击运用中，击人而不露形，与人试技，往往以微妙之变化，即可击人于丈外。

太极拳序

拳以炼心奋神也。然拳源甚古，姿势功用不同，而派别名称亦异。溯其源流，则不外两家，即武当与少林。武当主柔，劲蓄于内。少林主刚，劲显于外。

晚近以少林甚盛，门类派别众，趋尚险奇，渐失体育本旨，学者习之事倍功半，体弱者习之尤害多利少，故余殊所不取。

太极拳者，内家拳中最平易，而最能发达体育者也，故余嗜之特甚，无间寒暑，习之既久，愈觉其奥妙无穷，功用之伟，诚非其他拳术所及。兹分为姿势、动作、发劲、灵巧、养生，述之如下。

姿势

太极拳之姿势甚多，总合之有五行八卦之分，是谓十三势。何为五行？进、退、顾、盼、定是也。何为八卦？掤、捋、挤、按、采、挒、肘、靠是也。十三势为学太极拳必经之途，倘使吾人逐日演习，不稍间断，则若干年后，历练既深，拳术之中精奥，自能阐发无遗，而获益匪浅。

动作

太极拳动作，须慢而匀。盖外家之拳术虽见速效，而流弊滋甚。太极拳则以活动筋骨为主，运动以柔活为上。惟其慢，始能柔。惟其匀，始能活。且各种动作俱成圆形，而一圆之中，虚实变化生焉。其无穷之奥妙，既在此虚实变化之中。

初学者或未能知，习之既久，则得心应手，趣味无穷，既足以舒展筋骨，又能调和气血，可谓身心兼修，最合体育之道。

用意

太极拳练习纯任自然，不尚用力用气，而尚用意。用力则笨，用气则滞，是故沉气松力为要。气沉，则呼吸调和；力松，则发展先天之力。盖先天之力乃固有之力，后天之力为勉强之力。前者其势顺，后者其势逆。

太极拳主逆来顺受，以顺制逆者，故不须用过分之力。

惟外家拳术，其用力用气，属于勉强，强人以难能，故为之硬功。习之不当，流弊滋多。且习硬功者，其力已尽量用出，毫无含蓄，虽习之多年，表面上似有增进，实则其内部之力，并未加长。若太极拳虽不用过分之力与气，而练习时全在意志，惟其能用意也，所以能使其力蓄于内，不流露于外，气沉于丹田，不停滞于胸。惟其不用过分之力与气，故练习之日既久，积蓄之气力愈大，至必要时，仍能运用自如，毫无困难与勉强。譬犹劳动者终日做工，其气力皆尽量用出，并无积蓄，故劳动若干年后，其气力依然如故，外家之硬功亦若是耳。

发劲

劲有刚柔之别。何为刚劲？无论劲之大小，含有抵抗性而一往无前者，谓之刚劲。何为柔劲？随敌劲以为伸缩，而不加抵抗者，谓之柔劲。

太极拳之妙处，在于与人交手时，不先取攻势，而能接受敌人之劲。初不加以抵抗，以其黏柔之力，化去敌人顽强之劲，待敌人一击不中，欲图谋再举之时，然后蹈瑕抵隙顺其势，而反守为攻，则敌人力竭之余，重心移动，鲜有不失败者。

盖太极拳之动作，本为无数圆形，而圆形之中，则为重心所在。处处立定脚根，虽敌人发劲极强，而以逆来顺受之法，引之入壳，待敌人之劲既出，重心既失，然后从而制之，所谓避实就虚、以柔胜刚之法也。

灵巧

语云：“熟能生巧。”故太极拳之精粗，以功夫浅深为断。盖功夫深，则于其中之虚实变化皆已了然，既了然于虚实变化中，则能于虚实变化中求出巧妙之途径。故其所用之力，轻灵圆活。以视外工之用力用气，专主于一隅成为死笨之气力者，迥乎不同。

且因其不用过分之力与气，故能持久而不敝，因其动作俱为圆形，故能处处稳定重心，重心稳定则基础巩固，无虑外力之来侵矣。

养生

拳属体育，以养生为主，然此非所论外家之硬功，惟太极拳始真能养生。吾人身体之发达，贵能平均，在生理上均有一定之程序。剧烈运动，因不合于此种程序，而多得其反。太极拳动作则轻软异常，而一动全身皆动，于全身任何部分均无偏颇之弊，且因其动作柔和劲灵，故能调和气血，陶养性情，合于生理程序，使身体平均发达。

且练习无用过分之力气，虽老弱病，亦不难为，却病延年，非虚语也。

注：

此篇拳论曾被1999年原宝山所著《武当赵堡太极拳》所收录，署名作者为郑悟清，但后经相关学者考证，此文最早出自民国18年（1929年）出版的《康健指南》第三页褚民谊之序言，究竟谁是作者，姑且留于有心者研究，笔者不参与过多个人意见，仅就其内容来说，对太极拳理法阐述的很真实浅显，值得一看，故收录之。

太极拳之练法说明

夫初练者，宜端正方向，以立根基。最忌粗心浮气，精神不属，眼不顾手，手不顾脚，此谓之盲练也。尤忌身形不活，手脚不随，即用猛力，处处夺力，而仅能显力者，此痴练耳。

倘能平心静气，注目凝神，轻摇之，以松其肩；柔随之，以活其身；徐行之，以稳其步；待至肩松、身活、步稳，然后镇头领气，以卫其力；力顺则气自通，气通则力自重。所学之法如是，练而习之，以期纯熟，则手、眼、步一致，心、神、气相同，自能臻自然而然之妙境矣。

太极初学要诀

初学而内要静空，周身而外要轻松。
内空静气行于外，外松而内有神精。
功夫不可须臾断，临用之时有奇能。

太极拳诀

太极亦称心意拳，将计就计妙无边。
拳法行圆螺旋劲，阴阳无偏气贯穿。
总之要求四明懂，四明不懂艺难成。
上节不明无依宗，中节不明身自空。
下节不明易栽跌，采手不明多遭凶。
精通太极非易事，师传揣练自修成。
上节含胸自拔背，垂脊挺胸神内明。
下节进退顾盼定，随机应变生克清。
拳架推手散打用，二气发梢威无穷。
面前有手不见手，胸前有肘不见肘。
倘若触手彼难走，这样方显是高手。
十三势法代代传，三丰拳技内家源。

第七卷 赵堡太极门内传抄拳谱汇集

论 技

此捶亦名为心意，盖心意者，意自心生，拳随意发，总要知己知彼，随机应变。心气一发，四肢皆动，足起有地，膝起有数，动转有位，合膊望胯，三节对照，心、意、气内三相合。拳与足合，肘与膝合，肩与胯合，外三相合。手心、足心、本心三心一气相合，远不发手，捶打五尺以内、三尺以外，不论前后左右，一步一捶，发手以得人为准，以不见形为妙。

发手快似风箭，响如雷鸣，出没如兔，亦若生鸟之投林；逢单敌，似巨炮摧薄壁之势，眼捷手快，勇跃直吞；未曾交手，一气当先，既入其手，灵动为妙。

见孔不打，见横打。见孔不立，见横立。上中下总气把定，身足手规矩绳束。既不望空起，亦不望空落。精明灵巧，全在于活。能去能就，能柔能刚，能进能退。不动如山岳，难知如阴阳，无穷如天地，充实如太苍，浩渺如四海，眩耀如三光。察未势之机会，揣敌人之短长。静以待动有上法，动以处静有借法。借法容易上活难，还是上法最为先。

交勇者不可思误，思误者寸步难行。起如箭攒，落如风，委催崩绝手搂手，昏合暗迷中，疾如闪电，两边提防左右，反背如虎搜山。斩捶勇猛不可挡，斩梢迎面取中堂，抢上抢下势如虎，好如鹰鹞下鸡场。翻江搅海不须忙，单凤朝阳总为强，云背日月天地交，武艺相争见低高。步路一寸开把尺，劈面就去上右腿。进左步，此法前行。进人要进身，身手齐到是为真，发中有绝何从用，解开其意妙如神。鹞子攒林麻雀翅，鹰捉小鸟势四平，取胜四梢要聚齐，第一还要手护心。计谋施运化，霹雳走精神，心毒称上策，手眼方胜人。

何为闪？何为进？进即闪，闪即进，不必远求。何为打？何为顾？顾即打；打即顾，发手便是。心如火药，拳如子，灵机一动鸟难飞；身似弓弦，手似箭，弦响鸟落显神奇。起手如闪电，闪电不及合眸；打人如迅雷，迅雷不及掩耳。

五行本是五道关，无人把守自遮拦，左腮手过，右腮手去，右腮手过去，左腮手过来，两手束拳迎面出。五关之门关得严。拳从心内发，手向鼻尖落，足从地下起，足起快时心火作。五行金木水火土，火炎上而水就下，我有心肝脾肺肾，五行相推无差错。

论 法

上右进左，上左进右。发步时，足跟先着地，脚以十趾抓地，步要稳当，身要庄重，捶要沉实而有骨力。去是撒手，着人成拳。

用拳，拳要攥紧；用把，把要把定；上下气要均停；出入以心为主宰，眼、手、足随之去，不贪不歉，不即不离。肘落肘窝，手落手窝。右足当先，膊尖向前，此是换步。拳从心发，以身力催手，手以心把，进人进身，一步一捶。一枝动，百枝俱随，发中有绝，一屈浑身皆屈，一伸浑身皆伸，伸要伸得尽，屈要屈得狠，如卷炮卷得紧，崩得有力。

不拘提打、按打、群打、烘打、旋打、斩打、冲打、镑打、肘打、膊打、胯打、掌打、头打、进步打、退步打、顺步打、横步打，以及前后左右上下百般打法，皆要一气相随。

出手先占正门，此是巧也。骨节要对，不对则无力。手把要灵，不灵则生变。发手要快，不快则迟误。举手要火，不火则不快。打手要狠，不狠则不齐。存心要毒，不毒则不准。脚手要活，不活则担险。存心要精，不精则受愚。发作要鹰扬勇猛，泼皮胆大，机要熟运，切勿畏惧迟疑；心小胆大，面善心恶。静似书生，动如雷发。

人之势亦当审查，脚踢头歪，拳打膊乍，窄身进步，伏身发起。斜形换步，拦打侧身，趔步趔身，展腿蹬脚。指东，须防西杀；上虚，下必要实；诡蔽指不胜屈，灵机贵自揣摩。

手快打手慢，俗言极是。先下手为强，其真的确。起望落，落望起，起落要相随。身手齐到是为真。剪之股，望眉斩，加上反背，如虎搜山。三尺罗衣，挂在无影树上，起手如闪电，打下如迅雷。如风如雷，鹰捉燕，鹞钻林，狮扑兔。起手三心相对，不动如书生，动之如龙虎。远不发手，双手双心打。

捷要论

右来右迎，左来左迎，此为捷取。远了便上手，近了便加肘。远了使脚踢，近了便加膝，远近宜知。拳打膀乍，足踢头歪。把势审人，能叫一思进，不叫一思退。有意莫带形，带形必不赢。

捷取人法，审顾地形，拳打上风。手要急，足要轻，把势走动如猫行。心要整，目聚精，手脚齐到定能赢。若是手到足（步）不到，打人不得妙；手到步也到，打人如蒿草。是以善拳者，先看地形后下手，上打咽喉下打阴，左右两肋中在心。前打一丈不为远，近者只在一寸间，意深自揣也。

天机远论

身动时如崩墙倒，脚落时如树栽根。手起如炮直冲，身动如蛇前行。击首则尾随，击尾则首应，击中节则首尾皆相应。打前要顾后，知进须知退。心动快似马，臂动速如风。

操练时，面前无人如有人；交手时，面前有人如无人。前手起，后手紧催；起前脚，后脚紧随。面前有手不见手，胸前有肘不见肘。见空不打，见空不上。拳不望空打，打起不空落。手起足要落，足落手要起。心要占先，意要胜人，身要攻人，步要过人。前腿似弓，后腿是蹬。首要仰起，胸要现起，腰要长起。丹田要运起，自顶至足，一气相贯。

遇敌胆战心寒者，必不能取胜；未能察言观色者，必不能防人。人不动，己亦不动；人微动，己必先动。先动者为师，后动者为弟。能叫一思进，莫叫一思退。三节要停，三心要实，三尖要照，四梢要齐。明了三心多一妙，明了三节多一方，明了四梢多一精，明了五行多一气。明了三节，不贪不欠。起落进退多变化，三回九转是一势。

总要以气为主，以心统乎五行。运乎二气，时时操演思悟，时时运化，朝夕盘打，始而勉强，久而自然。诚哉是言，岂虚语哉？

比　手

天地之道，阴阳而已。阳属刚，阴属柔，二人比手亦然。比手亦说挤手，即别派所谓推手是也。

然二人交手之会，千变万化，要之以拥、捋、挤、按为大题，以身灵手敏为应变。进退转侧，刚柔相济，舍己从人，相机进攻。彼以刚来，我以柔应，柔中寓刚，人所难防。悉心揣摩，临敌制胜，不难立见也。

何为拥？

吾一双胳膊拥他人双手也。如敌人双手按我右胳膊（或左或右），我必须用如封似闭之势将敌人刚劲引空，乘彼之势，宜接则按之，宜捋则捋之，宜卸（我半身退下为之卸）则卸之，使彼自己落空，方为上策。

何为捋？

敌人以两手按我右胳膊之时，彼用劲太大，手足齐进，我用如封似闭势将彼劲引空后，我乘势将右半身下卸，即用我左手，搭在彼之大胳膊之上，吾两手齐往右边引之，使彼落空，彼势不便前进，必须半身下卸。

何为挤？

在敌半身下卸之时，我以小胳膊击之是也。

何为按？

我以小胳膊击敌人之时，彼将我胳膊引空，我不能前进，势须半身下卸，值此之际，彼亦能乘势按我，吾亦能于机按彼。

以上所言，系右面大概而已，左方面亦然。总之拥与捋是应敌之方。挤与按皆击敌之用。彼拥我，吾捋之。彼按我，反按之。彼挤吾，我捋之。吾若反而用之，彼亦反而用之。藕断丝不断，变化莫测，循环不已。总之，传授高，功夫足，敌人虽强，不足为虑矣。

顺来横挡顺着进，横来顺挡顺着进。

七疾要论

七疾者，眼要疾，手要疾，脚要疾，意要疾，出势要疾，进退要疾，身法要疾也。习拳者具此七疾，方能完全制胜。所谓纵横往来，目不及瞬，有如生龙活虎，令人不可捉摸者，唯恃此耳。

眼要疾

眼为心之苗，目察敌情，达之于心。然能应敌变化，取胜成功。谱曰："心为元帅，眼为先锋。盖言心之主宰，均恃眼之迟疾而转移也。"

手要疾

手者，人之羽翼也。凡捍蔽进攻，无不赖之。但交手之道，全恃迟速，迟者负，速者胜，理之自然。故俗云："眼捷手快，有胜无败。"谱曰："手起如箭落如风，追星赶月不放松。"亦谓手法敏疾，乘其无备而攻之，出其不意而取之。不怕敌人身大而力猛，我能出手如风，即制胜也。

脚要疾

脚者，身体之茎也。脚立稳则身稳，脚前进则身随之。形意拳中浑身运力平均，无一偏重，脚进身进，直抢敌人之位，则敌自仆。谱曰："脚打踩意莫容情，消息全凭后足蹬。脚踏中门抢地位，就是神仙也难防。"又曰："脚打七分，手打三"。由是观之，脚之疾更当疾于手之疾也。

意要疾

意者，体之帅也。即眼有监察之情，手有拨转之能，脚有行程之功。然其迟速紧慢，均惟意之适从。所谓立意一疾，眼与手脚均得其要领。故眼之明察秋毫，意使之也；手出不空回，意使之也；脚之捷，亦意使之捷也。观乎此，则意之不可不疾，可知矣。

出势要疾

夫存乎内者为意，现乎外者为势。意即疾矣，出势更不可不疾也。事变当前，必势随意生，随机应变，令敌迅雷不及掩耳，张惶失措，无对峙之策，方能制胜。若意变甚速，而势疾不足以随之，则应对乖张，其败必矣。故意势相合，成功可决；意疾势缓，必负无疑。习技者岂可不加之意乎！

进退要疾

此节所论及纵横往来、进退返侧之法也。当进则进，竭其力而直前；当退则退，领其气而回转。至进退之宜，则须察乎敌之强弱。强则避之，宜以智取；弱则攻之，可以力敌。要速进速退，不使敌人得乘其隙。所谓“高低随时，纵横因势”者是也。

身法要疾

形意武术中，凡五行、六合、七疾、八要等法，皆以身法为本。谱曰：“身如弩弓拳似箭。”又云：“上法须要先上身，手脚齐到方为真。”故身法者，形意拳术之本也。摇膀活胯，周身辗转，侧身而进，不可前俯后仰，左歪右斜。进则直出，退则直落，尤必顾到内外相合，务使其周身团结，上下如一，虽进退亦不能破散，则庶几不可捉摸。而敌不得逞，此所以于眼疾、手疾等外，而尤贵乎其身疾也。

八字诀

三顶

头向上顶，有冲天之雄。头为周身之主，上顶则后三关易通，内气自海底升起，从后经命门直上夹脊，经玉枕达百会。手向外顶，有推山之功，则气可以自胳膊外侧下来，直贯掌心和指尖。舌向上顶，有吼狮吞象之容。舌顶上腭，用鼻呼吸，可以使督任二脉相通。气自百会而下，入口经舌后下于丹田。自腰椎以下将骨节松开，尾闾上翻，提肛，使督任二脉在下部接通。

三扣

肩扣则气力到肘，掌扣则气力到手，手足指（趾）扣则周身力厚。两肩相扣，肩胛骨亦自然放松，使脊背成圆形。手背弓扣，则五指如虎爪，气贯指梢。脚背弓扣，则五趾抓地，桩步稳实，明了三扣多一精。

三圆

脊背要圆，胸脯要圆，虎口要圆。脊背圆则力推身，尾闾中正，精神贯顶。前胸要圆，两膊力全，心窝微收，呼吸通顺。虎口要圆，坐腕撑掌，有裹抱之力。明了三圆多一妙。

三毒

心要毒，如怒狸攫鼠，则能随机应变。眼要毒，如饿鹰捉兔，则能预测机宜。手要毒，如捕羊之饿虎，则能先发制人。明了三毒多一力。

三抱

丹田抱，心气抱，胳膊抱为三抱。丹田要抱气为根，气不外散，击敌必准。心气要抱，遇敌有主，临变不乱。胳膊要抱，出入不散，遇敌无险。明了三抱多一妙。

三垂

气垂，肩垂，肘垂为三垂。气要垂，则气降丹田，身稳如山。俩肩下垂，则臂长力活，肩垂肘前。俩肘下垂，则俩膊自圆，能固俩肋。明了三垂多一灵。

三月

胳膊似弓要月牙，手腕外顶要月牙，腿膝连弯如月牙。三月又叫三曲，有曲而后有直，有蓄而后有发。三月便是曲中求直，蓄而后发的意思。

两膊弯曲如半圆则力富；两膝连弯则力厚；手腕月牙则力凑。明了三月多一巧。

三挺

颈项挺，头部正直精贯顶。身法挺起分四方。脊骨腰挺，则力达四梢，气鼓全身。腿膝下挺，如树生根。明了三挺多一法。

以上八字二十四法是一个整体，没有先后主次之分。在练习中，任何一动都要合于法则，不能有所偏重。因此，在练习中，三体势要多站，动作由慢至快，不可大意。每一势要反复练习，才能形成正确的动力定型。要有耐心，恒心，一步一步练下去，不能求快，欲速则不达也。

九要论

器上而通乎道，技精而入乎神。惟得天下之至正，秉天下之真精者，乃能穷神而入妙，察微而阐幽。心意之用，器也、技也。心意之体，道也、神也。

器技常人可习，而至道神，大圣独得而明。岳武穆王精忠报国，至正至刚，其浩然之气，诚霈然充塞于天地之间。故心意之精，非武穆不能道其详。然全谱散失，不可得而见。而豪芒流落，只此九要论而已。吾侪服膺心意，得以稍涉藩圉，独赖此耳。

此论共九篇，理要而意精深，词详而论辨明。学者有志，朝夕渐摹，而一芥之细，可以参天；滥觞之流，泛为江海。九论虽约，末始不可通微，何莫造室升堂也。

一要论

从来散之必有其统也，分之必有其合也。以故天地间四面八方，纷纷者，各有所属；千头万绪，攘攘者，自有其源。盖一本而散为万殊，而万殊咸归于一本，乃事有必然者。

且拳事之论，亦甚繁矣。而要之千变万化，无往非势，即无往非气。势虽不类，而气归于一。夫所谓一者，从首项至足底，内而有脏腑筋骨，外而有肌肉皮肤、五官、四肢百骸，相联为一贯之者。破之而不开，撞之而不散。上欲动，而下自随之；下欲动，而上自领之；上下动，而中部应之；中部动，而上下和之。内外相连，前后相需，所谓一以贯之者，其斯之谓欤？

而要非勉强以致之，袭焉而为之也。当时而静，寂然湛然，居其所而稳如泰山；当时而动，如雷如崩，出乎尔而，疾如闪电。且静无不静，表里上下，全无参差牵挂之意；动无不动，前后左右，并无抽扯游移之形。洵乎若水之就下，沛然而莫之能御之也。若火之内攻，发之而不及掩耳。不暇思索，不烦拟议，诚不期然而然，莫之致而至，是岂无所至而云乎？

盖气以日积而有益，功以久练而方成。观圣门一贯之传，必俟多闻强识之后，豁然之境，不废格物致知之功。是知事无难易，功惟自尽，不可躐等，不可急遽，按部就班，循次而进。夫而后官骸肢节，自有通贯；上下表里，不难联络。庶乎散者统之，分者合之，四体百骸，终归于一气而已。

二要论

尝有世之论捶者，而兼论气者矣。夫气主于一，可分为二。所谓二者，即呼吸也。捶不能无动静，气不能无呼吸，吸则为阴，呼则为阳。主乎静者为阴，主乎动者为阳。上升为阳，下降为阴。阳气上升而为阳，阳气下行而为阴；阴气下行为阴，阴气上行即为阳，此阴阳之分也。

何谓清浊？升而上者为清，降而下者为浊；清气上升，浊气下降；清者为阳，浊者为阴。而要之阳以滋阴，阴以滋阳。浑而言之，统为一气；分而言之，是为阴阳。气不能没有阴阳，即所谓人不能无动静，鼻不能无呼吸，口不能无出入。此即对待循环不易之理也。然而气分为二，实在于一。有志于斯途者，慎勿以是为拘拘焉。

三要论

夫气本诸身，而身之节无定处。三节者，上、中、下，或根、中、梢也。

以身言之，头为上节，身为中节，腿为下节。

以上节言之，天庭为上节，鼻为中节，下颌为下节。

以中节言之，胸为上节，腹为中节，丹田为下节。

以下节言之，足为梢节，膝为中节，胯为根节。

以手言之，指为梢节，掌为中节，掌根为根节。

观于是，而足不必论矣。然而自顶至足，莫不各有三节。要之，若无三节之分，即无着意之处。盖上节不明，无依无宗；中节不明，浑身是空；下节不明，动辄跌倾。由此观之，三节之论，岂可忽乎哉！

至于气之发动，要从梢节领起，中节随，根节催之而已。然此，犹是节节分而言之者也。若合而言之，则上自头顶，下至足底，四体百骸，总为一节，夫何三节之有哉！又何三节中之各有三节云乎哉！

三节既明，而内劲发动之脉络即可知矣。盖指力源于掌，掌力源于掌根，故掌根催掌，掌催指，而劲乃出。手之力源于肘，肘之力源于肩，故肩催肘，肘催手，而劲可行。足之力源于膝，膝之力源于胯，故胯催膝，膝催足，而劲乃通。然肩胯之劲，源于全身；全身之劲，源于丹田；故丹田为内劲之总渊源也。至于丹田之有劲与否，在于气之贯与不贯耳。果能气贯丹田，则丹田之劲足，其他各节之劲均能催而出也。至于催劲之法，即某节用劲，而心意之间即由丹田贯气循其脉络至某节也，至气之贯丹田也，亦是将呼吸之气由心意间走到丹田耳。

四要论

试于论身、论气之外，而进论乎梢者焉。夫梢者，身之余绪也。言身者，初不及此，言气者，亦所罕论。拳以内而发于外，气由身而达梢。故气之用，不本诸身，则虚而不实；不形诸梢，则实而仍虚。梢亦可不讲，然若论手足之指为梢，此特身之梢耳，而犹未及乎气之梢也。四梢为何？

发，其一也。夫发之所系，不列于五行，无关乎四体，似不足论矣。然发为血之梢，血为气之海，纵不必本诸发以论气，要不可离乎血而生气，不离乎血，即不得兼乎发。发欲冲冠，血梢足矣？

其他，舌为肉梢，而肉为气囊，气不能行诸肉之梢，即气无以充其气之量。故必舌欲催齿，而后肉梢足矣！

至于骨梢者，齿也；筋梢者，指甲也。气生于骨，而联于筋，不及乎齿，即未近乎骨之梢；不及乎指甲，亦未近乎筋之梢。而欲足乎尔者，要非齿欲断筋，甲欲透骨不能也。果能如此，则四梢足矣。四梢足，而气自足矣！岂复有虚而不实，实而仍虚者乎！

五要论

今夫捶以方势，势以气言。人得五脏以形成，即由五形而生气。五脏实为生性之源，生气之本。五脏名为心、肝、脾、肺、肾是也。心为火，而有炎上之象；肝为木，而有曲直之形；脾为土，而有敦厚之势；肺为金，而有从革之能；肾为水，而有润下之功。此乃五脏之意，而必准于气者，以其各有所配合焉。此所以论拳事者，要不能离乎斯也。

其在内也。胸膈为肺经之位也，而为诸脏之华盖，故肺经动而诸脏不能静。两乳之中为心，而肺包护之，盖心居肺之下、胃之上，心经之位也。心为君火，动而相火无不奉合焉。而两胁之间，左为肝，右为脾，背脊十四骨节皆为肾，此固系五脏之位。然五脏之系，皆系于背脊。脊通肾脏而生髓，脊又通全身之髓，故为肾所主。至于腰之两侧，则肾居之本位，故肾为先天下第一，尤为诸脏之根源（实中气之主也）。故肾水足而金、木、水、火、土咸有生机，此乃五脏之位所使之然也。且五脏之存于内者，各有其定位，而具于身者，亦自有所专属。

领、顶、脑、骨、背皆肾是也。两耳亦属肾，两唇、两腮皆脾也，而发则为肺。

天庭为六阳之首，而萃五脏之精华，实为头面之主脑，不啻一身之座督也。印堂者，阳明胃气之冲，天庭性起，机由此达，生发之气，由肾而达于六阳，实为天庭之枢机也。

两目皆为肝而究之，上包为脾，下包为胃，大角为心经，小角为小肠，白则为肺，黑则为肝，瞳则为肾，实为五脏之精华所聚，而不得专为之肝也。

鼻孔为肺，两颐为肾，耳门之前为胆经，身后高骨亦肾也。鼻为中央之土，万物资生气源，实中气为主也。

人中为血气之会，上冲印堂，达于天庭，亦为至要之所。两唇之下为承浆，承浆之下为地阁，上与天庭相应，亦肾经位也。

领顶、颈、项者，五脏之道途，气血之总会，前为食气出入之道，后为肾气升降之途，肝气由之而左旋，脾气由之而右旋，其系更重，而为周身之要领。

两乳为肝，两肩窝为肺，两肘为肾，四肢为脾，两肩背膊皆为脾，而十指则为心肝脾肺肾是也。膝与胫皆肾也，两脚根为肾之要，涌泉为肾穴。

大约身之所系：中者、凸者为心，窝者为肺，骨之露处皆为肾，筋之联处皆为肝，肉之厚处皆为脾。象其意：心如猛虎肝如箭，脾气力大甚无穷，肺经之位最灵变，肾气之动快如风。其为用也，用其经举，凡身之所属于某经者，终不能无意焉，是在当局者自为体认，而非笔墨所能为者也。

至于生克制化，虽别有论，而究其要领，自有统会。五行百体，总为一元；三心四体，合为一气。奚必昭昭于某一经，而支支节节言而为之哉！

六要论

五脏既明，再论六合。夫所谓六合者：心与意合，气与力合，筋与骨合，是为内三合；又有心与意合，意与气合，气与力合的顺序之内三合说。手与足合，肘与膝合，肩与胯合，是为外三合；又有背与肩合，肩与肘合，肘与手合；腰与胯合，胯与膝合，膝与足合的上肢、下肢的顺序之外三合。上述皆为六合说。

左手与右足相合，左肘与右膝相合，左肩与右胯相合。右之与左亦然。

以及头与手合，手与身合，身与步合，孰非外合？心与眼合，肝与筋合，脾与肉合，肺与身合，孰非内合？岂但六合而已哉！凭此特分而言之也！总之，一动无有不动，一合无有不合，五脏百骸，悉在其中矣。

七要论

头为诸阳之首，而为周身之主，五官百骸，莫不惟首是瞻，故身动头不可不进也。

手为先锋，根基在膊，膊不进则手却而不前矣！是膊亦不可不进也。

气聚于脘，机关在腰，腰不进则气馁而不实矣，此所以腰贵于进矣。

意贯周身，运动在步，步不进则意索然而无能为矣，故步尤贵于进也。以及上左必进右，上右必进左，其为六进。

此六进者，孰非着力之地欤？要之，未及其进，合周身而毫无关动之意；一言其进，统全体俱无抽扯游移之形。六进之道，如此而已。

八要论

身法为何，纵横、高低、进退、反侧而已。

纵，则放其势，一往而不返。

横，则裹其力，开拓而莫阻。

高，则扬其身，而身有增长之意。

低，则抑其身，而身有攒（扑）捉之形。

当进则进，殚其身而勇往直前；当退则退，领其气而回转当伏势（敛）。

至于反身顾后，后即前也；侧顾左右，使左右无敢当我。

而要非拘拘焉为之也。必先察人之强弱，运吾之机关。有忽纵而忽横，纵横因势而变迁，不可一概而推；有忽高而忽低，高低随时以转移，不可执格而论。时可宜进，故不可退而馁其气；时而宜退，即当以退而鼓其进。是退固进也，即退而实以蕴其进。若反身顾后，顾其后而不觉其为后；侧顾左右，而左右亦不觉其为左右矣。

总之，机关在眼，变通在心，而握其要者，刚本诸身。身而前，则四体不命令而能行矣；身而却，则百骸莫不冥然而处（退）矣。身法，顾可置而不论乎？

九要论

今夫四肢百骸，主于动，而实动以步。步乃一身之根基，运动之枢纽也。以故应战对敌，皆本诸身，而实所以为身之砥柱者，莫非步。随机应变在于手，而所以为手之转移者，亦在步。进退反侧，非步何以作鼓荡之机？抑扬伸缩，非步何以示变化之妙？所谓机关在眼，变化者在心，而所以拐弯抹角，千变万化，而不至于窘迫者何？莫非步为之司命欤？而要非勉强以致之也。

动作出于无心，鼓舞出于不觉。身欲动而步已为之周旋，手将动而步亦早为之催逼。不期然而已然，莫之驱而若驱。所谓上欲动而下自随之者，其斯之谓欤？

且步分前后，有定位者，步也；无定位者，亦步也！如前步进，而后步亦随之，前后自有定位。若以前步作后步，后步作前步；更以前步作后步之前步，后步作前步之后步，则前后亦自然无定位矣。

总之，拳以论势，而握其要者，步也。活与不活，亦在于步，灵与不灵，亦在于步。步之为用，大矣哉！

十 法

三节

人之一身而言，手肘为梢节，腰腹为中节，足腿为根节。分而言之，三节之中亦各有三节。手为梢节之梢节，肘为梢节之中节，肩为梢节之根节。胸为中节之根节，心为中节之中节，丹田为中节之根节。足为根节之梢节，膝为根节之中节，胯为根节之根节。

总不外乎梢起、中随、根追之理。庶不至有长短、曲直、参差、俯仰之病。此三节所要贵明也。

四梢

发为血梢、甲为筋梢、牙为骨梢、舌为肉梢。四梢齐，则内劲出矣。至于起至之法，必使其发欲冲冠，甲欲透骨，牙欲断金，舌欲摧齿。心一动而四梢皆至。“四梢”齐，而内劲出矣。

盖气从丹田而生，如虎之狠，如龙之惊，气发而为声，声随手发，手随声落。故一枝动，百枝摇；四梢齐，内劲无不出矣。

五行

五行者，金、木、水、火、土也。内对人之五脏，外对人之五官。心属火，心动勇力生。脾属土，脾动大力攻。肝属木，肝动火焰冲。肺属金，肺动沉雷声。肾属水，肾动快如风。此是五行存于内者。

目通于肝，鼻通于肺，耳通于肾，舌通于心，人中通于脾。此五行着于外者。五行本是五通关，无人把守自遮拦，真乃确论也。其所以知者，如手心通心属火，鼻尖通肺属金，火到金化，自然之理也。余可类推。

天地交合，云蔽日月。武艺相争，先闭五行。又曰：四两可以拨千斤。闭己之五行即以克人之五行，此与四梢法相参。

解曰：手打鼻痛，火到金化，自然之理也。

身法

身法有八要，起、落、进、退、反、侧、收、纵。起为横，落为顺，进步低，退步高，反身顾后，侧顾左右。收纵者，收如伏猫而纵如放虎也。大抵以中平为宜，以正直为妙。与三节法相合，此又不可不知也。

解曰：起望高束身而起，落望低展身而落。

步法

步法者，寸、踮、过、快、溅也。如二三尺远，则用寸步，寸步一步可到也。若四五尺远，则用踮步，必踮一步方能到也。若遇身大力强者，同用过步，进前脚，急过后脚，所谓步起在人，落过于人也。如有一丈八尺远，则用快步。快步者，起前脚而带后脚平飞而去，并非跳跃而往也。此马奔虎蹿之意，非艺成者，不可轻用，唯远不发脚而已。如遇人多，或有器械，即连腿带脚并溅而上，进前脚带后脚，如鹞子钻林、燕子取水，所谓踩脚二起之说也。

总之，法不可执，习之纯熟，用之无心，方尽其妙也。

手足法

手法者，出手、领手、起手、截手也。当胸直出者，为之出手。出手者，筋梢发，有起有落，曲而非曲，直而非直，谓之起手。筋梢不发，而未落者，谓之领手。顺起顺落，参以领搓者，谓之截手。起前手，如鹞子钻林，束翅而起。催后手，如燕子抄水，往上翻，长身而落。此单手之法也。

两手交互，并起并落。起如举鼎，落如分砖，此两手之法也。总之，肘护心，手撩阴，其起如同虎扑人，其落如同鹰抓物也。

手足法者，起翻落钻，忌踢宜折也。盖脚起望膝，膝起望怀，脚打膝分而出，而其形上翻，如同手之撩阴也。落则犹如石钻物，如手拂眉。

忌踢者，脚踢浑身是空。宜折者，即手足之落，如鹰捉物是也。手足之法本相同，而足以为用，也必如虎行之无声，龙行之莫测，然后可也。

解曰：手法、足法，取其轻利活动，万不可习乎滞气，以自陷于败亡，所谓滞气不打人也。

上法、进法

上法以手为妙，进法以步为奇，而总以身法为要。起手如丹凤朝阳。进前步，抢上抡下。进步后，脚踩打是也。

必三节明，四梢齐，五行闭，身法活，手足之法连，而视其远近，随其老嫩，一动而即是也。

此外还有顺、勇、疾、狠、真、尽六方。顺者自然也，勇者果断也，疾者急速也，狠者不容情也，真者发必中也，尽者内劲出，彼难变化也。六方明则上法进法得矣。

顾法

顾法分开法、截法、追法、单顾、双顾、上下顾、前后顾、左右顾也。

开法者，左开、右开、劲开、柔开也。右开如外括，左开如内括。劲开如炮拳之明劲，柔开如元龙之暗劲。

截法者，截手、身、言、面、心也。截手者，彼先动而截之也。截身者，彼未动而截之也。截言者，彼言露其意而截之也。截面者，彼面露其色而截之也。截心者，彼喜上眉梢，我防其有心而截之也。

追法与上法、进法一气贯注，即所谓随身紧趋，追风赶月不放松也。彼虽欲走，而不能走矣，何怕其有邪术乎？

顾法者，单顾用截拳，双顾用横拳，顾上用冲天炮，顾下用卧地炮，顾前后用前后梢拳，顾左右用扩边炮、护身炮。所以随机而动，非若他人之钩连拳架也。

三性法

三性调养法，眼为见性，耳为灵性，心为勇性，此三性者，术中之妙用也。故眼中不时常循环，耳中不时常报应，心中不时常警惕，而精灵之意在我，庶不至为人所误矣。

解曰：临阵须提防，小心没大差。

内劲法

内劲寓于无形之中，接于有形之表，而难以言传。然思其理，亦可知也。志者气之帅也，气者体之充也。心动而气随之，气动而力赴之，此自然之理也。

今世之艺者，皆言创劲、攻劲、崩劲，俱非也，殆粘劲是也。创劲太直，而难为起落。攻劲太死，而难为变化。崩劲太促，而难为展拓。惟粘劲出没甚捷，可使日月无光而不见其形，天地交合而不见费其力。总之，于三心之中，发于一战之倾。如虎之伸爪不见爪，而物难逃；龙之用力不见力，而山不能阻。如合以上九法为一，克人宁有不利乎？

注：

这部分拳论据云是在历代赵堡太极拳门内传抄之拳谱，其内容说理透彻，理法兼备，对于拳术技击之道，攻防之妙，可谓是阐发无疑也。

但笔者个人则认为其中之论述大多为形意拳之拳理，而非专为太极拳所阐发也。但从另外的角度来考量，形意拳作为内家三拳之一，其于太极拳、八卦掌之理法亦多有相互贯通之处，故其拳论亦有很多可共参共研之处，故将其收录于此，以供读者参研比较。读者取其精华，为己所用，则其收获自不言而喻了。

第八卷　太极拳散论及民间拳谚汇集

太极拳内经心法

——佚名

太极拳者，法于阴阳，和于术数，阴阳互根，至刚至柔。太极寥廓，肇基化元，阳动阴摄，法轮常转。至道在微，恍兮惚兮，有如是空，无形无象，推之大之，其原其要，本乎阴阳。

阴阳者，自然之道也；仰之则弥高，俯之则弥深，视之似有形，探之则无物。如水之无常形，按之则柔，斫之则激，且愈斫愈激，而克天下之至坚。上者左行，下者右行，左右周天，余而复会，此乾坤之相也。

阳根于阴，阴根于阳；无阳则阴无以生，无阴则阳无以化。是故孤阴不生，独阳不长；重阴必阳，重阳必阴。如环球之无端，虽变化万端，而唯其一理。阴阳相济，阳固而阴密。阴在内，阳之守也；阳在外，阴之使也；阴在下，阳运化；阳在上，阴收藏。从阳而引阴，从阴而引阳；以左治右，以右治左；左重则左虚，右重则右杳；上下相随，进退若鹜；自然相应，以至无形。

用阴则沉虚固静，用阳则轻捷猛厉。先则用阳，后则用阴。攻必守，守必攻；守则不足，攻则有余。移形换位，左右旋转，双手互搏，无分阴阳，是谓乱环。

行功走架，须去世离俗，自然松静。呼吸精气，独立守神。以意领气，虚实开合，圆活连贯，用气不用力。动则分，呼也；静则合，吸也。一呼一吸，均匀柔缓。在动中求静，在静中求动。使丹田之气鼓荡，布达周身百骸，四肢末梢。勿忘勿助，自然而然。

由阶而渐进，则功夫日深，最忌浅尝辄止，一曝十寒。修炼不辍，则真气从之，内功渐生渐长，形与神俱，内外若一。由始悟而初觉，渐入佳境，入佳境而大悟大觉，然后知其法而忘其形。外不劳形其事，内无思虑之患，恬淡虚无，积精全神，浑元一气，太极生焉。虽百岁而形体不衰，精神不倦也。

遇敌守中，舍己从人，引进落空。动急则急用，动缓则缓随，不丢不顶，能收能放，粘连黏随，随曲就伸。乘隙而趁势，懂劲而借力，四两拨千斤。顺势曰走，一走即活，而无重滞之病。内格反空，逆从阴阳。我顺人背，人刚我柔，曲中求直，意在敌先。人不知我，而我独知人。

内固精神，外示安逸。静如山岳，动若江河。眼观六路，耳听八方。蓄势而动，后发先至。一收即放，迅雷贯耳。胜在敌，不胜在我。

察阴阳，审刚柔，避重而就轻。正所谓制人而不至于人是也。

斯技虽为有法，而无法。法无定法，非法，法也，尽在得机得势。知己知彼，百战不殆。运用之妙，存乎一心！

注：此篇拳论未知何人所撰，其篇名虽冠以“太极拳内经心法”，但实是对前辈先贤太极拳论之总结和汇集，从其内容来看，则条分缕析，思维缜密，理法并举，总结到位，故收录于此，供读者研究学习。

内家拳修习秘要

内家拳法口诀释义

释义皆本诸师辈递授，志追昔贤者，必须深入于此累世之学也。

口诀一

神凝意静，沉缓松净，不僵不拙，自然合度。

首尾一贯，一气呵成，滔滔不绝，长如江流。

神凝

精神集中之意，不论练拳或打手，如精神散漫，便全失灵气。练拳难得宏验，打手肇失败之机，皆为病之在己。故我内家拳以精神为第一条件，第一原则，有深意矣。

意静

头脑冷静，不可心浮气急。若此，必致四肢失灵，反应失常，伏失败之征兆。切切当心在意，置敌人于已意之完全监视中，才能置敌于己之控制中。

沉缓

沉缓虽为轻快相对之词，如欲能轻快，必要从沉缓中下过工夫，否则不能至轻灵之境。所谓轻快，乃谓临敌每觉游刃有余的轻灵，而不是指躁急而言。这两者是显然有别的。

要求神凝意静，必当在沉缓中见得工夫，万不可浮躁。而这个缓字，不要当作慢得错过机会讲，乃是在缓中求发现机会。自然可免缓不济急之弊。

松净

因有沉缓之教，则易导致凝滞不活之失。务求每一关节，每一肌肉，都能松透，以精神照顾原则，如汤泼雪，须毫无拙力之渣滓存在。能致此，方能关节灵活，反应灵敏，不呆不滞。关防得紧，间隙全无，不予敌人以可乘之机，反能在敌身信手拈来，妙招即得。若非松净之妙，则何能致此。

不僵

内家练法要求意静而沉缓，但不可故作僵尸跳舞状，此弊也。以致不能达灵活松透之妙。举凡虚实不分，开合不明，向背不知，皆有此病。其间大病，端在身手有无灵气耳。

不拙

拙的病，因其用力，所以见拙。要知道内家拳跟一般拳术大相径庭。不懂内家才妄自用力，用力便是等于离弃内家拳了。内家拳所用之力，不是普通拙力，而是用经过琢磨教育的纯劲。若开始入门便师心自用，不肯抛下笨力，岂能把内家拳学好。

自然

活动要领，务求适应身体之自然，以腰脊为发动全身之枢纽。凡是不根据自然原则之拳法，直如遣人背负牛轭，徒施磨折，徒增劳苦。内家拳虽是以全身运动，与以击技为目的一种活动，然其开合进退，升降浮沉，都是力求谋合自然原则，求身心能力的再发展。

合度

谚语说："失之毫厘，差之千里。"练拳的效果问题，都受这句谚语支配的。练拳的效果问题，乃是遵守原则的准确性的问题。而较手的胜负，乃是接劲取招的精密程度，这两者必求合度，此也是拳术精奇的核心，余者难足与论。

较手本是一件非常直接的竞争活动。生物论者之法则曰：最适者生存。文明社会不以战斗为生存手段。然缩小范围，胜败问题即合度问题，适者恒操胜算。因为博斗运动中的技巧问题，实际上就等于从事者的身躯手足之位置，用劲的大小，取法的上下等等的求适问题。平时练拳，须不断地校正自己，明显地为这个目的而预备，就当在这个"适"字上下功夫。要问胜不胜，先问自己合不合。故应在合度的原则下求磨炼。

相续勿断

后四句诀曰："首尾一贯，一气呵成，滔滔不绝，长如江流"，可纳之于"相续勿断"四字。

初习拳时，须一笔一划，一呼一吸，一招一式，厘然分明，不宜有丝毫不明之处，不得有丝毫不匀之处。然而习拳久久，一笔一划的妙处，均已讲究到了，已能百骸皆松，透体玲珑。此际要求，内须内劲贯串，外须首尾一贯，衔接完善，如环无端。一套拳乃是一个动作，以达化生莫测，运用灵妙之效。端在能轻灵柔顺，始能相续勿断。

故平时下工夫，能做到相续勿断，乃能施之于人，一招不灵，应换他招，招招相续，滚滚而去。右实左已杳，左实右已杳，有上便有下，有下便有上。处处是引招，处处是实招，处处不见真力，处处是罗敌陷阱，皆依敌而为，毫不须自作主张，更用不着丝毫拙力。此长拳所以为长拳也。

昔年刘草堂先生之艺甚得真传，戚继光闻其名，效刘备三顾茅庐故事，请之入幕。后刘草堂先生感其诚意，在戚之舟山公署盘旋数月，教以拳法，并授以诀曰："不犯招架，一动一下，犯了招架，便是十下。"草堂先生晚年自课其子弟，则喜用："长拳一上便没有停"一语，或能道尽长拳奥秘。

口诀二

以逸待劳，以静制动，以柔克刚，以无打有。
力求不顶，力求不丢，欲丢先顶，欲顶先丢。
吞吐为术，消化为能，极虚至静，所向无敌。

以逸待劳

此乃体力经济原则之运用。不善敌者，咬牙切齿，箭拔弩张，发竖须翘，蹬脚攒拳，未及应敌，其紧张程度，足以消殆其体力。

以逸待劳者，我必富蓄养闲逸冷静之气，此即谓安静之精神状态，达于四表，无肌肉之紧张，而后因敌施为，方得有济。

以静制动

在战略言，以静制动为守势。在战术手段上讲，一方面仍是力的经济原则的另一说明，一方面是前述的"因敌成势"原则的运用法则。且须注意吾艺在未动时以静制动，在已动以后则以少动制多动，乃非死寂的不动，而讲求动得当，如动不当，不如无动。

因我之能静，愈能诱敌欺来，而不知此飞蛾扑火之举也。我不论何境，均须从容沉静。敌愈动，我愈须静；敌愈急，我愈须沉；敌愈力猛，而我劲愈须柔。能以丝、忽、毫、厘之时间与空间之延长，以消尽敌力，其败象愈多，我胜算愈坚。

若临有勇无艺之辈，欲仗力而先发制人，我得就其动，借其力，御其势，于其举手投足之间，制之于瞬间，来尝见我动也。以静制动之妙，此为其至。

以柔克刚

若能明以静制动之理，便不难了解以柔克刚之言。吾既有不顶原则，复有以静制动之法，当可产生以柔克刚的效果。刚的功境，其境界极为有限。人之劲力不刚，安能胜过机械。昔者器械之用，以济刚之不足，希图刚则有以过之。可见过人之刚者，物也，而非人之自化为物。昔年人之练各种功夫，欲图化身为物之刚，则失人之本旨矣。而柔者可以无限，其境甚高，达至最后，其精神诣天地之容物，其大莫能侮矣！

恒见多年练功之辈，一把天生拙力，总不肯抛下，不信无力打有力之教，总不能升堂入室。致柔之法，乃在抛下天然拙力，如此方能把一把拙力，放在熔炉中锻炼陶铸，方能登堂，真正无上利器。

君不见水之柔下，手搏之，脚践之，未尝见抗，殆其聚集成势，足以荡屋宇，倒城垣也者。由此可知，柔之用，只待形成倾势，何力不屈服于我。然柔之功夫甚深，非苦学深思之士，不能得其深诠。然宇宙成物，皆是积聚而成，消暴力于无形，至大而无朋，吾人生活其中，活动其中，未尝见其形也。

以无打有

无，本不能打有，但无能化有。此有乃新成之有，非本有之有。敌之有，乃固有之有，为实有。我本无有，借敌而有。敌自倾囊，我得本无成有，敌反固有败于无也。

当我接敌之际，我所有者，神也。如神无，则我不战先败。故我神有，而不以力有。如力有，则力力相接，胜负各半。我如无，则敌落空，且无法知我，我能知敌，故谓神龙出没，其踪难测。此法精妙，不可不深思详究。

接近

拳到面前，自当谋求应敌之道，求退，求逃，是退不了也逃不了。要取胜，先须当把人站定。要讨巧，便当在敌人身体与用力的死角中讨巧，此为最安全、最舒服之处，亦即为打击敌人至便捷之处。

若依我内家拳法，必须近身，以找身手与敌身手相接相粘中，找出奥妙来。因为必藉近身方法，了解敌来力的顺逆，而捕捉利用之。通常应敌，未接敌时须用眼耳照顾全局，即已接敌，不等眼耳之作用，而灵感，曰听劲，知敌虚实，测敌顺背，随听随用，大见威能，故近身为打法原则之始。

粘贴

凡相搏，必藉手足功能为主。外家出手，急进速退，招来定必险，但是惧畏不得，不论对方为铁砂掌、铜砂掌、断碑掌等何等功夫，一经我粘住，上则随之上，则下进；下则随之下，则上取；左则随之左，则右出；右则随之右，则左攻。形成一道攻守相兼的机动的墙，不论敌人多狠，均难得逞。

以手化敌，乃是我第一道门户。手化不得干净，敌力及身，乃讲究身化，随腰走化，此乃是第二层化护工夫。有此二道，方保万全。然皆是粘贴功夫，非强接硬顶。故遇敌来时，我接之以身手，皆不可硬，初须延长其时间空间，然后主宰之。敌发劲如掷球，我接劲如接球，我如硬接，敌方强则必伤我，双力相等必相伤，我何能利用之？

故首先须能接住敌劲。不可失之先，不可失之后，此乃时间之恰当；不可失之粗，不可失之细，此乃用劲之恰当；不可失之上，不可失之下，此乃位置之恰当。有此三者之讲求，至为精密，方臻准确有效。此乃穷年累月之功夫，不可以一日得之者。故粘贴原则，不仅消极地听敌之盈虚消息，实际上即听即用，即化即发，均在此原则中要求得之。

不顶

敌之力来，我以力抗，我方强，敌方弱，则敌方溃败；如敌方强，我方弱，则我方溃败。此乃二牛角力也，不关技巧。

吾艺所谓乃以小力胜大力，以少动制多动，以沉细之气胜暴力粗气。其中要领，首戒有丝毫顶抗之意。若有顶抗之意存在，又何能达消化吞吐之妙用。能吞然后方能化于无形，能吞后方能吐远。先吞进，或顺势后化，先吞进后吐出。二种效用，总在“吞”字上得来，吞即不顶，顶了便在口牙之外，便无从吞起，乃真是自破机关。好顶之徒，皆未识吾艺之奇也，不能柔化自身之劲，皆不足以与言内家。

不丢

接近者，粘贴者，不丢者，皆是同一原则之多方面之说明与引伸，句句皆有价值，毋得忽视。不论何等强敌，一经粘上，即入我控制圈内，如蜻蜓投蛛网，愈挣扎，愈不得逞。

故既经我粘上，即不可再丢掉，我欲图还击方始不用远求，近取即得。最易丢之时，乃为敌突然退缩，或敌猛力将我推出，或我自己松懈战志，这样，必予敌再次形成攻势机会。敌既离身，我之识力识机之特长，较难发挥。前辈教人有“逢丢必打”之诫。意即敌欲进不得，必作他图；其之缩回，我当紧随敌打，可收借势之效，与同时摧毁欲图振作之攻势。前辈人所谓：吾艺胜敌功夫，全在不丢上做来。

丢顶互用

先已有不丢不顶之教，莫将其变成死的要求。

“欲丢先顶，欲顶先丢”此乃万金不卖之口诀。此为虚实变化之法也。为引敌之妙诀，欲之诱敌人入我壳中，令敌无法捉摸我之真力。虚虚实实，真真假假，必待功夫纯熟，方能运用得妙。

举一简单事例以明之。儿童之为拔河游戏，两队各齐力向左右拉去，如一放绳，另方必一致仆地。又如两人角力，相顶为戏，两力相等，一方面突然松缩，他方必然前仆。而吾艺中之虚实变化，丢顶互用，较此复杂得多，而原理一致。能善为运用者，胜不可殆。

因敌成势

吾艺应敌，不在乎我身上有多少必胜条件，而在乎我与敌接应中，乃捕捉敌人自己形成之败象而扩大其效果。

故内家之善者，往往不见身体特长，而竟能胜人，其原因在此。岂是本身独立情况下的优异，而是敌我消融后的综合因素。因敌如何而我何如，而非我如何而敌何如，也就是说我心中不可先立个如何打人的主意。其妙其奇，全在因敌制敌。

尚精神不尚形体

相打拉下架子，乃中西传统成法，本来无可怪言。因为公鸡打架，猫狗打架，都是先拉架势。人本从畜生中来，自难免怒形于色，力形于身，企图恐吓敌人，或自鼓其勇耳。然此皆不符内家本旨。内家所尚，乃在无迹无象中取人，信手拈来，即成妙招，所主张随手采招，不讲另立招法，此艺中之上艺也。

自来中国拳术，教拳者乃出售成法，以何法怎样用，何法怎样打，敌人怎样来，我当怎样还手，学拳者，即是学习这成法。今之所谓何拳厉害，何法厉害，某家拳、某种拳如何如何好，遇此种种，所说的皆指成法，只要学得成法，便以为可以天下无敌，其实，下焉哉！

吾内家教人，以原则至上。所谓拳艺乃是“意”，打人亦是“意”。学拳习艺，根本实务，乃是透澈原则，洞明原理，而后乃能从其中演绎出基本动作法出来。所谓基本动作，即是运用手足与身体各处之基本要求，能此，便已得全诀之总旨。

先谙原则，然后习拳加以融会，见用处便可化生，出招皆本乎自然，且皆得体，而不致刚拙。故我内家拳法，窥似无形无象，不甚求边式之美，非若戏台上之唱武生，徒求边式之美。

吾内家既不以形象为重，所重者为何？乃在人身发力之知识。术语谓“识力知机”，这是一个基点。此精神意气，不是凭空可以取胜，端在于人体用力的二解与控制的知识。此中也非神秘而不可捉摸的东西，也是仔细苦学，多年积验，追求得来。

懂劲之为学，无法言语相授，事关力学体验，慧心敏思。吾有各种打法之习练，无不立于“识力知机”之基础之上，亦为入门之路也。其细腻之处，难以形象名状之。故内家拳“尚精神不尚形体”一原则，乃非一句空话。

所向无敌

此语莫作整体打法的效果解。此乃法诀中之要者。无敌云者，乃敌人之真虚之处，我之无人之境也，可以长趋直入。前言不顶者，不打敌之有也。今言所向无敌者，以禅语释之，“主人翁”不在家也。亦即敌之意与力之空出，此我当用力之处，不须犹豫，毋失良机。制胜之因素，莫不在善于利用敌之无也。

若无理解，则不能握其机诠；若无工夫，理解必成空疏。必待身授，可始亲切！

内家拳训诫

——内家拳本意

内家拳之为者,本以柔胜刚之谓也。则虽赤手空拳,而无刚不摧。敌虽有大力,无不披靡。

精研斯术,不仅为备非常,应急变,更以强健身心,益寿延年,为人生切身学问。日久神而明之,则存乎其人也。

胜强敌之道

遇任何强悍狂妄之人,勿生怖心,心神沉着不乱,乃能举动得当。气定神全,于此既先胜一着。

于平时,便需时时静观默察,以参证原则。若能融会要诀,通解其义,则寡可胜众,弱能胜强。比如泛舟于海,乘者虽多,唯司舵驾船者一人,以足可定全船之方向。

吾之精详技艺,犹司舵操纵船只,成竹在胸,此岂多寡数量上之比较。单寡胜众,以弱制强,乃存乎此。

艺无止境

我技虽佳,然必有胜我之人。高于我者,当以师礼事之;取其所长,补吾所短,于是我技益进，岂足为贬。传之后进，吾道益宏。既或造诣独精，高出流俗，亦不能自满，艺无止境，学问无涯，岂可自堵前程。

柔静为先

习艺之时，必宜潜心体会，若行蛮力，绝不得窍诀。而须心如垂柳，意随流水，四肢轻灵，中节作主。若能如此，则能捕捉好机，刹那发劲，捷如闪电，虽四两之力，亦可拨倒千斤。

神气布满

人之能者，谚称三头六臂，然必须一心做主。若心有所偏，则此手动而余手皆弛，手多亦或无用。

我如神气布满身，全身灵劲，毫无间隙，人发而不能制我，我发而既能制人，皆赖神气布满之功。

流行勿断

气与体，中有阴阳，其动曰阳，其静曰阴。内家拳虽专重气之使用，然为无形物，无迹象可寻，实则存我体中。气之既分阴阳，若养之不当，便生弛挠之憾。平常安坐时之心气，漫漫然为镇定无事之态，动时若神志升夺，损其平常镇静安养之气，此未得艺也。

昔日先辈教人，务先使养自己方寸之气，使外物不能动其心，有此不拔之根基，则任何活动，元气充足，无缺损之处，起居动静，真气沛然，至此方是真传。

身神统一

设眼前有某物，欲取之主意一起，手乃前出，是既意通于气。故欲使用此物，又须力焉。力之所出，乃气之所集；气之所通，亦力之所集；气力非二物也。

由意集气使力者，方得顺遂称心。若力先出，便是颠倒主奴，为害甚多。故吾平日，务当舍弃其力，而练其气。只求气之使用顺遂得体，则任何人固有之力，得应其事而随其量出焉。

无我之心

敌欲攻我，任其用何种进攻之势与恐吓，我心仍木然无所动，一若无与人争胜者，其心既正大光明，其气亦整暇不迫，从容得体，故恒占胜。

不动心

所谓不动心者，泰山崩于前而色不变，麋鹿兴于右而目不瞬之谓也。心有所而不移，则真气充塞全身，视白刃而不见，闻枪炮而不撼，外物勿扰，独立不惧；以如斯之心胆，运用所学，若行所无事，大敌当前，亦不见怯返顾，斯真能不动心者也。

平日多近白刃，使之熟稔无畏。并卧于中野，宿于深山，人迹罕至之地，潜居修炼，其所成就，必能宏远博大，岂流俗可比。

近世之治术者，多以手足为艺，徒取眩目，无复精蕴。我侪当矫其弊，必求入于不动心之境，勿徒尚空义，方谓得术之奥艺。

有胆始有力

凡武术以胆为第一，无胆力既无克敌致胜之心。恐怖既充于中，肢体便滞于外，为敌制造优势焉。

故胆力强者，恒操胜算，自来成例较多，当宜练胆。

沉着虚静

武术一道，心急者败。诚能不动心，则敌之进攻，我静以待之。若心急气浮，则不但难以破敌，且反足致败。

身以机敏为第一，心以沉着虚静为主。持此自修，虽不藉器械，而敌以武器攻击，我亦心守沉静而巧胜敌械，是皆沉着虚静之效也。

养我灵觉

凡眼耳之活动，根于心之发动。故观物应听而心动，此人之常也。吾人之遭遇危险，不能预知，故平时步行时，当注意前后左右，不可疏忽。盖不幸受人阻击，不特受害负伤，而多年之练习，悉付诸逝水也。

且应敌之时，因眼之活动，而神勇自满，动作亦速。敌人图我之意时，先已了然于胸。察敌眼光之所注，与吾身相触之灵觉，敌方意向，我无不知，我得而从之制也。

威吓应用

发声则气能专一，力自舒远，而声必起自丹田。动作得势，是因气之相应，勇气自增，而敌气败馁矣。

然发声若不得体，任意喧哗，既损礼体，并伤我威，反招善叫猫儿不善捕鼠之讥，不如保持宁静心气。

残敌之心

若无残敌之心，一不能敌众，二不能了事。谚谓“交手不留情，留情便失手”。残敌心者，敌败后，切莫不可以假之以还手之机，着须一心注视敌人，不令其有任何再生动作。

如若有我为敌所败，际此瞬间，既须振作监视敌，心中另一意念，俾揉应敌之道，皆间不容发，防护周全。

多求练历

修习武技，当求练历。

故对练之事为习武要事，切勿自以为技术未精而气馁，务于对练中锻炼技巧，娴熟技巧，领会要诀，与固定养气定心各要则，如此身体力行，学会破敌功夫，而后百战不殆。

对练时，若心存畏惧，便已输了七分。往往见技术过人者，竟意外大负，是必心中怀惧故也。过后方悔敌技平常，已无及矣。

故对练时，不宜轻敌，但亦不妨放胆引敌，一着未善，既当变化，力求得势，自信力自然而生，恐惧便消。藉此努力修炼，不厌不倦，练习既多，境界自高。

练武者之恶德

夫治学者，专心治学，神不外骛，唯教诲之是遵，造诣必可致远。武艺亦学问一端，若自恃身体之强壮，膂力之方刚，或恃艺之初成，而夷视一切者，真木偶之狰狞，无复竿头之日进。盖武技要求，不再有一欣昂之躯，血气之勇，此皆未经琢磨之粗坯下料，无足傲视，故任性与自满，乃浅器之易盈尔。

注重对练

当求与多数人对练，广得经验。若拒与新人对练，最阻进步。

勿挑选对手。好挑选者，必自是而轻人，若遇是辈，先观其破绽而败之，彼屡次被破，最后必示好意相与，可成拳友矣。

对于较弱于己者，勿视为无益于己而敷衍从事，此种根性至劣。故对后进，必当亲切叮咛，教导不倦，是亦乐事也。

遇他人练，宜静观其得失，取其所长，矫其所短。善弈者不必自弈，阅其胜者败者，机微得矣。

自与人教试，宜以礼待之，勿举动轻慢；若为人所负，切不可存报复之心，盖胜败常也。唯致力于学，乃可收之于桑隅。

料敌之法

夫敌有阴敌、阳敌二种，其形状不易判别。外观似弱，或为劲敌。外观极盛而或为易与。内家拳法，常使一身镇静而变化无方，存心料敌，虽不能烛照计数，亦可临时察言辨色得之。

敌颜色赤，则性气向上，性气外发，心必急，已失胜利之机。敌颜色青白者，心必怯，怯则身体震颤，方法不能活用，故吾人较胜，宜不怯不急。

心壮魄强

心魄，即吾人精神力之谓也，为人心之基，有强有弱。有精力者，有气有势。见敌而起制胜之心，则势满也，此为心魄之作用。由心生胆，由胆生力。力以身体为基础，身体虚弱，虽有此心，亦属白运心魄，无效也。身体强壮，方能不为物动，基础方立，故练身亦是要事。

有心，有体，既当习气。呼吸皆自心中所起，切勿使气息闭止，若气息闭止，便不持久。故求运气调息，而后心自静，魄自坚，强毅之本立矣。

机智胜膂力

力有时而穷，巧有时不济，一智可胜千军。

以智就事，安渡窘境。岂独赖拳勇技击乎。

观之征南事略：王征南，夜出侦事，为守兵所获，系之廊柱，数十人饮酒围守。征南拾碎磁，偷割其缚，然后急望怀中探银，望空而掷。众兵力争攫取，得自逸出。

又岁暮独行，遇营兵七八人拉夫役，为之负重，征南苦辞求免，不听。乃至桥上，随弃所负。营兵拔刀捕之，征南手搏，营兵仆地，铿然刀坠，如是者数人，乃取其刀投之井中，营兵乃索鞭出刀，而去远矣！

此乃以智成就事，安度窘境，岂独赖拳勇技击乎！

破势收势

内家决无先动手打人之理，如对方一出手，既是破势，我得有隙可乘，是所谓“隙开进莫迟”也。但须明虚实，不贪不求，方是高手。

如敌不破势，可以用引。用引之要，在引出敌隙，非露己隙与人也。且当引诱，皆不可不知，收势须能一发既有一收，方能力之可生生不竭也。不可旧力已失，新力未生，既强作妄焉，则成强弩之末，虽锐无用。我能蓄势常新，新力不断，此须于平日练拳时练成，此开合也，不可不知。

取敌要妙

取敌之道，在乎敌身，不在乎我。敌弱于我，拿而制之；敌强于我，径取其穴。敌合于我劲，提而放之，敌力道多变，我当制机之宜。

大凡高来低取，低来高取，尚嫌太疏，随来随往，因敌施为，方是识症设治之良医，驯伏劣马之能手。法尚干净利落，忌乎拖泥带水，道道地地，纯在人身上做功夫，我身上不可有丝毫之摆设，否则技艺总不高。

练气归根

技击之道，有形态之强非真强，此盖气散于外，未能归藏也。无形态上之强而堪以为强者，乃是真强。

盖已练气归根者，不见形态之壮，不见颜色之威，气不骛，心不惊，但见柔弱，此得内家之正。断人功夫高下，可以望而知之，盖不在其形，而在其气，此亦在己学之精深也。

俗人求于皮相，俗人无学而浅学也，古来精于此道者，以练气为根本，此内家真传正学也。

内家拳行拳步迹法意

不动即是太极始象，动即具九宫八卦作用。

内方外圆，内刚外柔。

处处可定中，处处须照顾得八方。

一用即寓八变，死中须求活法。

八卦当作平的看，即是不高。

起手即八面威风（有多面应敌意），但即是含收意（待变，故用劲用神不可大至占煞）。

要轻灵不要快，轻灵既是快，但也就是慢，快则非慢，即滞一方。

用意须沉不要刚，沉既是刚，却也是柔，刚则非柔，亦滞一方。

从起手，势式须合九宫八卦总意，不合即不是的，故出不滞一方，随生随变，以至于复静归根。

起手至终须是式式自成，又求式式连贯。若求式式连贯，即当先在用劲上自求，所谓要有，有到不可占煞；要无，无到不可丢却，故能善应。

若不单式练，不知一式有一式之用。若不单式练，则不知式之可变。若不合拳练，则不知势势式式贯串之妙，全拳只是一气鼓荡。

穷年累月终不出此九宫八卦之理，得者谓举手既是，不得者觅反不得。

此拳所以行太极九宫八卦之道，数载穷究，身心性命，无不包藏此中。

此拳是炼精气神之至宝，精之秘在腹，气之秘在背，神之秘在目，此万金不传。

此拳亦可入诗画字，头头是道，头头合道，化凡骨为金丹。

内家拳十要

一要心思冷静，意致寒凝；
二要百骸松透，节节轻灵；
三要气流遍体，毫无停滞；
四要自顶下踵，喉头勿抛；
五要柔若垂柳，不顶不抗；
六要进退开合，主宰在腰；
七要用劲有主，难避难逃；
八要既静且细，曲折入微；
九要自身滑利，劲不得沾；
十要化借吞吐，谨劲至上。

内家拳六诀

识力知机

接敌须轻，去力从心。
如权引衡，巨细辩明。
敌有千万，我只四两。
此中奥秘，只在灵心。

力如流水

静如流水，滔滔不绝。
逢洼随低，遇高则涨。
粘连贴随，能钻能入。
善乘力浪，一气透出。

力如操舟

如水负舟，低沉为主。

束身蓄力，力来截起。
宛如怒涛，推舟上滩。
雷霆万钧，顺势掀翻。

力如纺线

神定气闲，势尽力继。
如敌中变，乘机反扬。
如手牵线。趁势引延。
诱敌引力，柔中藏险。

力如张鼓皮

坚壁弹石，妙在一瞬。
遇力生劲，刹那迎合。
或引敌来，势来突变。
使如顽石，一触即出。

力如飞轮

运劲如轮，力来飞脱。
势如漩涡，片羽亦淀。
反背为顺，垂贬为成。
有艺何惧，只在一转。

注：

此篇《内家拳修习秘要》为笔者在民间所搜集到之抄本内容，原本抄写潦草，错讹较多，笔者参照多个版本，逐字精校，终至可观。原文不著撰人，署名处仅写“清—佚名。”但笔者观其笔意，虽说理透彻，但文白参杂，颇多俚语，不类清人笔墨，较似晚清民国时期之笔法，故存疑也。

就在本篇校对整理完毕时，又在网络上发现有将此篇拳论署名为大成拳创始人王芗斋所作之说，其名为《王芗斋拳道秘诀解密》，至此，关于此文到底为谁所作，笔者则愈加感到疑惑了；而此文到底为何人所作，由于无确凿之文字资料，实无法考证，姑且将此篇收录于此，至于其作者则待有心人去考证研究吧。

然就此篇之内容来说，确是一篇说理透彻之宏论，非感悟精深之过来人所不能道也，佛家云：“依法不依人”，余十分赞同，故收录之，以飨同好。

民间拳谚汇集

道体论

大道至简。

禅通武达。

功夫者，工夫也。

宾主分明，中道皇皇。

静如处子，动若江河。

神以知来，智以藏往。

虚实兼到，忽见忽藏。

法有万端，理存于一。

巧生于内，法出其外。

理法不明，学武不精。

阴阳混成，刚柔悉化。

静心平气，柔极至刚。

技贵互变，理妙成圆。

智者无敌，悟者大成。

虚实兼备，开合相宜。

出于心灵，发于性能。

拳术为身轻艺重之道。

武术之为道，乃阴阳也。

刚柔不相融，招法无所依。

久练功自纯，勤悟理自通。

拳无功不精，招无速不灵。

习文有武备，练武有文理。

武术皆相通，千拳归一路。

天地大宇宙，人身小天地。

不固执以求气，不着意以用力。

开源才能注水，理通方可授人。

技精在于“勤”，得道在于“悟”。

智者不惑，仁者不忧，勇者不惧。

法天象形取其意，练式务精不求博。

刚柔运用能随意，攻防进取才随机。

刚柔运用合规律，动静有致总相宜。

一动一静出神韵，一张一弛出功夫。

一时之强弱在力，千古之胜负在理。

天得一以清，地得一以宁，人得一以善。

天地之道阴阳互济，武术之道内外合一。

天地得一而阴阳归位，人身得一而神变无方。

刚能立强，柔能立挺；武术之道在于刚柔相济。

盘架可强身，松空能清心。身心均无碍，康宁到终身。

演拳精妙者，善调控身形精微之变；用拳如神者，则通达于返朴归真。

无形无象，全体透空。空而不空，不空而空。借假修真。

虚而实之，实而虚之；虚虚实实，机机诈诈。运用之妙，存乎一心。

学时有定式，用时无定法，法中有法，法外有法，无法之法，方为妙法。

太极拳者，其静如动，其动如静，动静循环，相连不断，则二气相交，而太极之象成。

道本自然一气游，空空静静最难求，得来万法皆无用，身形应当是水流。

“武理”乃“人理”。它凝聚着的是“过刚易折，过柔易软”和“强者不惧，弱者不欺”的辩证哲思与传统美德。

胆识论

胆气十足，催敌何难。

临门三不顾，放胆即成功。

河深静无声，艺高不压身。

艺高人胆大，胆大艺更高。

视人如蒿草，打人如走路。

对敌若无胆问先，空有一身拳脚功。

遇敌好似火烧身，放胆使招必成功。

眼要明，心要毒，只要平时练得熟。

一打胆，二打眼，三打功力，四打闪。

心要细，胆要大，面要善，心要毒；静如书生，动如猛虎。

一狠二毒三要命，见空就打莫留情。容情不动手，动手不留情。

修养论

和为贵，义当先。

人贵有志，学贵有恒。

取法于上，得之乎中。

文修其心，武练其身。

练功能强体，修心能度人。

练功心要静，心静则神明。

练功要纯朴，为人要厚重。

取百家之长，补自家之短。

要想灯不灭，需要常添油。

知识在于积累，武理在于深研。

艺如明镜澄万里，德似菩提满树香。

以恶制恶理不悖，霹雳手段菩萨心。

拳脚交融见功力，平心静气看定力。

若要精，听一听，站是远，望得精。

四两拨千斤，触手惊弹，放人倒地不伤人。

去玄求真乃武术活力所在，去伪求诚则为人处世高招。

松能通经导气，沉能凝神敛气，松沉互根，自得灵根。

修德不修道，空被日煎熬；修道不修德，必定要着魔。

不生事、不怕事、自然无事；能爱人、能容人、方为正人。

笨鸟先飞早出林，笨人勤练武艺精，勤能补拙是良训，一分辛苦一分功。

武道精深者，气足神盈，心静若水；功夫浅薄者，心浮气躁，惟恐他人不知。

师友论

法不传六耳。

经师不如访友。

学无老少，达者为师。

宁传十艺，不传一理。

学无先后，能者为师。

一方拜师，八方学艺。

浇花要浇根，教拳要教人。

误人子弟者，必被弟子误。

徒弟技艺高，莫忘师父劳。

师访徒三年，徒访师三年。

学艺在师傅，功成在自己。

真传一张纸（一句话），假传万卷书。

尊师要像长流水，爱徒要像鸟哺雏。

登山要有好向导，高徒要有明师教。

教不严，拳必歪；学不专，拳必滥。

师父领进门，修行靠个人；教艺在师，学艺在徒。

井淘三遍吃好水，人从三师武艺高。不经一，不长一。

武艺不可轻传人，不与狂夫歹人闻。君子得之可救世，妄传匪徒反害人。

师父不过领路人，巧妙全在自用心。入门引路须口授，功夫无息法自修。

法从师处得，功在身内修。慧心悟得开，无师智自通。

不遇明师莫枉参，不遇知己莫枉传，不学轻灵难为首。

武德论

武人相敬相钦。

恃艺逞强，罪不容诛。

钱重于艺，奸商习气。

文以凭心，武以观德。

拳以德立，无德无拳。

习武千条戒，最戒嫉妒心。

拳硬舌头软，舌软也伤人。

练武先修德，德高艺更高。

武德比山重，名利草芥轻。

心正则拳正，心邪则拳邪。

习武者，当立志，人无志，事不成。

技为武术之基，德为武术之魂。

三军可以夺帅，匹夫不可夺志。

一拳一脚见功力，言谈举止知品行。

崇武尚德戒狂佞，人为我师可大成。

未曾学艺先学礼，未曾习武先习德。

理字不多重，万人担不动。武夫不讲理，艺高难服众。

门派论

人外有人，天外有天。

打得宽，不如交得宽。

拳，内家外家，总是一家。

同是江湖客，不识也相亲。

行遍天下路，把势是一家。

真人不露相，露相不真人。

学到知羞处，方知艺不高。

小心天下去得，莽撞寸步难行。

强中自有强中手，莫在人前自夸口。

一个篱笆三个桩，一个好汉三个帮。

绊三跤，方知天外有天；跌三跌，才晓人后有人。

手足原无异态，拳术不必分门。少林武当终归于拳，内家外家总是一家。

全体论

浑元一气武道成。

拳技以沉着为本。

一身之劲练成一家。

百巧奇能，无力不行。

开合虚实，即为拳经。

静如山岳，动若江河。

文讲八法，武讲八势。

精以神聚，神以气会。

法借劲使，劲由法出。

松能导气，沉能聚散。

技法不熟，战不能胜。

谙熟百家，博采众长。

含而不露，神态舒展。

善学者，必以理为尚。

无处不是圈，无处不是拳。

太极本自然，人意莫强求。

拳理知阴阳，攻防有柔刚。

拳动藏其技，拳静寓深意。

肢体形于外，心意诚于中。

先以心使身，后乃身从心。

举手不留情，留情不落名。

内练一口气，外练筋骨皮。

尚德不尚力，重守不重攻。

在劲不在力，在巧不在勇。

刚柔互为根，技法才为真。

练时要有法，用时则随意。

身求阴阳劲，拳求随意发。

拳理需静悟，拳技要勤修。

四两拨千斤，一力降十会。

做大起于细，做难起于易。

无力不是功，无功不是拳。

圈中赢，圈外起力不击人。

劲活体通畅，制人法必精。

行拳寓阴阳，攻防有柔刚。

练拳求其技，刚柔寓法理。

拳式神形一体，拳法堪称精成。

心动两仪起，心静自然安。

铁不炼不成刚，力不练不成劲。

得一法，探其用，能举一反三。

得一技，思其理，其技理并进。

宁叫筋长一寸，莫叫肉厚一分。

聚气成力，以气催力，吐气发力。

似守非守，勿忘勿助，若存若亡。

思悟不谙元中巧，另寻源头哪得醒。

拳必先练消力技，否则一生碰运气。

目中有敌始出拳，意中有敌方动脚。

任其勇猛气总偏，此有彼无是天然。

进退自如靠步法，闪躲引化在身法。

劈打盘靠身为法，用到妙处劲为先。

攻防得势在修为，通权达变在人为。

翻滚缠绕身为法，法至妙处劲为先。

练武精研臻其妙，功深理通可传承。

攻防得势在拳法，理明技精在心法。

拳不在形而在势，势不在力力在变。

拳势强弱在平衡，狠练弱势称内行。

品酒同色不同度，练拳同式不同用。

武术都是脚和手，要看精华有没有。

拳法精细能明理，博采众艺能出新。

拳无拳、意无意，无意之中是真意。

外讲手眼身法步，内练精神意念足。

左转右绕为攻击，胜负成败一瞬息。

心意起，神则聚，举手投足要随意。

阴为柔，阳为刚，刚柔互济把敌伤。

文武双修得真谛，博采众精能达通。

神要敛，形要松，刚柔互济才是功。

外顺得力，折叠得势，内和得气。

学的是手眼身法步，练的是精神气力功。

独练时无敌似有敌，应对时有敌似无敌。

知阴阳则明拳理，明拳理则练柔刚。

神充精所养，血盈气所依，力足气所聚。

下盘稳，上盘活，吞吐随意法就多。

老练功夫，少练拳。拳是假的，气是真的。

沉而不僵，松而不散，乃得刚柔互济之妙也。

合则太极，分则阴阳，动则螺旋，慢中求功。

合抱之木，生于毫末；千里之行，始于足下。

能动能静，拳道之圣。动而不静，拳道之病。

天天修拳，身法自然，拳熟功进，自然而然。

善刚柔运转则拳精理明，拳精理明则能获益终生。

拳要胜人，一节动，节节动，节节贯串。一处不对，全身不对。

练功时不在于巧而在于实，对搏时不在于实而在于巧。

虚静为本，虚无不受，静无不待，知虚静之道，乃能终始。

不善松活，就谈不上弹抖。收之，气归丹田；发之，气贯四梢。

极柔即刚极虚灵，运若抽丝处处明。开展紧凑乃缜密，待机而动如猫行。

功夫不到总是迷，一层不到一层迷，一处不到一处迷，处处不到处处迷。

动之至微，化之至顺，引之至长，发之至骤。沉着为拳艺之本。

拳架论

冬练劲，夏练筋。

拳无透意不中用。

脚踩阴阳，手划圆。

千旋万转不如一站。

先求开展，后求紧凑。

关节不松，柔劲不来。

肘不离肋，手不离心。

中节不明，四梢发空。

练拳能得法，功效自不差。

两唇要相合，封之气力多。

要知拳精髓，首由站桩起。

出手不过肩，掌指齐眉间。

对搏取胜，不在架势在气势。

千学不如一看，千看不如一练。

拳架虽具趋避势，有巧无神不算功。

学武先柔筋和骨，体柔再把拳架行。
盘架求出阴阳法，内外合一亦自然。
初学拳架不亦快，拳架力求要规整。
行拳走架需有意，刚柔相济两不偏。
盘拳盘至精妙处，身心处处则怡然。
脚踩顶拔，拧腰裹胯，打出拳去，威力必大。
猫行鸡步，鹰眼猴手，工夫修炼，方谓到家。
拳打一连气，内要提，外要随，起要横，落要顺。
练拳不拆手，什么都没有；练拳拆开手，让你武林走。
外练筋骨皮，内练一口气。腰似蛇形腿似钻，周身运动走螺旋。
拳术之艺，是力换力，劲换劲。冬练三九，夏练三伏，日积月累成功夫。

练拳论

拳无功，一场空。
拳可慢，不可滞。
拳法在熟不在多。
少年习武正当时。
老年习武未为迟。
学拳容易改拳难。
久练自化，熟能生神。
冬练三九，夏练三伏。
天下两难，学文打拳。
拳不在多，唯在熟。
拳怕少壮，棍怕老练。
拳打万遍，神理自现。
曲不离口，拳不离手。
拳为功苗，功为拳本。
学拳三年，丢拳三天。
鼓越敲越响，拳越练越精。

练武不怕苦，练功不放松。

练功能得法，日日必精进。

练武恒为贵，技艺赖深思。

习武要渐进，切忌一夕成。

精练明拳理，苦磨出功夫。

要想拳练好，必把圈练小。

不怕千招会，就怕一招精。

要练惊人艺，须下苦功夫。

打拳不练功，到老一场空。

铁棒磨绣针，功到自然成。

平时练武技，危急能防身。

打拳不活腰，到老艺不高。

火大没湿柴，功到事不难。

练拳须明理，理通拳法精。

场上一分钟，场下百日功。

练拳无桩步，房屋无立柱。

拳无丹田功，终身一场空。

千拳归一路，一路通，百路通。

若要功夫好，一年三百六十早。

任可一世不用，不可一日不练。

习武贵在得法，求功尚在持久。

操练不按体中用，修到终期艺难精。

一日练一日功，一日不练百日空。

准备万般一旦无，千招不如一招熟。

入门引路需口授，功用无息法自修。

知拳在于苦练，理通得自深研。

平时练，急时用；平时松，急时空。

光学不练功难精，光练不学意难通。

老天不负苦心人，年深月久妙自出。

活到老，学到老，还有三分没学好。

舍本求末瞎胡闹，循序渐进最为高。
进功如同春蚕吐丝，退功如同流水即逝。
积土成山，积水成渊，积艺成才，苦练成功。
冬练三九，夏练三伏，冬天增力，夏天增气。
冰冻三尺非一日之寒，绳锯木断，水滴石穿。
久练为熟，久熟为巧，熟能生巧，巧能生精。
初学三年，天下去得；再学三年，寸步难行。
世上两宗难，读书与打拳；书要勤念，拳要勤练。
正楷未精，休要骤学草书；拳路没熟，休想迅速神化。
欲学惊人艺，须下苦功夫。深功出巧匠，苦练出真功。
无气不是功，无功不是拳。朝夕勤习练，内外紧相连。
朝朝用心学，时时记在心。功夫如此练，必成一智人。
一日练一日功，一日不练十日松。久练为功，搁下稀松。
学拳勤踢腿，算盘勤拨粒。三天不说嘴生，三天不练手生。
一日不练自己知道，两日不练行家知道，三日不练人人知道。

腰裆论

腰裆膝，发动机。
腰胯微转鸟难飞。
腰送客走，胯坐帅府。
练武不活腰，终究艺不高。
打拳会用腰，技法必然高。
内不动，外不动，腰不动，手不发。

腿脚论

起腿半身空。
踢腿不过膝。
十腿不如一膝。

手敏步快，放长击远。
拳为先锋，腿是主帅。
蹬脚不过膝，分脚不过腰。
好腿不过膝，起腿三分险。
好腿不过腰，起腿半边空。
打拳不遛腿，必是冒失鬼。
一力压九技，好腿不过腰，高腿就上头。

技击论

巧拿不如拙打。
拳打眨眼功夫。
拳打卧牛之地。
拳打阴阳两面防。
起也打，落也打。
千金难买一哆嗦。
有钱难买“机灵颤”。
意到，气到，力到。
脚到手勾，拳来臂格。
远拳，近肘，贴身靠。
遇短勿近，遇长勿远。
足来提膝，人退加踢。
气足力大，招熟劲活。
同行较技，留手不留拳。
无人当有人，有人当无人。
眉动心必动，乍膀全力发。
发于根，顺于中，达于梢。
不引不能空，不空不能击。
手到脚不到，打到也无效。
两手不离怀，神鬼难进来。

有意莫带形，带形必不赢。
临敌心不静，有招也无用。
打人不露相，打人不见手。
举手不留情，当堂不让步。
气通任督行，打人威力增。
手是两扇门，全凭腿踢人。
一力降十会，一巧破百拙。
以巧破千斤，千斤力在后。
疾上更加疾，打上还嫌迟。
发力一声喊，强敌不倒也半瘫。
敌人乱，己不乱，事急心不急
动如猛虎，声东击西，防左攻右。
见隙而击，击时莫疑，一疑就迟。
形随彼动，势由我主，从人而由己。
一寸长，一寸强，硬劈硬进人难防。
一寸小，一寸巧，闪战腾挪人难找。
远则拳打脚踢，近则擒拿抱就摔。
远则手足上中下，近则肩肘背胯膝。
闪进攻取身为法，得势击人手足齐。
狠打善，快打慢，长打短，硬打软。
过手放对莫疏忽，一胆二力三功夫。
遇敌犹如火烧身，硬打硬进无遮拦。
脚踏中门去夺位，就是神仙也难防。
一寸长，一寸强；一寸短，一寸险。
太极无手处处手，浑身无处不丹田。
上打阳，下打阴，两边打肋，中打心。
一狠二毒三功力。远者脚踢，近者加膝。
顺人之势，就人之力。彼来吾就，彼去吾随。
彼斜我正，彼正我斜。以静制动，后发制人。
退是假退，真退是败。步步向前，天下无敌。

一打力，二打巧，三打分寸，四打眼滑手快。

心是主帅，眼为先锋，活步做战马，脚手是刀兵。

势断劲不断，劲断意相连。形断意连，势断气连。

能吞方能吐，能卷方能放。静若处女，动如脱兔。

乘机而袭之，乘袭而击之，袭其无备，拳打两不知。

疾、疾、疾，快打迟。知宽窄老嫩，会闪战腾挪。

左来右接之，右来左迎之，顺来横击之，横来捧压之。

接手半边空。四梢空接手，一接点中求，肘空一大片。

八打八不打，过手要得法，对敌莫容情，会友莫轻发。

欲要打得险，还须脸对脸；欲要打得美，还须嘴对嘴。

随人所动，随屈就伸。能引进落空，才能四两拨千斤。

拳无刚柔，出手无效。顺人之势，借人之力。打实不打虚。

来，则顺势捋；去，则顺势去。处处是蓄劲，处处能放劲。

三拳难挡一掌，三掌难挡一肘，三肘难挡一尖，三尖难挡一指。

打中寓跌，跌中寓打，打拳不怕，怕拳不打。拳来闪避，拳去追踪。

不占人先，不落人后。遇虚当守，得实即发。虚极实生，初实可摧。

对方打来身如球，拧走转身莫停留。进如盘蛇吸食走，刚柔相济着意求。

出手大多对上身，手足到时方为真。一势三手才称妙，手肘膝腿鬼神惊。

降龙伏虎逞刚强，手打起落人难防。脚打踩意不落空，消息全凭后脚蹬。

观势察机，头前则足将踢，膊乍则拳将打，侧身则将进步，伏身则将跃发。

欲要先给，欲顺先逆，欲逆先顺。要多少给多少，半点也不多给。

给多少要多少，半点也不多要。要哪儿给哪儿，得哪儿打哪儿。

手眼论

眼无神，拳无魂。

眼捷手快，有胜无败。

拳不空发，手不空回。

拳打不空回，空回不为能。

拳以眼为尊，眼为心之苗。
教师见教师，手快打手迟。
眼功练得精，克敌占上风。
手到眼不到，尽是瞎胡闹。
出手如闪电，回手如火燎。
三拳不如一肘，三肘不如一指头。
周身柔软似无骨，忽然放出都是手。
手起如箭落如风，追风赶月不放松。
指撮一点，拳打一片，出拳如射箭。
出手如飞回如箭，火烧指头还嫌慢。
远用手，近用肘。宁换十手，不换一肘。
远拳、近肘、贴身靠。得实不发艺难精。
手齐脚不齐，必是偷来艺。
手到脚亦到，方为得玄妙。

身法论

沉肩，垂肘，气到手。
身如弩弓，拳如箭。
低头探腰，学艺不高。
猫窜，狗闪，蛇鹰眼。
低头弯腰，传授不高。
手要灵敏、脚要抓地。
先看一步走，再看一伸手。
教师一伸手，就知有没有。
上盘百枝摇，下盘似生根。
重心夺敌位，神手亦难防。
上下能一体，内外必合一。
圆活能善变，防守必自如。
手随身动，步随身换，逢转必沉。

单刀看手，双刀看走，大刀看顶手。

身法灵活贵在根，击人法多劲为真。

动停急缓合规律，攻防得势占先机。

身腰一动手脚随，应将两手并一腿。

拳如流星臂似鞭，腰走龙蛇眼似电。

眼要清，脚要清，动身进步似猫形。

手从脚边起，侧身步轻移，藏势微弯膝。

眼似流星，手如电，身似蛇行，腿如钻。

前俯后仰，其势不劲。左侧右依，皆身之病。

手起撩阴，脚起望膝，膝起望怀，肘发护心。

上节不明，满腹是空，下节不明，颠覆必生。

步法论

步法灵，闪躲行。

进时低，退时高。

攻防得势，步占先机。

上虚下实，脚步要稳。

教拳不教步，教步打师父。

拳到步亦到，神仙躲不掉。

拳到脚也到，打人如蒿草。

拳到步不到，打人瞎胡闹。

迈步如猫行，运劲如抽丝。

落步如钢钉，进步快如风。

进时擦地皮，退时先提膝。

步不稳则拳乱，步不快则拳慢。

身法快，步法灵，气催劲走有神形。

连环步，往前攻，巧打飞踢占上风。

上虚下实，脚步要稳。上兜下坠，犹如不倒翁。

打人如拥抱，手到步要到，步到身要拥。

能胜在于进步占势，不败在于退步避锋。

心意论

至虚中生神，至静中生气。

行乎其不得不止，而不可或止。

止乎其不得不行，而不可或行之。

有形有意皆是假，拳到无心始见奇。

拳无拳，意无意，拳到无意是真意。

拳无拳，意无意，无意之中有真意。

内外均整，心力合一。有动之动，出于无动。

一志凝神，洗心涤滤。收心猿，拴意马。收心离境。

心安则虚，道自来。体静心闲，方能观见真理。

注：

此篇《民间拳谚汇集》为笔者从日常阅读之各类资料中所搜集整理，我们仔细研究，就会发现这些拳谚，虽为民间关于拳艺之口传谚语，但大多言简意赅，直指真诠；文字虽不雅训，但观其内涵则微言大义，深堪玩味。

因搜集时这些拳谚大多是散条分布，笔者遂将其汇而辑之，并根据其逐条内涵，分为不同的章节，以利于广大读者更好的理解，并可以从中受益，玩索而有得。

第九卷　太极拳谱序跋文献汇集

武君墓表　壬午

——新城王树枏

君讳河清，字禹襄，姓武氏。其上世太谷人，明建文末始迁居直隶之永年。曾祖讳镇，字静远，武生，卫千总衔。祖讳大勇，字德刚，武生。父讳烈，字丕承，邑庠生，孝友有隐行，生子三人，长澄清，次汝清，君其季也。澄清咸丰壬子进士，河南舞阳县知县。汝清道光庚子进士，刑部员外郎。瞻材亮迹，并声于世。

君博书史，有文炳然，晃晃埒伯仲，而独摈绝于有司，以诸生终。道光二十九年，朱侍郎嶟视学广平，能君文，以为老宿，冕同试生，将选贡成均。而是时，祖墓适阤陊于盗，当事某，稽不即贞治，君愤争于庭，继以号泣，卒以戆直忤。某叕其行，上之学使，榜且发矣，竟铲君名，而易以他人之不逮君者。君既不幸见黜，复连试京兆，再荐再黜，皤然曰，得之不得命也。竭耳目心思，囚神瘁形，壹从事于毕世，不可知之命，而于曩昔圣贤，所求则得舍则失者，竟死颠倒而罔知一返，其在我者之所为，此何为者哉。于是绝进取志，迥迥独达，以才干志行，为当世大人所器。

咸丰壬子，吕文节公贤基，奉朝廷命，督师歼发贼皖江，肃书币招入军幕，以母老辞。至庚申辛酉，捻匪窜畿南，尚书毛公昶熙，河南巡抚郑公元善，又皆礼辟不就。当是时，智谋勇功，怀奇赴会之士，雷奋猋合，角强力以攖国家之急，往往朝为匹夫，暮为卿相。若承而掇之，其接响附景，铮铿雷煜于其间者，尤不可以指屈计。君独深自孙辟，寥居洿处，以泽其躬，而养其亲，卒抱其才略，一无所施以没。噫！可悲也已。

君卒年六十九，以光绪某年某月某甲子葬永年某乡某所之原。初娶翟氏，继娶史氏，皆封孺人。子五人。用康，县学生，候选府经历。用怿，举人。用咸，县学生。用昭，用极。女二人，长适国学生李裕芳。次适诸生柴翰文。孙昌绪，传绪，其绪，之绪，延绪，元绪，会绪，凡七人。

八年。新城王树枏表于墓曰。

余过广平，广平人称孝友，以饬其子弟为壤槷者，必举永年武氏。既取君之子所为。壮而读之，然后知君之行与君之志之大也。爰述其大凡。使归而镵之石。

注：王树枏（1851—1936），字晋卿，河北新城人，以诗文著称。

先王父廉泉府君行略

——武莱绪

先王父讳河清，姓武氏，字禹襄，号廉泉，永年人。性孝友，尚侠义，廪贡生，候选训导。兄弟三人。长澄清，咸丰壬子进士，河南舞阳县知县；次汝清，道光庚子进士，刑部员外郎，瞻材亮迹，并声于时；先王父其季也。

先王父博览书史，有文炳然，晃晃埒伯仲，而独摈绝于有司，未能以科名显，然以才干志行，为当道所器重。咸丰间，吕文节公贤基，肃书币邀赞戎机，以母老辞。尚书毛公昶熙、巡府郑公元善，又皆礼辟不就；惟日以上事慈闱，下课子孙，究心太极拳术为事。

初道光间，河南温县陈家沟陈姓，有精斯术者，急欲往学。惟时设帐京师，往返不便，使里人杨福先往学焉。嗣先王父因事赴豫，便道过陈家沟，又访赵堡镇陈清平。清平亦精是术者，研究月余，奥妙尽得。返里后，精益求精，遂神乎其技矣！尝持一杆舞之，多人围绕以水泼之，而身无湿迹。

太极拳自武当张三丰后，虽善者代不乏人，然除山右王宗岳著有论说外，其余率皆口传，鲜有著作。先王父著有《太极拳解》《十三总势说略》。复本心得，阐出《四字诀》。使其中奥妙，不难推求，诚是技之圣者也！

有子五人。用康，郡庠生，候选府经历；用怿，同治壬戌举人；用咸，县学生，候选鸿胪寺序班；用昭，县学生；用极，国学生。孙十五人：次孙延绪，光绪壬辰翰林，出宰湖北，多攻文学，未深习是术；得其术者，惟李王姑之子经纶、承纶兄弟也。

孙 莱绪谨述

太极拳谱题记

——李亦畬

此卷予手订三本，启轩第（弟）一本，给友人郝和一本，此本系予自藏。

前数条诸公讲论精细，殆无余蕴，后又参以鄙见，反复说来，惟恐讲之不明，言之不尽。然非口授入门，虽终日诵之，不能有裨益也。

光绪辛巳年亦畬手订

太极拳谱跋

——李亦畬

此谱得于舞阳县盐店，兼积诸家讲论，并参鄙见，有者甚属寥寥。间有一二有者，亦非全本，自宜重而珍之，切勿轻以予人。

非私也。知音者少，可予者，其人更不多也。慎之慎之。

光绪辛巳中秋念三日亦畬氏书

太极拳小序

——李亦畬

太极拳不知始自何人,其精微巧妙,王宗岳论详且尽矣。后传至河南陈家沟陈姓,神而明者,代不数人。

我郡南关杨某,爱而往学焉。专心致志,十年有余,备极精巧。旋里后,市诸同好,母舅武禹襄见而好之,常与比较,伊不肯轻易授人,仅能得其大概。素闻豫省怀庆府赵堡镇，有陈姓名清平者，精于是技。逾年，母舅因公赴豫省，过而访焉。研究月余，而精妙始得，神乎技矣。

予自咸丰癸丑，时年二十余，始从母舅学习此技，口授指示，不遗余力。奈予质最鲁，廿余年来，仅得皮毛。窃意其中更有精巧。兹仅以所得笔之于后，名曰五字诀，以识不忘所学云。

光绪辛巳中秋念六日亦畬氏谨识

廉让堂太极拳谱序言

太极拳独为世人所推崇者，何也？细审此谱，可以知之矣。

云：“腹松气敛，心静神舒”，无不合乎养生之道，卫生之理；“虚领顶劲，气沉丹田，气向下沉，劲起于脚根”，是将己之重心移至下部而稳立之理也；“立如平准，活似车轮，偏沉则随，双重则滞”，是己之支点只要一个杠杆之理也；“气宜鼓荡，神宜内敛。两手支撑，一气贯串。以意运气，以气运身。一动无有不动，一静无有不静。触之则旋转自如，无不得力”，是全身练成一个气球，使富有弹性而易转动之理也；“不丢不顶，随屈就伸，粘连黏随，引进落空。左重则左虚，右重则右杳。仰之则弥高，俯之则弥深”，是利用彼力之惯性，而使其失平衡之理也；“劲起于脚根，主于腰间，形于手指，发于脊骨。屈中求直，蓄而后发。蓄劲如张弓，发劲如放箭”，则弹性之理，而又动能与势能之理也；“彼不动，己不动；彼微动，己先动”“彼有力，我亦有力，我力在先；彼无力，我亦无力，我力仍在先。人一挨我，我不动彼丝毫，趁势而入，接定彼劲，彼自跌出”，是以柔克刚，不动声色，既合乎科学之理，而又洽乎谦逊之道。

由此观之，太极拳者，系本科学之理练己身，并于谦逊之中胜敌人，精微奥妙有如此者，其为世人所推崇，岂偶然哉。练之熟，则可以健其身；练之精，则可以通其神。惟练之熟则甚易，而练之精，则甚难耳。

先伯祖亦畬公，从武太祖舅父禹襄公习此技。先祖启轩公亦从之学，历数十年，精妙始得，各有著述。先严献南公，先叔信甫公，均得家传，日日练之，至老不懈。惟我家素以诵读为业，总未以此问世。然远近知音者，亦大有人在。求拜门下者甚众。本邑郝和，清河葛福来，均从先伯祖学。南宫马静波，清河葛顺成，均从先祖学。

光绪戊戌，西林岑旭阶太守，来守此邦，延先严、先叔授渠诸公子。时福荫年方七岁，亦从学焉。福荫除受家训外，更受教于师伯郝和（郝为真）。年稍长，求学异地，未能专心于此，以致无所成就，至以为憾！

近年来，习此术者甚众。于是向吾家讨秘本者有之；向福荫请教益者有之；外间抄本过多，文字间略有不同，因生疑窦，就吾质正者亦有之；各方求知之切，窃自欣慰。

细检家藏各本，文字间亦不相同，章篇或此前而彼后，或此多而彼少，缘先伯祖精求斯技，历四十年，辑本非只一册，著述屡有删改。外间抄本因时间之不同，自难一致耳。先伯祖最后亲笔工楷手抄共三本。一交先祖启轩公，现已残缺；一交门人郝和，现存伊子文桂手；先伯祖自留一本，现存十一叔父逊之公手，此皆完璧也；至于先伯祖屡次自编原稿，则为十叔父石泉公、十一叔父逊之公所珍藏。

今择其详尽者，厘定次第，原文之中，未敢增改一字。以福荫之功夫未到，不敢妄加解说也。愿世之好者，悉心研究，发扬而光大，甚幸！甚幸！

永年李福荫叙

甲戌腊月二十四日（1935年1月28日）

注：

李福荫（1892—1943），郝为真之弟子，在永年十三中学任教。协助将乃祖李亦畬手出之太极拳谱，参考永年十三中油印本《廉让堂太极拳谱》、石印本《太极拳谱》重新编次，分章分节，书名《李氏太极拳谱》（后人习称《廉让堂太极拳谱》），筹资18000元（银圆）于1935年在山西太原出版发行10000余册，免费分赠同好。此为王宗岳、武禹襄、李亦畬等前辈太极拳家所著拳论的第一次正式出版发行，其书对太极拳理论之弘扬发展具有深远的历史意义。

太极拳图说自序

——陈鑫

古人云，莫为之前，虽美而弗彰；莫为之后，虽盛而弗传。此传与受之两相资者也。

我陈氏自陈国支流山左派，衍河南，始于河内而卜居，继于苏封而定宅。

明洪武七年，始祖讳卜，耕读之余，而以阴阳开合，运转周身者，教子孙以消化饮食之法，理根太极，故名曰“太极拳”。

传十三世至我曾祖父讳公兆，文兼武备，再传至我祖讳有恒，与我叔祖讳有本。我叔祖学业湛深，屡荐未中，终成廪贡，技艺精美，出类拔萃，天下智勇未有尚之者。于是以拳术传之我先大人讳仲甡，与我先叔大人讳季甡。我先大人与我先叔大人是同母而生，兄弟齐名，终生无怠，诣臻神化。倘非先达传之于前，虽有后生，安能述之于后也。

我先大人命我先兄讳垚习武，命愚习文。习武者武有可观，习文者文无所就，是诚予之罪也。夫所可幸者，少小侍侧，耳闻目见，熏蒸日久，窃于是艺，管窥一斑，虽未通法华三昧，而于是艺仅得枝叶，其中妙理循环，亦时觉有趣。

迄今老大，已七十有余矣，苟不即吾之一知半解，传述于后，不且又加一辜哉。愚今者既恐时序迁流，迫不及待，又恐分门别户，失我真传；所以课读余暇，急力显微阐幽，纤悉毕陈，自光绪戊申以至民国乙未，十有二年，其书始成。又急缮写简册，虽六月盛暑不敢懈也。书中所言，吾不知于前人立法之意，有合万一否。而要于先大人六十年之攻苦，庶不至淹没不彰也，亦不至以祖宗十六代之家传，至我身而断绝也。

愚无学问，语言之间不能道以风雅，而第以浅言俗语，聊写大意。人苟不以齐东野语唾而弃之，则由升堂入室，上可为国家御贼寇，下可为筋骨强精神，庶宝塔圆光，世世相传于弗替，岂不善哉。是书传之于家则可，传之于世，恐贻方家之一笑。

民国八年岁次乙未九月九日书于木栾店训蒙学舍 陈鑫序

陈氏家乘 陈奏庭传

——陈鑫

陈奏庭，名王廷，明庠生，清入武庠，精太极拳。

往山西访友，见两童子扳跌，旁有二老叟观，公亦观之。老者曰：客欲扳跌乎。曰：然。老人命一童子与之扳跌。童子遂搂公腰，亮起用膝膝公气海者三，将公放下，忽老幼皆不见。天亦晚，公怅然而归。

公与登封县武举李际遇善，登封因官逼民乱，以际遇为首，公止之。当上山时，山上乱箭如雨，不能伤公。遇一敌手，公追之三周御寨未及。李际遇事败，有蒋姓仆于公，即当日所追者，其人能百步赶兔，亦善拳者也。

公际乱世，扫荡群氛，不可胜记，然皆散亡。只遗长短句一首，其词云：叹当年，披坚执锐，扫荡群氛，几次颠险。蒙恩赐，罔徒然；到而今，年老残喘。只落得《黄庭》一卷随身伴。闷来时造拳，忙来时耕田。趁余闲，教下些弟子儿孙，成龙成虎任方便。欠官粮早完，要私债即还。骄谄勿用，忍让为先。人人道我憨，人人道我颠。常洗耳，不弹冠。笑杀那万户诸侯，兢兢业业，不如俺心中常舒泰，名利总不贪。参透机关，识彼邯郸，陶情于渔水，盘桓乎山川，兴也无干，废也无干。若得个世境安康，恬淡如常，不忮不求，哪管他世态炎凉，成也无关，败也无关。不是神仙谁是神仙？

图书在版编目(CIP)数据

妙缔传心：太极拳经秘谱汇宗 / 何欣委编著．-北京：人民体育出版社，2014（2016.10.重印）
（太极拳典藏）
ISBN 978-7-5009-4539-0

Ⅰ.①妙… Ⅱ.①何… Ⅲ.①太极拳-基本知识
Ⅳ.①G852.11

中国版本图书馆 CIP 数据核字（2013）第 225504 号

*

人民体育出版社出版发行
三河紫恒印装有限公司印刷
新 华 书 店 经 销

*

787×960 16 开本 20 印张 297 千字
2014 年 2 月第 1 版 2016 年 10 月第 3 次印刷
印数：8,001—11,000 册

*

ISBN 978-7-5009-4539-0
定价：45.00 元

社址：北京市东城区体育馆路 8 号（天坛公园东门）
电话：67151482（发行部） 邮编：100061
传真：67151483 邮购：67118491
网址：www.sportspublish.com